그리스도를 갈망하는 삶

정원 지음

A Thirsty Life for Christ

영성의 숲

서문

　인생에도, 신앙에도, 영성에도 방향이 중요합니다. 바른 방향을 향해서 갈 때 아름답고 풍성한 열매를 맺게 되는 것입니다. 그 바른 방향을 잡기 위해서 다양한 원리와 이해, 깨달음이 필요한 것입니다.
　이 책에는 부흥과 영성, 영적 각성에 대한 여러 원리들과 방향에 대한 이야기들이 들어 있습니다. 이 글들은 [영성의 숲 출판사] 카페에 썼던 글입니다. 주로 2004년에 썼던 글인데, 회원님들의 호응도가 높았던 글 중에서 위의 주제에 맞는 글들을 선정하였습니다. 일상의 여러 이야기들과 같이 쓰였으므로 지루하지 않게 다양한 영적 원리와 경험과 이해에 접하실 수 있을 것입니다.
　이 책이 독자 여러분의 영적 성장의 여정에 도움이 되시기를 기대합니다. 부디 주를 향한, 영적 깨어남에 대한 더 깊은 갈망과 은혜가 여러분들에게 임하기를 기원합니다. 할렐루야.

독자님들께

　많은 독자님들이 저의 신간을 기다리고 있다는 것을 잘 알고 있습니다. 이 책은 저의 40번째 책으로, 작년 8월에 [낮아짐의 은혜]에 이어서 오랜만에 나왔습니다.

　오랜만에 나왔음에도 불구하고 신작이 아니라 지난 글을 모아서 정리하여 내 놓는 것이라서 죄송한 마음입니다. 그간 여러 가지 일들이 있어서 충분히 글쓰기에 집중하기가 어려웠습니다.

　올해 안에 그 동안 쓰려고 마음먹고 있었던 여러 가지 글들을 내려고 하는 계획을 가지고 있습니다. [십자가에서 흐르는 보혈의 강물], [세상을 정복하는 권능의 영성], [방언기도의 사용과 발전], [죄와의 투쟁].. 등이 근래에 내려고 하는 책들입니다.

　그 외에도 [애굽에서 가나안까지, 성도들의 영적 발달과정], [기도의 원리], [영의 흐름], [영성사역의 원리], [영성적인 전도의 원리], [지성소로 인도하는 찬양사역], [생활 영성 시리즈] 가정, 직장, 물질, 대인관계.. 등을 쓰려고 준비하고 있습니다. 기도를 부탁드립니다.

　초기에 글을 쓸 때에는 전화나 메일을 통해서 많은 독자님들을 접했지만, 나중에는 너무 부담이 커져서 하루 종일 아무 일도 할 수 없었기 때문에.. 전화나 메일을 나누었던 분들이 천명은 넘을 것 같습니다 최근 몇 년 간은 전화나 메일을 닫고 거의 교제를 하지 못한 것을 무척 죄송하게 생각합니다. 올해 어느 정도 마음먹은 책을 마치면 조금씩 교제와 만남의 시간을 가지는 것을 생각하고 있습니다.

항상 독자 여러분의 성원에 대하여 감사하고 있습니다. 서점에서, 기도원이나 여러 곳에서, 정원 목사님이 아니냐고 다가오는 분들에게는 항상 반가움과 고마움을 느낍니다.

주를 미치도록 갈망하고 사모한다면, 내면의 깨어남과 성장을 갈망한다면, 우리는 어디에 있든지 같은 식구입니다. 더 깊은 갈망을 위해서, 더 충만한 주의 은총과 주께 사로잡힘을 위해서.. 열심히 이 길을 걸어가십시다. 주님께서 우리 모두에게 은혜와 자비를 베풀어주시기를 바랍니다. 사랑합니다.

2009. 5. 정원 드림.

목 차

1. 부흥은 어디에서 오는가 · 8
2. 경험과 성향은 부르심과 어떤 관계가 있는가 · 29
3. 바깥의 세계에서 내적 실제의 세계로 가라 · 36
4. 구슬 따먹기와 성장하기 · 46
5. 우리는 모두 작은 아가, 작은 강아지 · 64
6. 영혼의 깨어남과 은혜 안에 잠김 · 68
7. 영혼의 깨어남과 고통의 현상 · 80
8. 심령의 기독교 · 92
9. 행복한 결혼식과 뒤풀이 모임 · 102
10. 잠에서 깨어나 내면의 모습을 보자 · 115
11. 천국 가정의 기초 · 119
12. 권위를 주장하는 자세 · 130
13. 영의 인식과 분별에 대하여 · 136

14. 오직 예수의 사람이 되기를.. · 145

15. 엎드림의 능력 · 152

16. 독립된 영과 기쁨의 영을 구하라 · 158

17. 아름다움은 어디에서 오는가 · 165

18. 헌금의 영적 의미에 대하여 · 176

19. 우울함을 대적하고 기쁨을 구하라 · 198

20. 행복의 근원은 무엇인가 · 207

21. 아가들의 영성 관리 · 218

22. 영계의 닫힌 문을 열자 · 224

23. 오직 낮은 마음으로 앞으로 나아가자 · 233

24. 사람을 만나고 대화를 나누며 영혼을 돕는 즐거움에 대하여 · 245

25. 한 밤의 열변 · 258

1. 부흥은 어디에서 오는가

얼마 전에 세계적으로 알려져 있는 목회자 릭 워렌 목사님이 한국을 다녀갔다. 그는 여의도 순복음 교회에서 목회자를 대상으로 하는 집회를 열었고 상암 월드컵경기장에서도 집회를 했다.

목회자 집회에서는 2만 2천명, 상암 경기장에서는 10만 명이 모였다고 한다. 모두 열기가 가득한 성공적인 집회였다고 한다. 나는 기독교 TV가 중계를 하는 것을 집에서 보았다.

그 집회를 보고 마음이 기뻤다. 그리고 감동이 되었다.

릭 워렌 목사님이 말씀을 전하는 모습이 예수님의 분위기를 가지고 있다는 느낌을 받았다. 뭔가 애절한 모습, 눈가에 물기를 담은 듯한 모습으로 간절하게 전하는 것이 감동적이었다. 나는 이분에 대해서 잘은 모르지만 그의 책을 읽고 아주 좋은 인상을 받았다.

나는 베스트셀러를 별로 좋아하지 않는다. 조금 읽다가 마음이 답답해져서 곧 덮는 편이다. 많은 이들이 좇는 길은 그다지 진리적인 길이 아니라고 생각한다. 그러나 릭 워렌의 책은 달랐다. 무엇보다 진실성이 보였고 지혜롭다고 느껴졌다.

그의 말에 의하면 그는 [목적이 이끄는 삶]으로 엄청난 부와 명성을 얻게 되었다고 한다. 그러나 그는 그 부를 자신의 유익을 위해서는 사용하지 않았다고 한다. 수입의 10분의 9를 헌금했으며 오래 전부터 몰던 헌

차를 바꾸지 않았다고 한다. 부는 그렇게 다루었지만 명성은 어찌할 수가 없어서 주님의 영광을 드러내기 위해서 사용하려고 애쓴다고 한다. 그는 진실하고 아름다운 사역자임에 틀림없다.

신문을 보니 이 집회가 대단히 성공적이었으며 상암동으로 가는 지하철역에 가득한 이들이 대부분 이 집회에 가는 사람들이었다고 한다. 이 집회를 성공적이라고 자평하면서 다시 한 번 한국 교회에 부흥의 불길이 오지 않을까 기대하는 모습이었다.

한국 교회의 가능성은 무한하다. 무엇보다도 그 열기가 뜨겁다. 부흥을 사모하고 원하는 열정이 한국 교회만큼 뜨거운 교회도 드물 것이다.

나는 대형 집회를 좋아한다. 이러한 집회가 보다 더 많이 개최되었으면 하는 마음이 많다. 무엇보다도 대형 집회의 성공은 한 두 교회의 힘으로는 어렵고 많은 이들이 함께 힘을 합쳐야 한다.

그렇기 때문에 더 아름다운 것이다. 그런 면에서 이번 집회는 가능성을 보여준 것이라고 할 수 있다. 주최 측에서는 부활절 집회도 1년을 준비해야 그 정도 인원이 모일 수 있는데 짧은 시간에 그 정도 인원이 모인 것에 대해서 많이 놀랐다고 하였다.

TV로 집회 모습을 보면서 나는 마음이 기뻤다. 하지만 동시에 안타깝게 느껴지는 부분도 있었다. 대형 집회를 이러한 시스템으로 이끌어갈 때 이런 집회의 형태는 한계가 있는 것을 선명하게 느끼게 되었다.

모이는 열정은 아름다웠지만 단순히 그렇게 예배를 드리고 강의를 듣고 집으로 돌아가는 모습을 볼 때 그리 만족스럽지 않았다.

많이 모이고 열심히 모이는 것은 아름다운 일이다. 하지만 그러한 모임 가운데 능력과 하늘의 영광과 열림이 나타났다면 얼마나 좋았을까.. 그것은 더 놀랍고 행복한 일이었을 것이다.

사람들은 부흥을 사모한다. 그리고 부흥을 구한다. 그런데 이러한 대형 집회에서 그 모인 많은 사람들이 함께 부르짖으며 가슴을 토하며 외쳤으면 어떻게 되었을까?

그들은 실제로 부흥의 역사가, 하늘의 영광이 그들의 눈앞에 나타나는 것을 보게 되었을 것이다. 하나님의 강림하심을 보게 되었을 것이다. 거대한 바람이 일어나고 하늘이 열리며 악한 영들이 초토화되며 권능과 주의 영광이 그들을 사로잡는 것을 보게 되었을 것이다. 통곡과 사로잡힘과 영광과 그 역사를 경험하게 되었을 것이다. 그 공간은 바로 불바다가 되는 것이다.

우리에게 필요한 것은 무엇인가? 그것은 부흥에 대해서 이해하는 것이 아니라 부흥의 역사를 실제로 목격하는 것이다. 경험하는 것이다.

하늘이 열리고 성령님의 영광과 권능이 임하는 것을 맛보는 것이다. 그리고 그 영광에 사로잡히는 것이다. 그것이 바로 부흥이다. 부흥의 시작이다.

그리한 영광의 역사는 인도자 혼자서 훌륭한 가르침을 전하는 것만으로는 가능하지 않다. 대표기도자의 기도로만은 가능하지 않다. 그것은 인도자의 인도를 따라 전 참석자가 같이 부르짖고 울부짖으며 외치고 하늘의 영광과 임하심을 구할 때 오는 것이다. 여리고성은 여호수아 혼자서 부르짖어서 무너지는 것이 아니다. 온 이스라엘 백성이 같이 외칠 때 무너지는 것이다.

하지만 슬프게도 오늘날 그러한 구조의 집회는 찾아보기 어렵다. 99%를 인도자 한 두 사람이 말하고 가르치고 기도한다.

대중이 입을 벌릴 수 있는 기회는 기껏 해야 찬양 몇 곡을 부를 때 정도이다. 통성 기도의 시간도 아주 적으며 대표기도까지 다 집행부에서 하니까 그들은 그저 아멘을 할 수 있을 뿐이다.

그러한 집회 시스템에서는 어느 누가 와도 부흥과 권능이 임할 수 없다. 대중의 입을 열어서 외치게 하는 것이 영의 풀려나옴과 하늘의 열림과 관계된다는 것을 인식하지 못한다면 집회를 아무리 해봐도 한계가 있다. 도대체 대표기도라는 제도를 누가 만들었는지 모르겠다. 혼자서 전체를 대표해서 기도하는 방식 말이다. 그런 식으로는 모든 참석자의 영혼의 묶임이 자유롭게 풀려질 수 없다.

과거에도 여의도에서 대형 집회가 많이 열렸었다. 그것은 한국 교회 부흥의 중요한 요인이었다. 60,70년대에는 대표적으로 빌리 그레함 집회가 있었다.

여기서 전해진 메시지는 주로 주님을 영접하라는 것이었다. 그래서 말씀이 끝나면 결신자들을 초청했다. 그리고 주님을 영접하는 고백을 따라 하라고 했다. 그러면 구름 떼 같은 인원이 일어나서 주님을 영접했다.

아마 인도자들은 많은 영혼을 건졌다고 생각할 것이다. 하지만 나는 그들이 한국 교회와 교인들의 상태를 오해했다고 생각한다. 대체로 그들은 불신자나 초신자들이 아니었다.

대부분의 집회 참석자들은 교회를 충실히 다니는 사람들이었다. 그들은 더 깊은 은혜를 사모해서 모인 사람들이 대부분이었다.

한국 교인들은 대체로 주님을 영접한 기억이 아주 많다. 수 십 번까지 영접기도를 따라한 사람도 있다. 개인적으로 전도를 받으면서, 또는 집회에서 인도자가 하라는 대로 따라서 주님을 영접하는 것이다.

그렇게 영접기도를 한 후에도 확신이 부족하면 다시 영접하기도 하고 혹시 지난번에 영접한 것이 효력이 없었을지도 모르니까 확실하게 한 번 더 하자.. 하는 마음으로 영접기도를 하기도 한다.

한국인의 심성은 백인들과 달라서 그들처럼 꼼꼼하게 따지고 생각하고 고민해서 하지는 않는다. 당시의 분위기에 쉽게 휩쓸리는 경향이 있어서 남들이 일어나면 같이 일어나는 편이다.

아멘도 많이 한다. 말씀을 듣고 진지한 고뇌 속에서 아멘을 하는 경우는 드물고 목회자의 설교 억양의 리듬을 맞추어서 아멘을 하는 경향이 많다. 사실 사역자들이 그렇게 유도를 하기 때문에 아멘을 하지 않는 것도 어렵다.

이번 집회의 주 메시지는 주님을 영접하라는 내용은 아니었다. 대신에 헌신에 대한 결단을 요청했다. 대부분의 참석자들은 인도자의 초청에 따라 일어나서 헌신을 고백하며 기도했다.

사실 헌신에 대한 고백이나 결단도 웬만큼 열심이 있는 사람이라면 수도 없이 했을 것이다. 개인적으로 하기도 하고 집회에서 하기도 하고 성경 공부 그룹에서 하기도 한다.

어떤 교회는 이러한 결단을 많이 요구하기도 하는데 그래서 예배 때마다 무엇을 결단하고 고백하라고 손을 들거나 일어서게 하는 경우도 있다. 아무튼 우리 그리스도인들은 그런 것에 익숙하다.

의지의 결단은 중요하다. 그리고 그것을 표현하는 것도 중요한 것이다. 하지만 더 중요한 것이 있다. 그것은 실제를 경험하는 것이다.

문제는 고백도 많고 영접도 많고 헌신도 아주 많은데 영의 실제를 경험하므로 그 영혼이 주님의 영광에 사로잡혀서 이끌려 가는 경우는 드물다는 것이다. 그러므로 이들은 계속하여 영접과 헌신을 반복하게 된다. 무엇인가 속에서 만족이 되지 않기 때문이다.

릭 워렌의 메시지는 제자 훈련의 집대성과 같은 것이라고 할 수 있다. 그가 와서 특별히 새로운 메시지를 전한 것은 아니었다. 이미 그의 책에서 누누이 말하고 있던 것을 다시 한 번 강조한 것이다.

그가 말하는 목적이 이끄는 삶이란 감동적이지만 아주 새로운 것은 아니다. 그것은 선교 단체나 제자 훈련을 가르치는 사역이나 교회의 메시지와 비슷한 것이다.

제자 훈련 스타일의 메시지에 젊은이들이나 지적인 신자들은 아주 익숙하다. 대충 이런 것이다.

십자가는 두 개의 선으로 형성되어 있다. 여기서 수직의 선은 하나님과 인간과의 관계를 의미한다. 그리고 수평의 선은 인간관계를 의미한다. 두 개의 선이 똑같다면 그것은 십자가가 아니고 병원이다. 그러므로 기독교는 근본적으로 인간관계보다 하나님과의 관계를 중시하는 것이다. 그 기초에서 인간관계가 나오는 것이다.

수직적인 관계, 하나님과 인간의 관계에서 기도라는 측면이 있고 예배라는 측면이 있다.

즉 인간은 기도를 통해서 하나님께 나아가고 하나님은 예배를 통해서 우리를 만나주신다. 또한 수평의 선인 인간관계는 전도와 교제라는 두 측면으로 나뉜다. 불신자에게는 복음을 전해야 하며 또한 성도들끼리의 교제가 있어야 한다.

그러므로 신자의 삶은 기도, 예배, 전도, 교제 등으로 이루어지는 것이다. 그리고 그 십자가의 중심축에는 그리스도에 대한 순종이 있다. 주님께 순종하는 자세로 기도와 예배와 전도와 교제의 삶을 살아가야 한다. 여기서 봉사도 포함되기도 한다. 아무튼 이러한 비슷한 메시지들이 많이 가르쳐져 왔다.

그러나 거기에 한계가 있었다. 메시지는 옳고 합당하지만, 그것을 실천하고 적용하는 힘이 부족했다. 메시지에 대하여 머리로 알고 동의하며 열심히 복음을 전하고 교제를 하면서 살려고 하는데 동력이 부족한 것이다.

오늘날 젊은 신자들은 둘러앉아서 머리를 맞대고 열심히 성경을 공부하고 토론을 하지만 같이 산에 올라가서 부르짖는다든지 하는 경우는 거의 없다. 그러니 능력의 경험이 부족하고 성령충만의 경험도 부족하다. 아는 것은 많고 토론에는 이길 자신이 있는데 심령은 그다지 후련하지 않다. 삶에도 승리는 적고 눌림만 많다.

성령충만에 대해서도 배우는데 이미 성령은 받은 것이며 있는 것으로 믿어라.. 이런 식으로 많이 배우게 된다. 느낌이 없어도 그냥 믿으면 된다. 사실, 감정, 믿음.. 이런 기관차가 여러 개 지나가는데 아무튼 다들 좋은 기관차니까 걱정하지 말라고 배운다.

하지만 그런 식으로 이해해도 여전히 삶에는 기쁨과 자유와 능력이 부족하다. 처음에 복음을 전해들은 초신자들은 열정이 있고 신선하지만 점점 더 배우고 지도자의 위치로 올라갈수록 지치고 탈진하게 된다.

영적인 자부심을 빼놓고는 실제의 승리도 별로 없다. 가정생활도 그리 활기가 있고 행복하지 않으며 직장 생활에서도 별로 자유가 없다. 나중에는 사역의 무게에 짓눌리게 된다. 시간이 흐를수록 사역자는 탈진하게 된다.

심령의 기독교를 알고 경험하기 전까지 제자 훈련 사역은 한계를 가지고 있다. 주의 권능에 강력하게 사로잡히고 폭발하기 전까지 심령에는 만족이 오지 않는다. 그렇기 때문에 속이 허전해서 이것저것 새로운 것을 계속 찾으며 배우기를 원하게 된다.

성령의 권능과 역사가 충분하지 않으면 믿음에 세상의 방법도 도입하고 심리학도 도입하고 의학도 배우고 가정사역도 도입하고.. 하면서 자꾸 목발과 같은 보조도구를 사용하게 된다. 그것은 건강하지 않은 영적 상태를 보여주는 것이다. 건강한 다리에는 목발이 필요 없을 것이다.

처음에 복음을 듣고 주님을 영접하는 것은 필요하다. 중요하다. 그리고 진리를 깨달은 후에 주님께 자신을 드리는 것도 필요하다. 아주 중요하다. 우리는 우리의 목숨을 주님께 드려야 한다.

하지만 그 다음에 아주 중요한 것은 우리가 주님의 권능으로 사로잡혀야 한다는 것이다. 그래야만 주의 일을 할 수 있으며 부흥이 온다. 주님은 3년을 가르치신 제자들에게도 주의 영이 임하시기 전에는 일을 하지 말라고 말씀하셨다.

헌신은 좋은 것이다. 하지만 그 이상이 필요하다. 그 다음이 필요하다. 영접을 하지 않은 사람은 해야 한다. 헌신이 아직 되지 않은 이들은 해야 한다. 하지만 헌신을 한 사람은 더 이상 같은 말을 반복하지 않아도 된다. 이제 더 필요한 것은 하나님의 권능과 영광에 사로잡히는 것이다.

그것은 어디에서 오는가? 은혜를 사모하고 갈망하며 심령을 찢으며 부르짖고 외치는 데서 오는 것이다. 인도자가 시키는 대로 아멘, 아멘.. 하고 있어서는 성령이 임하시지 않는다. 심령이 폭발하지 않는다.

온 힘을 다하여 이를 악물고 큰 소리로 외쳐야 한다. 마음을 토하고 자신을 토해내야 한다. 이렇게 많은 이들이 함께 모여 있을 때, 그럴 때 같이 외치는 것은 엄청난 시너지 효과가 있다.

주님은 주의 이름으로 두 세 사람이 모일 때 그들 중에 임하시겠다고 하신다. 천 명, 만 명이 모이면 이떻겠는가? 기독교는 고독한 종교가 아니라 같이 모이는 종교이다. 한 사람이 천을 쫓고 두 사람이 만을 쫓는 종교이다.

청중들은 아무 힘이 없다. 그들은 시키는 대로 할 수밖에 없다. 그러므로 그것은 인도자에 달려 있는 것이다. 청중을 그저 얌전하게 좋은 말씀을 듣고 돌아가게 하든지, 아니면 그 모든 사람이 다 같이 하늘을 향하여 포효하고 큰 비가 내리게 할 것인지.. 그것은 인도자와 시스템에 달려있는 것이다.

한국 교회와 교인들은 엄청난 갈망을 가지고 있다. 은혜를 받기 위해서라면 무슨 짓이라도 한다. 그들은 더 깊은 것을 원하고 갈망하며 집회에 모이고 또 모인다. 하늘의 열림과 영광을 사모하여 모이는 것이다.

나는 젊은 시절부터 영적인 집회라고 하면 정말 열심히 쫓아다녔다. 유명한 사역자, 세계적인 사역자가 왔다고 하면 빠지지 않고 쫓아다녔다. 하지만 기대가 채워졌던 기억은 거의 없었다. 많은 기대를 가지고 갔다가 실망해서 왔다. 항상 속으로 말했다. 이것이 다가 아닐 거야.. 무엇인가 새로운 것이 있을 거야.. 지친 마음으로 집에 가면서 항상 그렇게 말했다.

집회에 가지 않은 것은 5년은 넘은 것 같다. 이제는 그다지 기대를 하지 않게 되었다. 집회 가운데 왜 하늘의 권능이 임하지 않았는지 이제는 어느 정도 안다. 그것은 그리 복잡한 문제가 아니다.

인도자는 자기의 영성으로 무엇인가를 하려 하지 말고 청중의 영을 풀어놓아야 한다. 그저 인도자의 역할을 해야 한다. 혼자 전하지 말고 혼자 외치지 말고 청중들로 하여금 외치게 하고 내어놓게 해야 한다. 그렇게 할 때 거대한 능력의 흐름이 나타나게 된다.

이것을 이해하는 사역자들이 너무 부족한 것이 답답하다. 그러한 시스템이 없이는 아무리 세계적인 사역자가 오고 영력이 충만한 사역자가 와도 아무 소용이 없다. 혼자서 밥을 아무리 많이 먹어도 대중을 스스로 먹게 하지 않으면 대중은 굶주리는 것이다.

오늘날 평신도들은 듣고 또 듣고 계속 듣기만 한다. 그리고 입을 벌리지 않는다. 그러므로 영이 너무나 빈약하며 답답하다.

반면에 사역자는 말하고, 말하고 또 말한다. 말할 거리를 찾기 위해서 온갖 자료를 구하다가 지쳐버린다. 그래서 사역자는 지치고 눌리고 탈진한 상태에 있다.

오늘날 평신도를 깨우는 운동이 많이 행해진다. 그러나 평신도를 아무리 많이 가르쳐도 예배 시간에 입을 봉해놓으면 그들은 깨어나지 않는다.

그들이 함께 외치고 입을 벌리기 시작할 때 진정한 평신도를 깨우는 역사가 일어나게 된다. 눈물과 통곡과 권능과 영광의 구름 속에 들어가는 것.. 그것은 평신도의 입을 벌리게 하는 데에서 온다.

입을 벌리고 싶다고 해서 아무나 자기가 원하는 대로 벌릴 수 있는 것이 아니다.

오늘날 이 세상에 가득한 혼미한 영들로 인하여 성도들의 영들은 눌리고 막혀 있다. 그래서 입을 벌리는 것이 아주 어렵다. 외칠 수 있는 성도는 살아있는 성도이다. 그러나 대부분의 성도들은 아는 것은 많으나 소리치지 못하며 목소리에 힘이 없고 뜨겁게 기도하지 못하며 뜨겁게 찬송하지 못한다.

영이 막혀 있으면 영의 분별도 어렵다. 영이 흐르지 않으면 승리의 삶이란 거의 기대하기 어렵다. 그러니 오늘날 그리스도인들의 삶에 무기력과 연약함이 가득한 것이다.

10만 명.. 그렇게 모인 무리들이 다 같이 하늘을 향해 두 손을 들고 울부짖으며 주의 영광을 구한다면 어떻게 될까..

'지금 이 시간 주의 영광이여, 임하소서!'

하고 외쳤다면 어떻게 될까..

나중에 부흥이 오는 것이 아니라 그 곳에 부흥이 임했을 것이다. 그 공간은 주의 임재와 권능으로 인하여 아수라장이 되었을 것이다.

나는 불과 몇 백 명의 사람들이 모인 집회를 인도하는 가운데 성령님의 역사가 강렬하게 임해서 귀가 찢어지는 것 같은 붕붕거리는 소리를 들은 적이 있다. 그것은 마치 날개소리 같았다. 성령님의 운행하시는 소리가 그렇게 선명하게 들리는 것을 알고 놀랐다. 나는 그 때 처음에는 헬리콥터나 비행기가 가까이 있는 줄 알았다.

10만이 부르짖고 하나님의 영광을 구하였으면 그 공간은 어떻게 되었을까.. 아마 폭격이 임한 것 같았을 것이다. 성령의 권능이 강하게 임하면 앉아있는 것도 힘들다.

몇 년 전에 어느 기도원에 잠간 집회를 하러 간 적이 있었다. 경기도 에 있는 S기도원에서 천오백명 정도의 사람들이 모인 집회였는데 나는 주강사가 아니고 한 시간만을 맡았었다. 시간은 짧았지만 사람들을 강력한 성령님의 임재 속에 들어가게 하고 싶었다.

그러한 역사를 위해서는 강력한 기도와 찬양을 많이 드려야 하는데 시간이 없었다. 아무튼 열심히 찬송을 한 후에 모든 이들로 일어나게 하고 성령의 임하심을 구했다.

어떻게 되었을까.. 아수라장이 되었다. 바람에 날린 낙엽처럼 떨어져 구르는 사람들.. 쓰러져 통곡하는 사람들.. 청중의 절반 정도는 난리법석을 꾸미고 있었다.

하지만 시간이 없었다. 나중에 만나는 모든 이들이 말하기를 '아, 그 때 오분만, 십분만 더 있었으면..' 하는 것이었다. 나는 황급히 시간을 마치고 기도를 받기 위해서 줄을 서는 사람들을 피해서 도망을 갔다.

몇 십 명이 집회를 해도 주님은 임하신다. 그러나 몇 백 명이 집회를 하면 더 크게 임하신다. 몇 천 명이 집회를 하면 더 강력하게 임하신다. 몇만이 그렇게 한다면? 몇 십만이라면? 우리는 문자 그대로 하늘이 열리는 것을 볼 수 있었을 것이다.

이것은 나 개인의 영성인가? 내가 능력이 많기 때문일까? 절대 아니다. 나는 그렇게 기도를 많이 하는 사람도 아니며 부흥사 스타일도 아니다. 나는 전혀 활동적인 사람이 아니며 사람 앞에 나타나는 것을 싫어한다. 누가 안수기도해달라면 나는 열심히 도망을 간다. 나는 조용히 문서 사역을 하기 위해서 거의 숨어 있는 사람이다. 대중 사역은 나에게 맞지 않는다.

내가 집회를 과거에 어느 정도 했던 것은 내가 가르치는 영성의 원리가 이론이 아니라는 것을 입증하고 싶은 마음도 있었기 때문이다. 나에게는 일시적인 역사를 이루는 것보다 영적 원리를 체계화하는 것이 주 사명이라는 인식이 있었다.

원리를 모르면 사람들은 체험을 해도 발전하지 못한다. 체계가 없으면 사람들은 나아갈 수 없다. 이 땅에는 영성의 원리가 필요하며 정리가 필요하다.

지식이 있는 자들은 열정과 헌신은 있으나 영적 체험과 권능이 부족하다. 영적 경험이 있는 자들은 단순하고 지식과 논리가 부족하여 그것을 체계화하지 못한다.

하나님 체험이 없는 지식은 껍데기에 불과하다. 원리와 체계가 없는 체험은 깊이 나아가지 못한다. 나에게는 그 간격을 메워야 한다는 마음의 부담이 있었다.

집회에서 나타나는 영의 풍성함은 영의 원리에 속한 것이다. 주님이 임하실 수 있는 시간과 공간만 드리면 그분은 친히 임하시는 것이다. 갈망하고 부르짖으며 마음을 찢고 '오, 주님. 제발.. 지금 이 순간에 오십시오. 나를 만져 주십시오..' 그렇게 하고 기다리면 주님이 오시는 것이다.

그러나 지금 대부분의 집회에서는 주님께 대한 기다림이 없다. 막연하게 은혜를 기대하고 나중에 부흥이 오리라 기대하지만 지금 그 순간에 주님께서 임하시도록 기다리며 주님께 시간을 드리는 순간이 없다.

간절히 갈망은 하면서 지금 이 순간의 임하심을 기다리지는 않는다니 참으로 아이러니한 일이다. 주님은 기다릴 때 임하시며 역사하신다. 강렬하게 부르짖고 그 다음에는 주님의 만지심을 기다리고 자신의 몸을 맡겨야 한다.

주를 갈망하며 주의 임하심을 구한다면, 그리고 기다린다면 주님은 임하시는 것이다. 지금은 영성의 원리적인 면에서 주님의 임하심을 제한하고 성령의 역사하심을 방해하는 요소들이 집회 가운데 너무나 많다. 그렇게 주님이 오시지 못하게 막아두었기 때문에 오시지 못하는 것일 뿐이다.

주님은 인격이시지만 또한 영이시다. 그러므로 인격적으로 임하시며 영의 원리를 통해서 임하신다. 인격적 헌신이 된 이들도 영의 원리를 몰라서 영의 흐름을 제한한다면 주님이 임하시는 것을 방해하게 된다. 주님이 임하실 조건을 만들어놓고 구하면 주님은 영광 가운데 임하신다. 그렇게 성도들에게 임하시고 나라에 임하시는 것을 주님은 원하시고 기뻐하시기 때문이다.

과거 어떤 수련회에 강사로 간 적이 있다. 주최 측에서는 방언이 임하게 하지 말아 달라, 그것은 이미 지나간 것이다, 그리고 너무 감정적으로 이끌지 말라, 이런 저런 설교는 하지 말라.. 등등 여러 요구를 하더니 마지막으로 말한다. 하지만 놀라운 은혜가 임했으면 좋겠다..

도대체 뭘 하라는 이야기인지 알 수가 없다. 주님이 임하시지 않는데 어떻게 은혜가 임하겠는가. 주님이 임하시는 모든 길을 막아놓고 어떻게 은혜가 임하기를 기대하겠는가..

영성에는 원리가 있다. 주님을 제한하는 이들 중에서 자신이 주님을 제한한다고 생각하는 이들은 아무도 없다. 그들도 자신은 주님을 갈망한다고 생각한다. 하지만 원리적으로 주님을 방해하면 주님은 오실 수 없다.

나중에 집회와 영의 흐름에 대한 책을 쓸 예정이다. 사역자가 몇 가지 간단한 영의 흐름과 원리를 이해하고 훈련하고 경험한다면 영성이 흐르는 집회를 인도하는 것은 그리 어려운 일이 아닌 것을 알게 될 것이다.

그러한 집회에서는 사람들이 주님의 터치를 경험하게 되며 집회에 참석할수록 주님의 실제적인 임재를 경험하고 심령이 후련해지며 회복되는 것을 느끼게 된다. 또한 사역자의 메시지가 자기 개인에게 상담을 해주는 것 같이 느껴지게 된다. 사역자가 영의 흐름을 느끼게 될 때 각 사람의 문제와 영의 상태를 느끼게 되므로 그에 맞는 메시지를 전하게 되기 때문이다.

주님의 강렬한 임재가 나타나기 위해서 가장 중요한 핵심은 다 같이 마음을 합하여 부르짖는 것이다. 주님은 마음을 낮추어 상한 심령으로 주를 향해 갈망을 표현하고 부르짖는 것을 기뻐하신다. 그것이 주님이 임하시는 통로가 되는 것이다.

10만이 모여서 부르짖는다면.. 100만이 모여서 부르짖는다면? 그렇게 주의 영광을 구하며 영광의 구름을 구한다면, 이 나라에 주님이 임하시기를 부르짖어 구한다면 어떻게 될까? 나는 그 결과로 생기는 것이 부흥 정도가 아닐 것이라고 믿는다. 아마 북한의 핵문제나 통일 문제는 이미 해결되지 않았을까 생각한다. 요즘 이슈가 되고 있는 북한의 미사일 문제 정도는 예전에 끝났을 것이다.

마귀는 수많은 주의 백성들의 그러한 부르짖음에 버틸 정도로 강하지 않다. 몇 명만 외쳐도 그들은 공포에 질려버린다. 이해가 가지 않는 사람들은 직접 부르짖어보면 그것이 얼마나 능력이 있는 것인지, 실제적인지 알게 될 것이다.

집회를 인도하는 시스템을 바꾸어야 한다. 그렇지 않으면 아무리 기도 많이 하고 지식이 많은 사역자라도 그 집회에서 주님의 영광이 나타나는 것을 볼 수 없다. 개인의 능력은 한계가 있다. 개인은 그저 시간표에 따라 자기에게 맡겨진 역할을 하고 시간에 맞추어서 퇴장을 할 수 밖에 없는 것이다.

어느 정도 부르짖는 기도의 분량을 채우고 영성의 원리를 깨치고 그 흐름을 경험하고 분별할 수 있는 사역자들이 일어난다면 이러한 대형 집회에서 우리는 놀라운 하나님의 영광을 보게 될 것이다. 나는 그러한 젊은 사역자들이 많이 일어나기를 고대하고 있다.

젊은 사역자들은 하나님의 권능의 도구로 쓰이기를 갈망해야 한다. 모세나 엘리야나 바울은 잘 가르치는 사역자였지만 또한 권능의 사람이었다. 오늘날 젊은 사역자들은 잘 가르치고 말을 잘 하는 것으로 만족하는 경향이 있다.

그러나 거기에서 만족하지 말고 하나님의 권능과 영광의 도구가 되기를 힘써야 한다. 그리고 개인적인 명예를 위해서 하지 말고 주님의 원하심을 위해서 해야 한다.

강대상에서 사역자가 '주님의 불!' 하고 외친다. 그럴 때 사람들은 나가떨어지고 구르며 회개하고 울부짖는다. 그러한 경험을 할 때 젊은 사역자들은 아주 기분이 좋을 것이다. 자기가 대단한 존재가 된 것처럼 느껴질 것이다. 교만한 마음이 들지도 모른다.

하지만 그것은 그리 대단한 일이 아니다. 주님은 그분의 성령을 한량없이 부어주시기를 원히시기 때문에 누구든지 도구가 있으면 쓰시려고 한다. 그러므로 자신이 잘나서 되는 것이 아니다. 기분이 좋아지는 순간에 마귀는 가까이 오고 그는 오래 쓰임을 받을 수 없다.

권능의 경험은 좋은 것이다. 주님의 터치를 경험하는 것은 아름다운 것이다. 그러한 경험에 대하여 그것은 순간의 만족에 불과하지 않은가.. 생각할 수도 있다.

그것은 맞다. 한 번의 경험으로 성화되는 사람은 없다. 체험에는 수준이 있고 차원이 있다. 처음에는 외적이고 강렬한 체험을 하다가 나중에는 점차로 내면적이고 깊은 체험을 하게 된다. 그러므로 한 번의 경험으로 만족하고 높은 마음을 가져서는 안 된다.

성령의 임재 안에서 쓰러진다고 해도 똑같이 쓰러지는 것이 아니다.

체험마다 깊이가 다르다. 사람마다 체험의 깊이가 다르다.

처음에는 몸이 사로잡히지만 나중에는 마음과 심령이 사로잡히게 된다. 점차로 의식의 깊은 곳에서 주님이 그를 사로잡으시게 된다.

중요한 것이 있다. 이러한 사로잡힘이 반복되는 가운데 성령의 능력이 그 사람의 깊은 곳으로 스며들게 되는 것이다. 그래서 그 사람의 중심을 바꾸어놓게 된다.

수없이 헌신을 하고 결단을 하고 노력하고 기도하고 넘어지고 다시 울고.. 그렇게 수없이 반복하던 것을 이러한 주님의 터치를 통해서 그의 깊은 곳에 무엇인가 새로운 역사가 이루어지게 되는 것이다.

그래서 전에 애써도 할 수 없었던 것을 저절로 쉽게 하게 된다. 애쓰고 걷던 걸음을 뒤에서 바람이 밀어주는 것 같은 상태가 되는 것이다. 이러한 영의 체험과 공급과 풍성함이 없는 신앙생활은 얼마나 피곤하고 힘든지 모른다.

왜 부르짖는 기도의 집회는 오늘날 보기 어려운 것일까. 이 땅의 젊은 그리스도인들이 모여서 토론만 하지 말고 같이 모여서 부르짖는다면 이 나라의 미래는 어떻게 될까. 아마 엄청난 변화들이 일어나게 될 것이다.

전에 미국의 더 콜 집회를 동영상으로 본 적이 있다. 그것은 정말 강렬하고 인상적이었다. 집회를 주도한 루 잉글 목사는 한국에서 부르짖는 기도를 배웠다고 한다. 그 집회는 강렬한 부르짖음의 집회였다. 그런데 왜 한국 교회는 그 특유의 부르짖는 기도를 수출만 하고 자신들은 잃어버린 것일까..

오늘날 과거에 있었던 여의도 집회 같은 대형 집회는 힘들다. 사람들은 소음에 대하여 민감하며 참지 않는다. 교회가 하나 생겨도 집값이 떨어진다고 난리를 친다. 그러니 부르짖는 기도와 집회는 쉽지 않다.

이 시대 세상 사람들의 심령은 너무나 완악하다. 인터넷 기사의 댓글들만 보아도 교회 이야기만 나오면 상상을 초월하는 욕들을 퍼붓는다. 물론 그들의 완악함의 배후에는 악령들이 있다. 교회가 능력을 잃으면 마귀가 득세하여 세상은 강해지며 완악해진다.

교회는 눌리고 약하고 비굴해진다. 온갖 애를 쓰면서 그들의 비위를 맞추려고 한다. 그렇게 해도 성공하지 못하며 영혼을 얻지 못한다.

그러나 교회가 능력을 얻고 강력해지면 그들은 온순해진다. 그들의 심령은 약해져서 구원받을 사람이 생기고 구원받을 심령이 일어나게 된다. 그것은 배후의 악령들이 철수하기 때문이다. 이것은 문화의 싸움이 아니고 혈육의 싸움이 아니고 영의 전쟁이다.

부르짖는 기도만큼 강력한 것은 이 우주 안에 없다. 그것은 핵이나 미사일보다 강하다. 그 권능의 기도에 맞고 공중에서 떨어지지 않는 마귀는 없다. 그들은 버틸 수 없다. 부르짖는 민족을 감당할 수 있는 마귀는 없다.

나는 영성으로 무장된 수많은 젊은 사역자들이 일어나기를 사모하며 기대한다. 그리고 그들에 의해서 많은 대형 집회가 생기고 부르짖는 집회가 일어나기를 기대하고 있다.

부르짖는 집회가 수시로 있다면 이는 얼마나 멋진 일인가! 사람들은 무엇인가 새로운 지식을 더하기 위해서 집회에 가는 것이 아니고 자신의 진액을 쏟고 나를 비우기 위해서 주를 부르고 외치기 위해서 집회에

간다. 그리하여 하나님으로 온통 가득하게 채우기 위하여 집회에 간다.

창조주 하나님의 실상을 경험하고 그분의 만지심을 기대하고 간다. 그 영광에 사로잡히기 위해서 집회로 나아가는 것이다.

실재하는 하나님의 영광을 누리기 위한 집회.. 그것은 얼마나 멋지고 놀라운 일인가!

대형 집회에서 차분하게 말씀을 설명하는 것은 어울리지 않는다. 거기서는 큰 소리로 말씀을 선포해야 한다. 모두가 일어서서 하나님의 왕 되심을 선포하고 주님의 주되심을 선포하고 주님의 승리를 선포하고 이 땅이 주님의 것임을 선포해야 한다. 모두가 한 목소리로 강력하게 외치고 소리를 높여서 주님을 찬양해야 한다.

교양 있고 우아하게 외치는 것이 아니라 전심으로 온 몸의 진액을 쏟아서 이를 악물고 주님을 높여야 한다. 소리 높여 주를 부르며 그 자리에 임하시기를 구해야 한다. 외치고 나서 조금치의 힘도 남아있지 않을 만큼 힘을 다해서 외쳐야 한다.

그것은 얼마나 영광스러운 장관이 될 것인가. 우리는 하나님의 임재와 영광의 구름이 나타나는 것을 보게 될 것이다. 그러한 나날들이 올 것을 나는 기도하고 있다.

우리 민족은 열정이 많은 민족이다. 우리는 많은 갈망들을 가지고 있다. 아직 갈망은 채워지지 않았다. 하지만 채워지는 날이 올 것이다. 백인들이 심어놓은 피상적인 기독교, 논리적인, 개념적인 기독교를 한국인들이 생명적인 실상의 기독교로 바르게 세워놓을 날이 언젠가는 오게 될 것이다.

모든 교회, 모든 예배에서 주의 임재와 영광이 가득해지는.. 그리하여 성도들의 삶에 능력과 승리가 충만하고 열매가 가득한.. 천국의 영광과 풍성함을 누리는.. 그러한 날들이 올 것이다. 나는 그것을 믿는다. 그리고 그러한 날들이 오기를 기도하고 있다.

오, 주님.. 이 땅이 주의 영광으로 가득하게 하옵소서..
이 땅에 신실한 주의 사역자들이 많이 일어나게 하옵소서..
우리의 갈망이 채워지게 하시옵소서..
주님의 영광을 찬양합니다.
할렐루야..

2006. 7. 19

2. 경험과 성향은 부르심과 어떤 관계가 있는가

나는 아이들을 아주 많이 좋아한다. 아이들이 노는 것을 보기만 해도, 생각만 해도 너무 행복하다.

가끔 같이 교제를 나누고 있는 중보기도 모임에 가면 나를 멀리서 본 유치원, 초등학생, 중학생 아이들이 나에게로 마구 뛰어와서 소리를 지르고 붙잡고 난리가 나는데 이것만큼 나를 행복하게 하는 것이 없다. 중보기도 모임에 가면 메시지도 전하고 모임을 인도하는 가운데 많은 기쁨을 얻게 되지만 이 아이들을 안아보고 머리를 쓰다듬어 주는 데서 얻는 기쁨도 정말 커서 그것이 모임에 가는 중요한 이유가 된다.

내 주위의 사람들은 이것을 잘 알고 있기 때문에 내가 아프다든지, 피곤하고 상태가 좋지 않으면 아이들을 데리고 온다. 내가 아이들을 안아주고 그 아이들을 쳐다보고 있으면 곧 힘을 얻고 회복되는 것을 알기 때문이다.

왜 나는 아이들을 좋아할까. 왜 아이들을 보면 기쁨을 느끼며 행복해지는 것일까..

그것은 내가 어린 아이였을 때 별로 정을 받아 본 느낌이 없기 때문이 아닐까 싶다. 그래서 나는 아이를 사랑해주고 축복해줄 때 내 속의 연약함이 온전해지는 것을 느끼게 된다.

무엇이든지 받고 싶은 것을 주는 것이 치유의 근원이다. 사람들은 대체로 이것을 거꾸로 오해한다.

예를 들어 사랑을 받지 못하고 자란 이들은 자기를 사랑해줄 사람을 찾는다. 사랑을 많이 받고 싶어 한다. 그것이 자기를 회복시켜줄 것이라고 생각한다.

하지만 그것은 오해이다. 그것은 오히려 고통을 더할 뿐이다. 그것은 집착과 중독을 낳게 된다. 기대했던 사랑을 얻어도 결코 만족은 오지 않는다. 사랑을 받을수록 만족이 오는 것이 아니라 오히려 허무해진다.

오늘날 신자들은 내적 치유에 대한 기대가 많다. 과거에 가서 자기의 약점이나 고통을 수정하고 치유 받는 것을 좋아한다.

물론 그것도 치유의 일부분이다. 하지만 그 중심에 있어서 조심해야 한다. 자기 치유에 지나치게 골몰하고 있는 것은 자기중심적인 것이다. 자기 자신에 초점이 맞추어져 있다. 그것은 진정한 자유를 주지 못한다.

사랑을 받지 못하고 자라서 고통을 겪고 있는 사람이 사랑을 받음으로써 온전히 치유되지는 못한다.

오히려 사랑을 줌으로써 그는 온전한 회복에 가까워지게 된다. 무릇 받는 것보다 주는 것이 복이 되는 법이다.

표면의 차원에서 보면 고통이란 좋지 않은 것이다. 회복되어야 한다.

그러나 좀 더 심층적인 차원에서 보았을 때 무릇 우리의 모든 경험들은 주님의 부르심인 것이다.

우리의 고통과 고통스러운 경험이나 환경도 부르심과 관련된 것이다.

예를 들어서 어떤 어머니에게 마약 중독인 아들이 있다. 그것은 부르심이다. 아들의 회복 자체에만 초점을 맞추고 고치려고 애를 쓰면 오히려 더 나빠질 수도 있다.

그러한 고통의 경험을 통하여 부르심을 깨닫고 어떻게 봉사할 것인가를 생각해야 한다. 그 때 모든 것이 회복되기 시작한다.

인간은 누구나 본능적으로 고통을 피한다. 치유를 원하게 된다. 하지만 고통과 문제가 단순히 치유 받고 끝이 나는 것이라면, 그것은 단순히 시간 낭비가 아닌다. 고통과 문제는 하나님의 허락 없이 우리에게 다가오는 것이 아니다. 그것은 어떠한 의미와 역할을 가지고 있는 것이다. 단순히 거기에서 도망가는 것으로 모든 것이 끝나는 것은 아니다.

고통이든 절망이든 그 모든 것들은 우리를 한 걸음 더 앞으로 나아가게 하는 것이다. 고통이나 문제들이 단순히 사라지기 위해서 우리에게 다가온 것은 아니다. 그러려면 문제가 생기지도 않았을 것이다.

문제와 환경은 우리의 사명에 대한 부르심이다. 그것은 우리의 역할과 사명을 보여주는 것이다. 내 경우로 예를 들어 보자.

나는 기독교 가정에서 태어났다. 그러니 교회에 간다고 핍박을 받아본 적이 없다.

나의 외할아버지는 목사님이셨다. 평안도에서 노회장을 하셨다고 한다. 외할아버지의 아버지는 최초에 선교사님에게서 복음을 받아들이셨다. 아버지는 나중에는 신앙생활을 하지 않았지만 젊었을 때는 교회 봉사에 열심이어서 담임 목사님이 중매를 해서 목사님의 딸이었던 나의 어머니와 결혼을 하게 되었다. 그래서 나는 어릴 적부터 교회를 다녔고 교회의 문화에 익숙하게 되었다.

나는 어릴 때부터 교회와 신앙 안에 있었지만 실제적인 주님에 대해서 배우지 못했다. 내 주위에 있는 분들도 대부분 신자들이었지만 그들도 실상의 주님을 전혀 알지 못하고 피상적으로 믿는 것임을 보게 되었다.

그들의 삶을 보아도 하나님의 존재를 느낄 수 없었다. 그들의 삶이나 의식이 믿지 않는 이들보다 더 낫다거나 진리를 가지고 있다고 보기 어려웠다.

나는 기독교의 배경에서 자랐지만 피상적인 기독교만을 알고 있었다. 살아계신 하나님을 경험한다는 것이 무엇인지 몰랐다. 그래서인지, 나는 기독교의 내면과 실상에 대하여 관심을 가지게 되었다.

진리는 무엇인가? 주님을 안다는 것은 무엇인가? 그렇게 찾고 추구하다가 주의 영을 실제적으로 경험해야 하며 그것을 누리고 맛보아야 한다는 것을 알게 되었다.

주의 영의 실상을 알지 못하면 기독교가 껍데기에 그친다는 것을 알게 되었다. 그래서 영의 실체, 영의 실상에 대해서 알기 원했고 기도에 힘쓰며 관심을 가지고 추구하게 되었다.

불신자의 배경에서 살다가 대학에 들어와서 복음을 듣고 주님을 믿게 된 후 전도 사역에 매진하는 이들이 많이 있다. 그것은 귀하고 놀라운 일이다. 하지만 나의 경우에는 피상적인 믿음의 배경에서 자라서 그런지 불신자보다도, 피상적인 믿음을 가지고 있는 이들을 깨우고 싶은 열망이 더 일어나게 되었다.

나는 기독교의 외적 확장에 대해서는 그다지 관심을 가지지 않았다. 교회가 커지고 건물을 크게 짓는.. 그러한 쪽에는 거의 관심이 없었다. 그러한 것이 잘못이라는 것은 아니다. 어떤 이들은 그러한 부르심을 받았을 것이다. 다만 나의 부르심은 그러한 외적 확장이 아니고 내면의 실상에 대한 것이었다는 것이다. 그렇기 때문에 주님께서는 나를 기독교 가정에서 태어나게 하신 것 같다. 이 이야기는 고통과 문제와 즐거움을 포함한 모든 우리의 환경, 여건이 우리를 향한 부르심과 관계가 있다는 것이다.

우리는 문제 해결 자체보다 자신의 부르심에 대해서 깨달아야 한다.

고통의 제거보다 그 의미에 대해서 깨달아야 한다. 고통 없이 편하게 사는 것보다 주님께서 우리에게 어떤 부르심을 주셨는가에 대해서 깨달아야 한다.

우리의 경험, 우리의 환경, 우리의 관심, 흥미 거리.. 그 모든 것들이 부르심이다.

상처도 좌절도 실패도 다 부르심에 관련된 것이다. 그러므로 괴로워하거나 수치스럽게 느끼거나 할 필요가 없다.

과거에 이혼을 했든 사별이든, 신체에 장애를 가지게 되었든 그것은 부르심과 관련이 있는 것이다. 우리는 그러한 부르심과 거기에 따르는 고통과 경험에서 어떤 권위와 능력을 얻게 되며 봉사의 에너지를 얻게 된다.

당신이 어린 시절에 학대를 당했다면 당신은 학대당한 아이를 돕는 부르심을 받았을 가능성이 많다. 당신의 자녀가 장애인이라든지, 당신이 자녀로 인하여 심한 고통을 겪었다면 역시 그것은 부르심과 관련이 있으며 동일한 아픔을 겪는 부모들을 치유하는 도구가 될 수 있을 것이다.

당신이 많은 고통 속에서 자랐다면 당신은 사랑의 도구가 될 가능성이 많다. 그 모든 것들은 부르심이기 때문이다.

어떤 이들은 그러한 부르심이 너무 가혹하다고 여길지도 모른다. 육신의 시각에서는 그럴 수도 있다. 그러나 영혼의 차원에서는 그렇지 않다. 물질적인 몸은 그저 환경의 형통이나 건강, 부.. 이런 것들이 복이라고 생각한다. 그러나 진정한 행복과 끝없는 복락은 육체의 차원이 아니고 영혼의 차원에서 얻어지는 것이다.

그러므로 우리가 우리의 부르심에 순복하고 그 길을 걸어간다면, 우리는 육신의 만족과 비교할 수 없는 놀라운 행복과 기쁨을 얻게 될 것이다. 사람의 계획보다 하나님의 계획이 더 놀랍고 아름다운 것이며 육체와 환경을 초월한 기쁨은 곧 천국의 기쁨이기 때문이다.

물론 고통이나 어려운 환경 자체를 아직 극복하지 못했다면, 그래서 분노와 억울함을 가지고 있다면, 자기 연민 가운데 빠져 있다면 그는 아직 부르심을 수행할 준비가 되어있지 않은 것이다.

부르심과 사명은 자기가 그것을 극복하고 통과했을 때 감당할 수 있는 것이다. 자기가 겪은 모든 것의 의미를 알고 감사하고 주님께 순복할 때 비로소 그는 통과하고 빛의 도구로 쓰이게 된다.

사람은 누구나 자기의 부르심을 발견하고 그것을 통하여 봉사할 때 가장 행복하다. 그리고 주님께 가까이 나아가게 된다.

그러한 부르심은 모두가 다 다르다.

남에게는 좋은 일이지만 자기에게는 좋지 않은 일이 있다.

모든 사람이 좋아한다고 해서 나도 좋을 수 있는 것은 아니다.

내가 좋다고 해서 다른 이들이 다 같이 좋아하는 것은 아니다.

그 부르심은 각자 다 다른 것이다.

당신의 부르심은 무엇인가? 당신은 어떠한 환경에서 자랐는가? 당신은 어떠한 일들을 경험했는가? 어떤 아픔을 겪었는가?

당신은 무엇을 좋아하는가? 무엇을 할 때 가장 큰 기쁨과 보람을 느끼는가?

이것은 당신의 부르심을 발견하기 위한 좋은 질문들이다. 주의 깊게 자신을 돌아보며 기도할 때 당신은 자신의 부르심을 짐작할 수 있을 것이다.

단순히 고통에서 벗어나려고 몸부림치지 말라.

자신의 처지와 과거를 한탄하지 말라.

거기서 자신의 부르심을 찾으라.

자신의 부르심을 발견한 이들은 행복한 사람이다.

그들은 자신의 경험과 성향을 통해서 주님과 사람에게 봉사할 수 있으며 결국 모든 것을 깨닫는 날에 자기의 삶에서 주어진 모든 경험에 대해서 주님께 감사하게 될 것이다.

고통이든 실패든 좌절이든 절망이든.. 과거에 흘렸던 눈물을 후회하며 주님께 감사를 드리게 될 것이다. 한 때는 자신의 처지를 원망하고 하소연을 했을지라도, 바른 깨달음을 얻을 때 이제 모든 것을 감사하게 될 것이다.

무릇 바른 지식은 우리의 영혼을 빛나게 하며

우리를 주님께로 가까이 이끌어가게 되는 것이기 때문이다.

2004. 2. 8

3. 바깥의 세계에서 내적 실제의 세계로 가라

얼마 전 올해 월간 ** 잡지 2월호를 읽으면서 낯익은 글을 발견했다. 2페이지에 걸쳐서 어떤 글이 있었다. 나는 이 글을 아내에게 보여주었다. 아내는 말했다.

"음.. 좋은 글이네. 어디서 많이 본 것 같아."

나는 내가 쓴 책을 가지고 와서 한 군데를 펴서 보여주었다.

그 두 가지의 글을 비교해보더니 아내가 흥분했다.

"아니, 이거 당신 글을 그대로 베낀 거잖아. 이거 항의해야 하는 것 아닐까?"

나는 웃었다.

"내버려 둬. 그런다고 뭐가 달라지겠어."

나의 글을 아주 완전히 베낀 것은 아니다. 단어를 한두 개 바꾸어 놓기는 했다.

글을 쓰는 사람은 자기 특유의 언어 습관이 있다. 그래서 글을 쓴지 몇 십 년이 지나도 자기가 쓴 글은 알아본다. 사실 이런 경우를 보는 것은 한 두 번이 아니다. 여러 책들, 기독교 신문, 잡지, 기독교 계통의 TV에서도 나의 글을 인용하고 있는 것을 보았었다.

가끔 글의 출처를 공개하는 경우도 있다. 그러나 대부분의 경우는 그대로 베끼거나 단어나 문장을 조금 고쳐서 버젓이 자신의 이름으로 내는 것이 보통이다. 어떤 경우에는 참 기분이 묘하다.
 과연 저자가 내가 경험한 사건을 똑같이 경험했을까? 아니면 똑같은 일이 갑자기 생겼을까? 똑같은 감동이나 느낌을 경험한 것일까? 의아스럽기도 하다.
 한번은 아내가 그런 글들을 보면서 말했다.
 "이거.. 카페에 있는 글인데 나중에 우리가 책으로 낼 거잖아.. 그런데 이 분이 이 글들을 그대로 책으로 내면 어떻게 되는 거야?"
 나는 대답했다.
 "내가 이 분의 책을 베낀 것이 되는 거지."
 아내는 한숨을 쉬었다.

 한 번은 기독교 신문에 어떤 분이 내 글을 실었던 적이 있다. 물론 허락을 요청한 일도 없다. 게다가 약간 고치려고 애를 쓴 흔적도 없이 원고지 대 여섯 장 정도의 분량을 그냥 똑같이 실었다. 자기 이름으로 말이다.
 그 글은 내가 사용하려고 했던 내용이라 난감해서 아내가 그 신문사로 전화를 했다. 신문사에서는 그럴 리가 없다고 전혀 믿지 않았지만 확인해보겠다고 대답했다.
 얼마 후에 어떤 분이 벌벌 떨면서 아내에게 전화를 했다. 죄송하다고, 죄송하다고.. 글의 내용이 너무 은혜가 되어서 사용했다고 한다. 이 분은 신실하신 분 같고 사과를 하기에 인사를 나누고 넘어갔지만, 허락도 없이 다른 사람의 글을 자기 이름으로 내는 것은 좋은 일이라고 할 수는 없는 것이다.

아무튼 이와 비슷한 일을 많이 겪는 편이다. 이에 대하여 이야기하고 싶은 것이 있다.

사역자들은 흔히 쉽게 책을 읽고 인용하고 써먹는 것을 좋아한다. 그러나 거기에는 조심이 필요하다는 것이다.

사역자들에게는 많은 지식과 정보가 필요하다. 그래서 사역자들은 책을 많이 읽는다. 그리고 설교 시간에 자신이 읽고 깨달은 것을 이야기하기도 하며 글에 남기기도 한다.

물론 그것은 자연스러운 일이며 나쁜 일이 아니다. 어떤 지식이나 깨달음이 있을 때 그것을 온전히 자기의 것이라고 할 수 있는 사람이 있을까? 모든 사람이, 모든 사역자가 여기저기에서 많은 것들을 얻고 배운다. 나의 경우도 독서와 앞서 간 사역자들을 통하여 많은 것들을 배우고 얻었다.

그러므로 일체 남의 것을 빌리지 말고 인용하지 말고 스스로 깨달은 것만을 가르치고 언급해야 한다면 그것은 무리일 것이다. 그리스도의 사역자들은 모두 다 서로 동역자이며 다른 이들의 도움이 없이 혼자서 일할 수 있는 사람은 없다.

하지만 지식의 인용이나 언급에 있어서 주의할 일이 있다. 어떤 한 지식이나 사상에 접하는 것과 영적 실제에 접하는 것은 다르다는 것이다. 그러므로 자기가 접하고 얻은 것이 단순한 지식이 아니고 경험과 실제가 되기 전에 너무 빨리 그것들을 나누고 가르치려고 하는 것은 좋지 않다는 것이다.

어떤 영성인의 글을 읽었다고 하자. 일생동안 주님의 손에 사로잡혀 살다가 주님께로 간 사람의 전기를 읽었다고 하자. 불과 몇 시간, 길어야 며칠이면 그 책을 다 읽을 수 있을 것이다.

그러나 과연 그 짧은 시간에 평생을 주님의 손에서 훈련받고 성장하고 넘어지고 절망하고 다시 회복되고.. 그러한 과정을 통하여 얻어진 그 사람의 영성을 다 흡수할 수 있을까? 그것은 불가능한 일이다.

사람들은 쉽게 한 권의 책을 읽는다. 그리고 그것을 인용한다. 다 안다고 생각한다.

어떤 사역자가 있었다. 이 사람은 영성에 대하여 그다지 관심을 가지고 있지 않았다. 하지만 목회가 힘들어지자 여러 몸부림을 치는 과정에서 영성이나 은사 등에 대하여 조금 관심을 가지게 되었다.

이 사역자가 한 동안 워치만 니의 [영에 속한 사람] 이라는 책을 읽더니 몹시 매료된 것 같았다. 그는 즉시로 사람들을 볼 때마다 저것은 영이다, 저것은 혼이다.. 하는 식으로 판단을 하기 시작했다. 어느 성도는 너무 혼적이며 이 집회는 혼의 힘이 강하다.. 그런 식의 이야기를 열심히 하기 시작했다.

그는 워치만 니에 대해서 연구를 많이 했다고 했는데 사실을 확인해보니 결국 그의 책 몇 권을 읽은 것이 전부인 것을 알게 되었다.

그의 그러한 행동은 얼마 가지 않았다. 조금 시간이 흐르자 그는 워치만 니를 열심히 비판하게 되고 나중에는 거의 관심을 갖지 않게 되었다. 그는 너무 쉽게 하나의 사상에 접하고 빠져들고 곧 거기에서 나오게 되었다.

나는 청년 시절에 워치만 니에 대한 저서를 많이 읽었었다. 하지만 그의 책을 많이 접했다고 해서 그에 대하여 함부로 평가할 엄두는 내지 못한다. 어떤 면에서 유익이 되었고, 어떤 면에서는 납득이 가지 않았다. 워치만 니 뿐 아니라 모든 다른 저자들에 대해서도 마찬가지다. 그러므로 이렇게 쉽게 받아들이고 평가하고 단언을 내리는 이들에 대해서 놀라게 된다.

사실 그러한 성향은 사역자들에게 적지 않다. 한번 어떤 사람이나 책에 감동을 받으면 그 즉시 팬이 된다. 그래서 충분히 그 기운이나 영에 흡수되지 않은 상태에서 그 깨달음들을 열심히 전한다.

그런데 조금 후에 어떤 반대가 되는 사상에 접한다. 그리고는 또 그 반대적인 영의 흐름을 열심히 전달한다. 대체로 사역자들이 이런 일을 많이 한다.

이들은 균형을 잡기 위해서 한 곳에 치우치지 않으려고 그러는 것이라고 말하곤 한다. 하지만 그것은 사실이 아니다. 근본 이유는 그들의 영이 얇고 귀가 얇은 것이다.

어떤 이들은 은사적인 사역에 대하여 심하게 반대한다. 그러다가 어떤 계기로 은사에 관심을 가지게 되어 열렬하게 은사를 구하고 열심을 낸다. 그러다가 다시 어떤 계기로 실망을 했다든지, 기대하던 결과를 얻지 못했다든지 하는 등의 이유로 비판적인 입장이 되거나 무관심해지기도 한다.

한국 사람은 열정도 많지만 정말 성질이 급하다. 그래서인지 빠른 시간에 모든 것을 얻으려고 한다. 영적인 지식이나 원리에 대해서도 너무 빨리 모든 것을 얻고 깨닫고 즉시로 나누고 가르치기를 원하는 것이다.

무엇을 한 가지 경험하면, 곧 그것을 간증하고 싶어서 안달이 나는 사람이 많다. 자기의 경험이나 상태가 얼마나 지속되는지, 어떻게 발전해 가는지.. 기다리지 않는다. 또 그 후에는 곧 그것을 잊어버린다. 너무 성질이 급한 것이다.

나는 어떤 이가 내가 영의 흐름에 대해서 쓴 글을 그대로 인용하는 것을 보고 생각했다. 이 사람은 이러한 개념을 어떻게 이해하고 있을까.. 그는 이러한 흐름을 실제적으로 접해 보았을까.

나는 무척 실증적인 기질을 가지고 있다. 무엇이든 쉽게 믿지 않으며 실제로 내가 실험을 하고 적용을 하고 경험을 해야 한다.

그러한 기질이므로 나는 무엇을 읽거나 접했을 때 오랫동안 그것을 적용하고 훈련한다. 그리고 많은 시행착오를 통해서 실제적인 도움을 얻게 된다.

독서는 영의 문을 열 수 있는가.. 아마 그럴 것이다. 하지만 그것은 문을 열기 위한 작은 시작일 뿐이다.

한 권의 책을 다 마쳤을 때 그 때부터 영성의 길은 시작되는 것이다. 다 읽고 덮어버린다면, 그리고 다시 다른 책으로 달려간다면, 그것은 머리의 기억 속에서는 남지만 영혼 자체에는 남지 않게 된다. 읽은 책의 숫자는 증가되겠지만, 영혼에는 그다지 유익이 없다. 꾸준한 적용과 훈련만이 그 모든 것들을 내 것으로 만들 수 있는 것이다.

사역자들은 너무 빨리 책을 본다. 그것이 문제이다. 너무 빨리 한 권을 끝내고 다시 다른 책을 본다. 그것이 문제이다. 너무 빨리 써먹고 그 다음에 잊어먹는다. 자기가 전에 무엇을 가르쳤는지도 잊어먹는다. 그것이 문제이다.

어느 교수님이 어떤 영성 집회에 참석한 후에 나에게 불평을 말하는 것을 들었다. 그는 말했다.

"저 정도의 설교는 나도 합니다. 나도 교회에서 똑같은 것을 가르칩니다. 저것은 나도 아는 것입니다. 그런데 우리 교회에서는 아무런 반응도 없는데 여기서는 왜 이렇게 사람들이 좋아하는 것일까요?"

나는 그 노 교수님께 대답했다.

"목사님은 그것을 책을 읽고 아신 것이지 직접 경험하신 것은 아니지 않습니까? 저 분은 그것을 직접 자신이 체험하신 것입니다. 그렇기 때문에 저 분의 집회에서는 사람들이 비슷한 체험을 합니다.

어떤 사역자가 어떤 영성적인 경험을 했다면 사람들은 집회에서 비슷한 체험을 하게 됩니다. 제가 느끼기에 교수님과 저 분의 차이는 그것인 것 같습니다."

이 분은 충격을 받은 듯 고개를 끄덕이더니 자기도 영적인 체험을 하겠다고 무슨 훈련원에 들어가시는 것을 나중에 알게 되었다.

물론 이분이 생각하는 경험은 외적이고 은사적인 경험이었다. 그는 사람들이 집회에서 쓰러지고 울고 하는 것이 몹시 부러웠던 모양이다. 내가 이야기하고자 하는 것은 그런 은사적인 경험이 대단하다는 것이 아니라 이해와 체험은 다르다는 것을 말하고자 하는 것이다.

글에는 껍데기가 있고 그 영이 있다. 우리는 외형의 껍데기에만 접해서는 안 된다. 그 속의 영에 접해야 한다.

이해하는 것은 껍데기에 속한 것이다. 그것이 필요 없다고 할 수는 없지만 다만 거기에서 좀 더 나아가야 한다.

성경의 문자와 외형만을 보는 이들은 수많은 싸움과 분파를 만들뿐이다. 그들은 가르침과 설명은 잘 할 수 있을 것이다. 그것은 머리에서 나오는 것이므로.

그러나 그 내면의 영을 체험할 수 없다면 그것은 아무런 유익이 없다. 껍데기만의 접촉은 사람을 바꾸어 놓지 못한다.

내가 어느 정도의 영성에 도달했다고 말할 수는 없다. 그것은 주님 앞에서 무서운 일이다.

그러나 나는 내가 전하고 있는 글과 사상이 외형의 껍데기에서 벗어나 내면의 영, 내적인 기독교를 향하도록 돕기를 원한다. 그것은 이해도 필요하지만 경험이 필요한 세계이다.

그러므로 나는 나의 글이 인용되는 것이 불쾌하지는 않지만 그것을 인용하는 사역자들이 좀 더 영적인 실제를 경험하고 누렸으면 하는 생각이다. 그래야 비로소 사람들의 영을 해방시킬 수 있으며 실제적인 도움을 줄 수 있기 때문이다.

오늘날 기독교에는 너무나 껍데기가 많다. 외형 중심이다. 그러므로 내면의 실제가 너무 부족하다.

껍데기가 몸이고 내면이 영혼이라고 할 때 내면만 중요하고 외면은 무시해도 된다고 할 수는 없다. 그것은 몸은 필요 없이 영혼만 있으면 된다고 말하는 것과 같으니까..

다만 지금 이 시대는 너무 바깥쪽에 치우쳐져 있다. 그래서 내적 실제가 부족하여 사람들이 진정한 기쁨과 해방에 대하여 잘 알지 못한다.

어제 받은 어느 목사님의 메일이 생각난다.

그는 말했다.

"나는 은혜를 받고 10년 동안 거리에서 메가폰을 메고 복음을 외쳤습니다. 정말 열정적으로 불에 타서 움직였지요.

하지만 그렇게 오랫동안 열정적으로 주를 위해서 일하면서 내게 찾아오는 의문은 바로 이것이었습니다. 왜 나는 변화되지 않는 걸까? 이렇게 열심히 믿고 움직이는데 왜 나는 달라지지 않는 걸까? 바로 그것이었습니다."

그는 외적인 열정과 내적 변화는 서로 다른 것이라는 것을 알지 못했던 것이다. 주를 바깥에서 만나는 것과 내부에서 경험하는 것이 다르다는 것을 배운 적이 없었던 것이다.

오늘날의 기독교는 너무 바깥쪽에 있다.
이제 우리는 안으로, 집으로 돌아가야 한다.
건물 크게 짓고 사람 숫자 많이 모으면 성공이라는 시각에서 우리는 이제 돌아서야 한다.
내면세계로 나아가야 한다. 모든 실제는 내면에서 온다.
사랑도 초월적인 평화도 기쁨도 영원히 잊어버릴 수 없는 행복도..
다 내부의 영계에서 오는 것이다.
영적 독서는 아름다운 것이다. 그러나 그것으로 만족해서는 안 된다.
중요한 것은 글자가 아니고 글 속의 영이다.
그 영의 실제를 경험해야 한다.
그래야 변화가 오고 자유함이 온다.
실제를 접하지 못하면 잘 가르치고 잘 설명할 수 있지만 해방이 없고 승리가 없다.

우리는 글에 접촉하는 것으로 만족하지 말고 그 글 속의 영으로
성경 문자에 접하지 말고 그 말씀의 영으로
흰옷을 입으신 주님만 그리지 말고
그 주의 영으로 들어가고 사로잡혀야 한다.
그럴 때 우리는 기독교의 실제가 무엇인지
천국의 실제가 무엇인지
비로소 알 수 있게 될 것이다.

2004. 2. 21

4. 구슬 따먹기, 성장, 자유함을 누리기

　어렸을 때 나는 구슬치기를 하다가 구슬을 다 잃어버리면 울었다. 어떤 형과 구슬 따먹기를 하다가 다 잃고 울었다. 한 번은 나보다 어린 아이와 구슬 따먹기를 하다가 다 잃고 울었다.
　그것은 정말 수치스러운 기억이었다. 그 아이는 나보다 나이가 두 살인가가 적었다. 게다가 나는 구슬이 일곱 개가 있었는데 그 아이는 하나밖에 없었다. 그런데도 그 놈은 겁이 없이 나에게 홀짝을 하자고 도전했다.
　세상에, 어린 것들이란.. 나는 그 때 초등학교 2학년이었고 그 놈은 아직 학교를 다니지 않고 있었다.
　나는 당연히 그 겁 없는 녀석의 구슬 한 개를 따먹고 그 놈에게 인생의 쓴 맛을 가르쳐주어야 했다. 선배 알기를 우습게 아는 녀석에게 인생의 겨울이 무엇인가 깨닫게 해줄 필요가 있었다.
　내가 먼저 구슬을 접었다. 그 놈은 하나를 가지고 '홀!' 하고 공격했다. 그 놈이 맞추어서 내가 하나를 잃었다. 나는 속으로 '어린 것이 제법이군.' 하고 생각했다.
　이번에는 그 놈이 접었다. 나는 한 번에 끝을 낼 작정으로 두 개를 내면서 '짝!' 하고 외쳤다. 그런데 그 놈은 손바닥을 펴면서 한 개뿐인 것을 보여주었다.

그 충격이라니! 나는 그 때 내가 질 수도 있다는 것을 실감했다.

결국 그런 식으로 해서 나는 내가 고이고이 간직해왔던 구슬 일곱 개를 다 잃어버렸다. 나이도 어리고 키고 나보다 훨씬 작은 녀석에게 나의 전 재산을 빼앗긴 것이다. 세상에.. 그것을 모으려고 얼마나 고생을 했는데!

나는 집에 와서 울었다. 분하고 창피하고 기가 막혔다.

하지만 정당한 승부에서 진 것이다. 내가 훨씬 유리한 조건이었는데 졌다. 그래서 누구에게 하소연할 수도 없었다. 그래서 화가 나서 그냥 울었다.

나는 그 꼬마에게 진 것이 너무나 창피해서 아무에게도 그 이야기를 하지 않았다. 그 비밀을 무덤까지 가지고 가기로 했다. 그런데 지금 심경의 변화가 생겨서 내 평생 처음으로 이 수치스러운 과거를 공개하기로 했다.

지금 나는 구슬치기를 하지 않는다. 설사 구슬치기를 하다가 구슬을 잃는다고 해도 울지 않을 것이다. 왜냐하면 이제 어른이 되었기 때문이다.

아들 주원이가 유치원에 다닐 때, 그리고 초등학교 1,2학년 시절에 나는 주원이와 게임을 많이 했다. 농구를 하기도 하고 축구를 하기도 했다. 씨름을 할 때도 있었다. 주로 집안에서 했다.

그러면 오빠보다 세 살이 어린 예원이가 주로 심판을 보았다.

사실 예원이의 심판은 순 엉터리였다. 축구를 하는데 자기 마음대로 '삐~' 하고 입으로 호루라기를 불면서 반칙을 선언했다.

그런데 벌칙이 웃겼다.

"삐~ 아빠 반칙.."
"응..? 뭐가 반칙이야?"
"몰라. 반칙.. 벌칙은 심판 업어주기.."
그래서 나는 축구를 하다말고 예원이를 업고 한 바퀴 돌곤 했다.
"삐~ 예루살렘!"
"예루살렘이 뭐야?"
"패널티킥!"
"누가 패널티킥을 차는 거야?"
"가위 바위 보로 해서.."
그래서 내가 가위 바위 보에서 이겼다. 그랬더니 심판의 선언..
"가위 바위 보에서 진 사람이 패널티킥을 차기.."
그래서 주원이가 차고 내가 막았다.
"골인!"
"왜 골인이야?"
"아빠 코에 맞았어. 코에 맞으면 골인이야."
이런 식으로 축구 게임을 하곤 했다.
농구시합을 하기도 했다.
농구 시합의 심판도 예원이었는데 가끔 자기도 참가해서 골을 넣었다. 볼을 빼앗으려 하면 '삐~' 하고 입 호각을 불었다.
"반칙!"
"왜 반칙이야?"
"나는 선수면서 심판이야.."
그런데 키가 작아서 골을 넣을 수 없으니까 의자를 갖다놓고 의자 위에 올라가서 골을 넣었다. 그래서 예원이가 우승을 하곤 했다.

아무튼 이런 식으로 엉터리 게임을 많이 했었는데 아이들과 놀아주는 것이 목적이니 나는 대충 한다. 그런데 주원이는 그게 아니었다. 그는 게임에 이기기 위해서 이를 악물고 최선을 다해서 뛰었다. 게임을 하고 나면 온 몸에 땀이 흥건했다.

게임에 지면 주원이는 울기도 했다. 이겼을 때는 기뻐 뛰면서 골세레모니를 하기도 했다.

나는? 져도 울지 않았다. 왜냐하면 나는 어른이기 때문이다. 그리고 이것은 하나의 게임에 지나지 않는다는 것을 이제 알기 때문이다. 승부는 아무 것도 아니며 그 과정에서 즐기는 것이 중요하다는 것을 알기 때문이다.

삶과 영성에 대해서 공부를 하면서, 나는 사람들의 대부분의 고통들이 자라지 않고 어린 상태에 있는 것에서 오는 것을 알게 되었다.

어렸을 때는 구슬을 잃어버리면 운다. 하지만 어른이 되면 울지 않는다. 구슬은 그리 대단한 것이 아니라는 것을 알기 때문이다.

어렸을 때는 게임에 이기려고 애를 쓰고 지면 운다. 하지만 어른이 되면 울지 않는다. 게임은 게임일 뿐 그저 그 순간에 즐기면 그만이라는 것을 안다.

어린 것은 무엇인가? 그것은 육적인 것이다. 바울은 고전 3장에서 말한다. 육신에 속한 자.. 그들은 곧 어린 자들이다.

그들은 방언과 기적과 치유와 예언과 많은 경험을 가지고 있었지만 바울은 그들이 어리다고 말했다.

잘못되었다고 말한 것은 아니다. '아이고, 어린것들.. 언제나 철이 들겠니?' 하고 편지를 썼다.

이 땅에 많은 문제들이 있다. 많은 상처들이 있다. 이들에 대한 많은 사역이 있다. 가정 사역, 내적 치유 사역.. 상처의 치유.. 회복.. 아버지 학교.. 어머니 학교.. 상담 학교.. 여러 훈련들이 참 많다.

그 모든 사역은 중요하고 가치 있는 것이다. 다만 나는 진정한 사역은 오직 한 가지이며 궁극적으로 한 방향을 향하는 것이어야 한다고 생각한다. 그것은 영혼을 깨우는 것이며 주를 알게 하는 것이다.

어릴 때는 육으로 살며 보이는 것이 전부이며 자기에 대한 집착과 애정에서 벗어날 수 없다. 그것이 모든 상처의 근원이다.

그러므로 어릴 때는 언제나 항상 어떤 상황과 조건에서도 상처를 받지 않을 수가 없는 것이다.

성장한다는 것은 영혼이 눈을 뜬다는 것이다.

영혼에는 '나' 라는 의식이 약하다. 영혼의 의식은 자아를 넘어선 것이다. 거기에는 초월이 있으며 평화로움이 있다.

영혼이 눈을 뜰수록 주를 가까이 알고 누리게 된다.

영혼이 눈을 뜨고 앞으로 나아갈수록 삶과 죽음이 아무 것도 아니며 인생의 파도와 평탄함이 아무 것도 아니며 오직 주의 말씀과 그분의 뜻만이 영존하다는 것에 대하여 분명해지게 된다. 온 우주, 모든 세계와 피조물이 주를 찬양한다는 것을 깨닫게 된다.

그 시점에서는 원망이나 후회나 죄책감이나 한탄과 같은 것은 없다.

보고 듣고 열리고 알게 되면 오직 하나님의 섭리 아래서 감사와 영광을 드리게 되며 찬양과 영광과 그 존귀하신 주 앞에서 주를 높이며 엎드려 경배하는 것 외에는 할 일이 없다.

전쟁도 고난도 슬픔도 이별도 다 조화의 한 부분임을 보게 된다.

그것은 보는 것이고 아는 것이지 이해하는 것이 아니다. 그러므로 영이 열릴수록 모든 그림자와 같은 것들에게 마음을 두지 않고 오직 언제나 항상 주님만을 붙들기를 소원하게 되는 것이다.

많은 이들이 구슬을 잃어버렸다고 운다. 그 구슬을 모으려고 얼마나 힘썼는데.. 하면서 운다. 드라마를 보면 주인공이 배우자의 불륜을 알게 되는 장면이 나온다. 그 장면에서 애절한 음악이 나오고 기괴한 효과음이 울린다. 주인공은 충격을 받고 분노하고 절망한다.

그런 것을 시청하고 있는 많은 불쌍한 영혼들이 같이 분노하고 슬퍼하면서 그것에 동참한다. 주인공들이 받아서 나누어주는 악한 영들을 서로 사이좋게 나누어 먹는다.

그게 뭐 그리 대단한 일일까..

언젠가 아이들에게 이야기를 한 적이 있다.

"얘들아, 아빠는 엄마를 정말 사랑하지만.. 엄마가 어느 날 아빠가 싫다고 보고 싶지 않다고 한다면 '오, 그래요? 알았어요. 내가 가진 것은 다 당신에게 줄 테니까 행복하게 잘 살아요. 안녕..' 그리고 갈 거야.. 아빠는 너희들도 참 사랑하지만 너희들이 '아빠, 이제는 더 이상 아빠를 보고 싶지 않아요.' 하면 '아, 그래. 미안하다. 그 동안 즐거웠단다.. 그럼 잘 있으렴..' 하고 다시는 나타나지 않을 거야.."

그런 이야기를 했는데 아이들은 왜 하필 예화가 그러냐고 울었다.

이런 이야기를 하면 사람들은 매정하다고 여긴다. 하지만 나는 눈을 뜨게 되면 모든 것이 연극에 불과하다는 것이 보인다는 것을 이야기하는 것이다.

우리는 살아있는 동안 우리에게 맡겨진 역할에 충실해야 한다. 그러나 거기에 목숨을 걸 필요는 없는 것이다. 그게 바로 자유함이고 평화로움이고 안식의 상태이다.

사랑하는 이가 떠나도 '아, 구슬 한 개 잃었구나..' 하고 생각하게 된다. 중요한 것을 잃게 되어도 '아, 구슬 한 개 잃었구나..' 하고 여기게 된다.

죽음의 사자가 온다면 미소를 지으며 '아, 잠깐 기다려요. 가족들에게 인사를 해야 하니까..' 하고 말할 뿐이다.

온 세상이 알아준다고 해도 그것을 구슬 한 개 이상으로 여기지 않는다. 그런 것은 연기와 같기 때문이다.

그것이 삭막한 삶인가? 아니다. 바로 진정한 자유로움이다.

그것은 그렇게 여기려고 애를 써서 되는 것이 아니다. 그리고 그렇게 초연해지려고 일부러 노력할 필요도 없다. 또한 자기 수준과 상태가 마음에 슬픔이 가득한데 아닌 척 하려고, 그것을 누르려고 애를 쓸 필요도 없다. 그것도 억압이며 자연스러운 것이 아니기 때문이다.

영혼을 깨우고 영혼을 움직이려고 하다보면 조금씩 영혼이 일어나게 되고 점차로 의식이 바뀌게 되며 자연적으로 모든 것이 오직 주님과 영원한 생명 외에는 다 구슬치기처럼 보이게 되는 것이다.

내가 안타까워하고 있는 것은 이것이다.

많은 사역들이 있지만, 그리고 많은 영혼들이 그 길을 가고 있지만 대부분의 사역들이 잃어버린 구슬을 찾아주려고 애를 쓰고 있는 수준에 머물러 있다는 것이다. 하지만 구슬은 아무리 많이 찾아도 진정한 곳에 도달하게 하지 못한다. 그러므로 그 다음의 단계로 나아가야한다.

많은 이들이 자신의 고난에 집중한다. 자기가 얼마나 힘든 세월을 보냈는가에 대해서 묵상하며 자기 연민에 빠지는 이들도 많다.

하지만 그것이 무엇이 그리 대단한가. 사람은 수많은 고통을 겪는다 해도, 온 몸과 마음이 수없이 찢긴다 해도 그것은 별것 아니다. 어차피 한번 죽는 것은 다 똑같다. 집착과 자기중심은 자아만 강건하게 하며 지옥만 확장시킬 뿐이다. 그것은 영혼의 풀려나옴과 깨어남을 방해한다.

고난을 통하여 사람들은 자기의 부름 받음을 발견하게 된다. 어떠한 무리의 사람들과 함께 거해야 하는가에 대해서 알게 된다.

하지만 중요한 것은 그 다음이다. 해결책은 영혼을 깨우는 것이다. 육체의 차원, 물질의 차원, 자아, 이기의 차원에서 벗어나는 것이다. 꿈에서 깨어나는 것이다. 그림자를 좇는 삶에서 벗어나 진리를 구하게 되는 것이다.

그리고 거기에서 진정한 평화를 찾게 된다. 그것을 가능하게 하는 것이 바로 주를 아는 것이며 주와 연합하는 것이다.

나는 아가들을 좋아한다. 그들을 안는 순간을 기뻐한다. 하지만 그 감각을 나의 안에 넣으려고 하지 않는다. 나는 아이를 내려놓는 순간 그것을 잊는다.

나는 나의 것이 이 우주 안에서 아무 것도 없음을 알고 있다.

오직 나는 주님을 소유하기 원한다. 그리고 소유되기 원한다.

내게는 사랑하는 사람들이 있다. 보고 싶은 참 많은 이들이 있다.

그러나 그 주도권은 주님이 가지고 계시다. 그들은 내게 집착과 소유욕을 일으키지 않는다.

나는 그들을 통해서 주님을 본다. 주님과 별개로 그들을 원하지 않는다.

주원이는 드럼을 치는 것을 좋아한다. 그런데 저번의 모임에서는 드럼이 없었다. 그래서 별로 신이 나지 않는 것 같았다.

나는 주원이에게 물었다.

"너는 드럼으로 기뻐하니? 아니면 주님으로 기뻐하니?"

주원이가 가만히 생각하더니 그 차이점이 뭐냐고 물었다.

나는 대답했다.

"드럼을 치면서 그 기분과 감각을 즐기는 것은 드럼을 기뻐하는 것이다. 그런데 드럼을 치면서 주님을 생각하고 즐기는 것은 다르다.

드럼을 주신 것도 주님이다. 드럼을 치는 재능을 주신 것도 주님이다. 네가 드럼을 치는 것을 즐거워하며 기뻐하도록 만드신 것도 주님이다. 그러므로 드럼을 칠 때 단순히 드럼 자체에 기뻐하지 않고 드럼을 통해서 주님을 느끼고 주님의 사랑을 감사하는 것이 좋은 것이다.

네가 드럼 자체를 좋아한다면 너는 드럼이 없을 때 슬플 것이다. 그것은 드럼이 주인인 것이며 너는 드럼의 종인 것이다.

그러나 네가 주님을 좋아한다면 드럼이 없더라도 주님이 없어지는 것은 아니니까 드럼이 아니더라도 주님이 주시는 또 다른 것으로 즐거워할 수 있다."

주원이는 가만히 생각하더니 자기는 드럼보다 주님을 더 기뻐하겠다고 말했다.

나는 껄껄 웃었다. 그게 네 나이에 된다면 이 세상의 많은 풍파를 겪을 이유도, 이 세상에 더 있어야 할 이유도 별로 없을 것이다.. 생각하면서 웃었다. 우리는 그러한 초월과 자유를 평생 훈련을 통해, 고통을 통해 배우는 것이다.

그 원리는 같다. 사람을 사랑할 때 눈에 보이는 그 사람을 사랑하는가, 아니면 그 사람을 보내시고 만나게 하시고 사랑의 감정을 넣어주시고 아름다운 추억을 허락하신 주님을 사랑하는가.. 그것은 껍질을 붙들고 있느냐 본질을 붙들고 있느냐의 문제이다.

껍질을 붙들고 있으면 그것은 우리에게 우상이 되는 것이고 본질을 붙들고 있으면 무소유의 자유함 속에 들어가 자유롭게 사랑하며 살게 된다. 오직 근원 되신 주를 붙들고 있으면 세상에 더 이상 고통이 존재할 수 없는 것이다.

오직 주님만이 사랑의 원천이며 지혜의 원천이며 복의 원천이다. 그것이 천국의 중심이기 때문에 그걸 깨달아야 영계가 열린다. 그걸 알지 못하고 껍데기를 붙들고 있으니까 각종 재앙으로 훈련을 받는 것인데 알지 못한다면 그 재난의 기간이 길어질 수밖에 없는 것이다.

우리의 인생에는 너무나 많은 구슬 되찾기가 있다. 구슬 따먹기가 있다. 영적으로 아직 어릴 때, 영혼이 깨어나지 않았을 때는 그런 피상적 사역이 단계로써 필요할 것이다.

하지만 진정한 평화로움, 진정한 초월, 진정한 깨우침을 위해서 오직 주님 자신을 붙드는 것이 필요하다. 그렇게 주님 자신을 구하는 본질적인 사역이 교회 안에 충만해야 한다.

그 때에 비로소 세상 사람들은 그리스도인들이란 바로 도인이며 초월자이며 해방자이며 진리자이며 지혜자임을 알게 될 것이다.

그리스도인들은 바로 주를 붙드는 자들이기 때문이다. 그리고 그리스도에게서 모든 아름다운 것들이 나오기 때문이다.

오늘날 많은 교회가 있고 많은 사역들이 있지만 적지 않은 사역들이 주님께 가까이 나아가는 데 오히려 방해가 되거나 아니면 너무나 멀리 돌아가서 오래 걸리게 만든다. 주님이 최고의 음식인데 영양가가 부족한 음식을 많이 먹으니 오래, 많이 먹어도 몸이 영양실조가 되어 잘 자라지 않는 것이다.

그러므로 신앙생활을 오래해도 잘 변화되지 않으며 오히려 오래할수록 더 고집이 세고 탐욕적이 되고 사나와지는 이들이 적지 않다. 또한 성장을 하더라도 그 속도가 너무나 느리다. 오늘날의 그리스도인들은 도무지 변화가 되지 않는다.

교회는 세상의 심리학과 의학의 발전에 따라 계속적으로 유행하는 사상을 신앙 안으로 받아들인다.

세월의 흐름을 따라 그 유행은 사라지고 또 다시 새로운 사역이 등장하게 된다.

본질적인 사역, 그것은 바로 주를 아는 것이다. 주를 붙드는 것이다.

그리고 그 기본 진리와 기본 정신에 대해서 깨달을 때 영혼의 열림과 주를 알아가며 성장해가는 것은 그리 오래 걸리는 것이 아니다. 성경에 나타난 초대교회의 모습을 보면 그들이 진리 안에서 상당히 빨리 변화되어 가는 것을 볼 수 있다.

주를 붙듦, 주를 부르는 것..
이는 하늘과 땅과 온 우주를 진동시키는
영광의 메아리 멜로디 메시지이다.
 주께 대한 굶주림과 갈망이 이 땅에 일어나기를, 그러한 갈망을 일으키는 사역이 교회 안에 충만하기를, 그리하여 오직 주를 구하고 주께 속한 주님의 사람들이 이 땅에서도 많이 일어나게 되기를 나는 항상 기도하고 또 기도할 것이다. 그것은 곧 천국의 임함과 같기 때문이다.

2004. 2. 23

감정의 자유   -H자매-

 주님이 아닌 다른 것에 마음을 빼앗길까봐 무서워서 감정을 억압하고 도망가다가, 감정을 억압하면 영이 마비되고 부자연스러워진다는 것을 알고는 감정의 욕구와 갈망을 무시하지 말고 풀어놓아야 한다고만 생각해서 모든 감각을 다 받아들이고 집착과 소유욕에 사로잡혀 괴로워하곤 했었지요.

그 둘 사이에 어떤 균형점, 해결책이 반드시 있을 것 같았는데.. 그게 무언지 알 수 없어서 양 극단을 오갔었지요.

상처받는 것이 두려워서 감정을 냉담하게 만들어 버리거나, 아니면 아예 감정을 쏟아 몰두해 버리거나 했었어요.

그런데 이제야 드디어 조금씩 그 사이에 숨어있던 비밀, 그 보화를 알 것 같아요. 감사합니다.

그냥 지나가게 하라

참고삼아 한 마디 더 이야기하자.

한 수도사가 있었다. 그가 제자와 함께 길을 가고 있었다.

길을 가다가 강을 만났다. 깊지 않은 강이라 건너려고 하는데 한 처녀가 어쩔 줄 몰라 하고 있었다. 강을 건너기가 두려운 것이다.

그것을 보고 수도사가 그녀에게 '도와드릴까요?' 하고 물었다.

그녀가 허락하자 수도사는 그녀를 품에 안고 강을 건네주었다.

강을 건너자 수도사는 그녀와 인사를 하고 헤어졌다.

수도사의 제자는 스승의 행동에 대한 의문이 자꾸 일어났다. '저가 수도사이면서 여자를 품에 안다니 그럴 수가 있는가?' 하는 생각이 계속 떠올랐다. 한참 시간이 지난 후에 제자는 스승에게 물었다.

"스승님, 저희는 수도자들인데 어떻게 여자를 안을 수가 있습니까?"

그러자 수도사가 대답했다.

"아, 그 여자? 나는 아까 내려놓았는데 너는 아직까지 안고 있느냐?"

수도자는 단순한 마음으로 그녀를 도와준 것이다. 그는 그녀를 잠시 안아서 강을 건네주었지만 그녀를 도와준 후에는 더 이상 그 일이 그의 안에 자리 잡지 않았다. 그러나 제자는 생각이 자유롭지 않았다. 그래서 시험이 된 것이다.

이 예화는 아마 적절한 소재는 아닐지 모른다. 오늘날 이 시대는 이성 문제나 음란에 대한 많은 죄와 타락이 있으며 이러한 부분에 자유롭기 위해서는 일절 깨끗한 것이 좋으며 유혹에서 멀리 있는 것이 좋기 때문이다. 또한 자기의 양심에 아무 문제가 없어도 다른 이들에게 시험거리를 주는 것은 좋지 않기 때문이다.

그러나 이 이야기는 중요한 메시지를 우리에게 가르쳐준다. 우리는 자연스럽게 살아가되 그 어떤 것에도 집착할 필요가 없다는 것이다.

꽃을 보면 그냥 기뻐한다. 즐거워한다. 그런데 그것을 굳이 꺾어서 자기 집에 가져다 놓아야 행복하다고 생각할 필요가 없는 것이다.

우리는 축복의 종점이 아니고 정류장이 되어야 한다는 말이 있다. 복이 우리에게서 머물러 있는 것이 아니라 우리를 통해서 복이 오고 가야 한다는 뜻이다.

복이 우리에게 머물러 있으면 그것은 썩는 것이다. 그러나 우리에게서 흘러나가면 그것은 아름다운 통로가 되는 것이다.

돈도 흘러가는 것이다. 우리에게서 멈추어 있으면 썩기 시작한다. 그래서 남는 것은 썩기 전에 흘러가게 하는 것이 좋은 것이다. 야고보서는 창고에 쌓인 돈이 말세에 소리를 지를 것이라고 말하고 있다. 그들은 썩기 싫어서 소리를 지르는 것이다.

감정도 이와 같다. 그것은 우리 안에 종점이 될 필요가 없다. 그것은 그냥 지나간다. 그렇게 흘러가게 두는 것이다.

나는 자주 그리움에 잠긴다. 사람들이 보고 싶어 눈물이 날 때도 있다. 헤어졌다가 오랜만에 사랑하는 이들을 만나면 울기도 한다. 집회를 인도하다가 눈물이 나면 그냥 운다. 그것을 감추거나 억압하거나 하지 않는다.

아이들에게 무엇을 잘못하면 미안하다고 고백을 하는데, 눈물이 날 때가 많다. 그러면 그냥 운다. 미안한 감정이 생기고 아빠로서 부끄러우니까 용서를 구하면서 운다.

자연스럽게 일어나는 것을 누르려면 피곤하니까 그냥 내버려둔다. 억지로 울려고 하지 않지만 눈물이 나면 막으려고 하지 않는다.

내버려두는 것.. 그냥 흘러가게 두는 것, 그것이 바로 자유이다. 그것이 매이지 않는 것이다. 감정이 흘러가게 내버려두지 않고 잡으려고 하면 그것이 집착이 되고 매이게 된다.

지금 보이는 것을 사랑한다. 눈앞의 상황을 즐거워한다. 그러나 그것을 내 것으로 묶어 놓으려 하지 않는다. 그게 자유이다.

곁에 있으면 사랑한다. 곁에 없으면 그리워한다. 사랑도 좋고 그리움도 좋다. 곁에 있어도 행복하고 떠나 있어도 행복하다. 살아도 좋고 죽어도 좋다. 어떻든지 묶이지 않고 자유롭다.

울고 싶으면 운다. 졸리면 잔다. 먹고 싶으면 먹는다. 먹을 것이 없으면 안 먹으면 된다. 먹을 것이 없다고 슬퍼하거나 억울해할 필요는 없다. 그렇게 되면 억압이고 집착이며 피곤해진다.

추우면 추워한다. 칭찬하면 그런가 보다 한다. 욕을 하면 아, 나는 욕을 먹고 있구나 하고 생각한다.

그것이 흘러가는 것이다. 속에 담아두는 것이 아니다. 그것이 매이지 않고 자유한 것이다.

주님이 우리에게로 인도하시는 사람을 사랑하고 축복한다. 그 사람이 떠나면 축복하고 보낸다. 나의 역할은 끝났기 때문이다. 그것이 바로 자유이다.

어린아이들은 순진하다. 그들은 울 일이 있으면 운다. 웃을 일이 있으면 웃는다. 복잡하지 않다. 그들의 감정은 오래 가지 않고 그냥 사라진다.

어린 아이가 운다고 걱정할 필요는 없다.

엄마가 바깥에 나갈 일이 있어서 아이를 다른 사람에게 맡긴다고 하자. 아이는 울고불고 난리를 꾸민다. '엄마.. 나도 같이 갈 거야.. 엄마, 가지마.. 가지마.' 하지만 사정이 있어서 엄마는 혼자 가야한다.

엄마는 종일 걱정한다. 아이가 우는 모습이 종일 눈에 밟힌다. 하지만 엄마가 아주 떠나는 상황이 아니라면 그리 염려하지 않아도 된다. 아이는 엄마가 간 후 1분 안에 그 슬픔을 잊어먹는다. 그리고 다른 장난감에 빠져 열심히 논다.

그것이 아이들의 특징이다. 그들은 지나버리는 것을 안다. 울고 웃지만 그냥 지나간다. 그들은 매이지 않았다.

나는 전에 어떤 아이가 부모에게 억울하게 한참 혼이 난 후에 골방에서 혼자서 씩씩거리는 모습을 보았다.

그것은 아이의 모습이 아니었다. 그것은 지나가는 것이 아니었다.

나는 그 감정이 그 아이 속에서 사라지지 않고, 흘러가지 않고 그 속에 고이게 되고 썩게 될 것을 알았다. 그것이 아이 됨이 사라지고 어른이 되어 가는 것이다. 이제 더 이상 흘러지나가지 않고 집착이 되고 매임이 되기 시작하는 것이다.

우리는 감정의 흐름에 대해서 배워야 한다.

매이지 않고 흘러 지나감에 대해서 배워야 한다.

군사로 부름을 받는 자는 자기 일에 매임을 받아서는 안 된다.

목숨을 걸고 싸워야 할 병사가 맨날 아내에게 이메일을 보내고 아이와 채팅하고.. 그래서는 전쟁에 나갈 수 없다. 그래서 초연해야 한다.

우리는 슬픈 일이 있을 때 운다. 슬픈데 울지 않으려고 애쓸 이유가 없다. 그러나 그 다음 순간에 잊어버리고 지나간다.

아무 것도 남지 않는다. 그 슬픔을 속에 간직하지 않는다. 그것은 지나가는 것이다.

나는 자신의 삶에 고통을 겪는 자들과 대화할 때 '아직도 그 수준에 계세요?' 하고 말하지 않는다.

'그거 빨리 초월하셔야 해요.' 하고 말하지 않는다.

그냥 같이 운다.

그가 자라면 초월하게 될 것이다.

그러나 아직 아니라면 우리는 마음을 나누어야 한다.

주님은 나사로의 죽음에 눈물을 흘리셨다. 그분이 심각한 슬픔이나 절망에 빠진 것이 아니다.

다만 그분은 상처받는 자와 마음을 같이 나누셨다.
그렇게 감정을 지나가게 해야 한다. 매일 필요가 없다.
주님이 나를 따라 오너라 했을 때 어떤 이는 '아버지를 장사하고 올게요.' 하고 대답했다. 그것이 매인 것이다. 그러자 주님이 '관둬라.' 하고 말씀하셨다.
어떤 이는 소유를 다 버리고 오라고 하자 근심하고 떠나갔다. 그것이 바로 매인 것이다.

우리는 모든 면에서 매여서는 안 된다.
감정도 사랑도 명예도 삶도 죽음도..
다 그냥 지나가게 해야 한다.
우리는 자연스럽고 따뜻하면서 또한 자유롭고 매이지 않아서
주님이 부르시는 대로 어디든지 갈 수 있어야 한다.
따뜻하고 자연스러우면서도 매이지 않는 사람..
우리가 그렇게 될 수 있을 때
우리는 진정 자유하며
주님이 원하시는 대로 살 수 있을 것이다.
주님께 순종하며
주님의 통로가 되고
주님을 나누어 줄 수 있을 것이다.

2004. 02. 23

5. 우리는 모두 작은 아가, 작은 강아지

저녁을 먹고 있는데 주원이의 눈치가 이상하다.

아, 오늘 일곱 시에 중국하고 축구를 한다고 했지. 올림픽 예선전을..

요놈은 일곱 시에 학원을 가야하는데 그냥 빠지고 집에서 축구 중계를 보고 싶은 눈치군..

나는 주원이에게 엄한 목소리로 훈계한다.

"이 놈아.. 너 어제도 학원 빠지고 또 빠질래? 본선도 아니고 그까짓 예선전이 뭐가 중요하냐?"

그리고 나서 나는 말했다.

"우리, 같이 보자!"

아내는 한술 더 뜬다.

"주원아. 학원에는 엄마가 전화해 줄게 안심하고 봐라."

음.. 올림픽에 한국 축구가 진출할 수 있도록 밀어주는 저 거국적인 열정.. 정말 대단하다. 공부가 뭐가 중요한 거겠어. 애국자가 돼야지.. 그래서 주원이와 나는 축구 중계를 보면서 열심히 소리를 지르며 응원한다.

밀고 밀리는 지리한 공방전.. 그러다가 드디어 후반전에 통쾌한 한골이 작열! 그러자 주원이와 나의 함성소리가 방안에 진동한다.

"우와! 골인! 골인!"

우리는 같이 껴안고 하이파이브를 하면서 소리를 지른다.

아내와 예원이가 쳐들어와서 '뭔데? 뭔데?' 하고 난리이다.

주원이가 한마디 한다.

"아빠, 역시 학원에 안간 보람이 있어요."

나도 한마디.

"잘났다. 이놈아.."

그렇게 중계는 끝나고 시간이 늦어서 나는 예원이를 재우러 안방에 갔다. 예원이는 요즘에 일찍 잔다.

개학을 하고 아침에 일찍 일어나려니 피곤한 모양.. 그래서 일찍 잠자리에 드는 것이다.

내가 가자 몹시 좋아하는 예원이. 나는 누워있는 예원이에게 한마디한다.

"예원아.."

"예?"

"네가 나중에 아줌마가 되더라도..

너는 아빠의 사랑하는 딸이라는 것을..

꼭 기억해야 한단다.."

예원이는 그 말을 듣더니 '히..' 하고 웃으며 내게 와서 꼬옥 안긴다.

"그럼.. 아빠는 내가 잊어먹을 줄 알았어요?"

나는 다시 한 마디..

"예원아..

네가 아무리 어른이 되고, 덩치가 커져도

아빠에게 너는 언제나 작은 소녀란다..
그리고 작은 기어 다니는 아가.. 강아지 같은 아가란다."
예원이는 다시 좋아서 '히..' 하고 웃는다.
예원이는 내 품에 안겨서 잠이 든다. 그것이 예원이가 가장 좋아하는 것이다.
엄마는 예원이를 와일드하게 안아주고 와일드하게 뽀뽀를 하니까 요놈이 잘 도망간다. 그러나 아빠는 부드럽게 어루만져주고 예원이가 원하지 않을 때는 절대로 하지 않기 때문에 내게 안기는 것을 아주 좋아한다.
예원이가 잠이 들자 나는 방에서 나온다.
그런데 이상하게 방금 내가 예원이에게 한 말이 기억난다.
예원아. 너는 영원히..
아빠에게는 한 마리의 아가.. 강아지란다.. 하고 말한 것..
음.. 그럼.. 나도 주님께는
한 마리의 강아지잖아..
그렇다.
내가 아무리 영적으로 성장을 하네.. 글을 쓰네 하고 난리를 꾸며도 나는 주님 앞에서 작은 한 마리의 강아지다..
음.. 그럼 나도 귀여운 거잖아..
오늘 밤은 이 생각을 하면서 잠이 들어야 겠다.

사랑하는 여러분들..
당신들은 모두 주님 앞에 있는

작은 아가, 작은 한 마리의 강아지와 같은 분들입니다.
오늘 밤 모두 아기처럼
주님 품 안에서 즐겁고 행복하게 주무시기를..
샬롬.

2004. 03. 3

6. 영혼의 깨어남과 은혜 안에 잠김

아내는 최근에 여러 영적인 경험을 하고 있다. 그리고 그 결과 많은 변화와 자유함을 누리고 있는 것 같다.

아내는 그 동안 다양한 영적 경험을 했었다. 그녀는 기도 중에 강력한 주님의 임재를 경험하고 전신이 주의 영의 능력으로 사로잡히기도 했다.

한번은 그런 상태에서 집으로 걸어갔는데 그녀는 술이 취한 듯이 몸을 가누지 못하고 다리가 꼬여서 마치 구름 속에서 걷는 것 같이 느껴지기도 했었다고 한다. 그런 상태에서 움직이는 것은 위험한 행동이었다.

그녀는 꿈이나 환상도 많이 경험하는 편이다. 기도하면서 주님의 형상도 잘 본다. 그녀에게는 그것이 선명하다. 그녀가 그러한 경험을 쉽게 하는 이유는 그녀의 의식이 복잡하지 않고 단순하기 때문인지도 모른다. 그녀는 집회 중에도 쉽게 주의 영의 역사와 여러 현상들을 경험하곤 한다.

생각이 많은 이들은 집회 중에 주의 영이 운행하고 있어도 '이것이 주의 영이 맞을까?', '나는 죄인인데 내게도 주의 영이 임하실까?' 등등의 생각이 떠오른다.

그러한 경우 그의 주위에 있는 영의 세력은 소멸된다. 영의 흐름은 단순하고 직관적인 속성을 가지고 있기 때문에 단순하게 주를 갈망하는 자에게는 가까이 임하지만, 의식이 복잡한 사람과는 영적으로 단절되는 것이다. 홍수 때에 노아가 내보낸 비둘기는 발을 디딜 땅이 없어서 방주로 되돌아왔다. 그와 같이 민감한 주의 영은 그들이 디딜 수 있는 영적 동질성이 없으면 그를 떠난다.

그러므로 생각이 많고 복잡한 이들은 영의 경험을 하기 어렵다. 그래서 지적인 사람이나 사역자들이 대체로 영적인 세계의 경험이나 초감각적 지각이 부족한 것이다.

하지만 오랜 세월동안 그러한 경험들을 많이 한 후에 영적 체험에 대한 그녀의 인식은 다소 부정적인 편이었다. 그런 체험은 일시적인 것이며 내적인 변화에는 별로 도움이 되지 않는다고 그녀는 생각했다.

그녀의 생각은 일리가 있다. 사실 영적인 체험을 많이 한다고 해서 사람들이 변화되는 것은 아니다. 고린도 교회 사람들도 온갖 은사들을 경험했지만 성장한 영혼은 많지 않았다. 어떤 체험을 한 후에 변화되는 사람이 있기는 하지만 그 비율은 별로 높지 않다.

기드온에게 성령이 임하여서 그가 나팔을 불고 군사들을 모집했을 때 감동을 받고 몰려온 이들은 3만2천명이었다. 그들은 모두 하나님의 영으로 감동 받고 사로잡혀서 온 것이다. 그러나 몇 가지 시험을 거친 후에 최후까지 남아서 승리를 이룬 사람은 300명에 불과했다.

한 때 뜨겁고 열정적이고 은혜를 체험한 사람이 끝까지 남아서 승리할 확률은 어느 정도 되는가? 이 성경의 사례를 보면 100분의 일이라고 할 수 있을지 모른다.

즉 어떤 이가 하나님의 임재와 능력과 영광을 체험하고 울고 불면서 주님께 헌신하고 자기 생명을 드리겠다고 결정할 때 그가 최후까지 남아서 승리할 확률은 100분의 1 정도가 되지 않을까 싶다. 어떤 이가 영적 경험을 할 때 그 경험의 감동은 대부분 수증기처럼 증발해버린다. 아주 적은 양만이 남는 것이다.

우리가 먹는 음식 모두가 우리에게 피와 살이 되는 것은 아니다. 그게 다 살이 된다면 인간의 몸은 코끼리보다 더 커질 것이다. 대부분은 뒤로 버려지고 아주 일부만 그의 신체를 구성한다. 영적 체험도 그와 같은 것이다.

하지만 그렇다고 해서 영적 경험을 무시해서는 안 된다. 비록 100분의 일 만이 남는다고 하더라도 그것은 귀한 것이다. 또한 그의 영혼이 조금씩 자라갈수록 그의 영적 흡수성은 증가되며 체험의 내용도 싶어지게 된다.

영적 체험의 수준에도 여러 차원이 있다. 낮은 수준의 경험이 있고 높은 수준의 경험이 있다.

몸에 속한 경험도 있고 정신에 속한 경험도 있으며 깊은 내적인 수준의 경험도 있다.

그것은 각자의 영혼이 어느 정도 발달되었는가에 달려있다. 즉 자기수준에 맞는 경험을 하게 되는 것이다. 그러므로 영적 경험을 무시하지 말고 좀 더 깊은 곳으로 나아갈 수 있도록 더욱 더 사모하는 것이 필요하다.

처음에는 기적이나 몸으로 느낄 수 있는 강력한, 뜨거운 느낌 등을 경험하지만 차츰 영이 자라가면서 내적인 경험을 하게 된다. 그리고 그럴수록 의식이나 가치관의 수준도 달라진다.

낮은 경험일수록 외적인 현상이 나타나고 사람들의 시선을 끌며 눈에 띄게 되지만 어느 정도 수준이 올라갈수록 그것들은 사람들 앞에서 드러나지 않으며 사람들의 관심을 끌지 않는다. 숨겨지게 되는 것이다.

아내는 체험에 대해서 다소 부정적인 생각을 가지고 있었지만 최근의 경험은 보다 더 진전된 듯이 보였다. 그것은 몸의 체험보다 심장, 영혼의 체험에 좀 더 가까운 것이었다.

몇 주 전 중보 기도모임에서 그녀는 인도자의 인도에 따라 주님과 교제하는 것을 상상하고 있었다. 그런데 갑자기 그 상상이 선명해졌다. 상상하는 기도는 주님께 가까이 나아가기 위한 많은 기도 중의 하나로, 주님을 누리고 경험할 수 있는 귀한 은총의 도구이다. 처음에 이 기도를 시작할 때는 우리가 상상을 하는 것 같은데, 어느 순간 주님께서 이 기도를 이끌어 가신다. 우리가 상상을 하는 것이 아니라 상상이 되어버리는 것이다.

그녀는 주님과 결혼하는 모습을 상상하고 있을 때 선명하게 자신의 웨딩드레스를 입은 모습을 보게 되었다. 하지만 그 웨딩드레스는 깨끗한 것이 아니라 때가 묻은 모습이었다.

그녀는 자신의 드레스에 묻은 때는 그녀가 최근에 자녀들에게 사소한 일로 화를 냈던 것이며, 그것이 주님의 가슴을 심하게 상하게 했다는 것을 선명하게 깨닫게 되었다.

그녀는 이것을 보고 몹시 충격을 받았다. 주님은 그녀를 불쌍히 여겨

주셨지만 그녀는 마음이 심히 아파서 회개하며 울었다.

얼마 후 기도하는 도중에 그녀는 커다란 먹구름을 보았다.

나는 그녀에게 말하기를, 사람의 심장은 영적 세계와 밀접한 관계가 있으므로 자신의 심장을 의식하면 자신의 깊은 속마음과 영의 상태를 느낄 수 있으므로 고요한 마음으로 심장에 집중을 하는 심장기도의 훈련이 필요하다고 했는데 그녀는 내 말을 듣고 자기 방에서 혼자 기도를 하고 있었다.

그녀가 심장에 집중하면서 기도하는데 그녀는 하나의 영상을 보았다. 그 영상 속에서 그녀는 어린 아이의 모습이었다. 그리고 그 어린 아이는 하늘에 가득한 먹구름을 보고 있었다. 그녀는 그 영상을 보면서 바로 깨닫게 되었는데, 그 커다란 먹구름은 그녀의 마음속에 내재된 강력한 분노였다.

그녀는 그 분노의 먹구름을 보고 몹시 놀랐는데 그 뒤에는 주님이 어린 아이의 모습을 조용히 지켜보고 있었다. 그 어린아이는 구름을 보면서 마구 화를 내더니 주님을 향해 다가가서 주님께 마구 투정을 부리며 가슴을 때리는 것이었다. 아내는 그 모습을 보고 엄청나게 놀랐다고 한다. 한참 시간이 지나자 아이가 지쳐서 주저앉았고, 그러자 주님은 그 아이를 안아주시고 다독거려 주시는 것이었다.

그녀가 그 영상을 보면서 느낀 것은 사람이 불평을 하거나 화를 낼 때 주님은 그것을 조용히 내버려두신다는 것이었다. 주님은 억지로 사람의 의지를 억압해서 그 분노를 제압하는 분이 아니신 것이다.

아내는 이 경험을 하고 심한 충격을 받았다. 그녀는 자신의 마음속에 그렇게 큰 먹구름 같은 분노가 있으리라고는 생각하지 못했기 때문이다.

그녀는 아이들에게 가끔 화를 내곤 한다. 하지만 상식적인 수준에서 보았을 때 그리 심한 것은 아니다. 대부분 90% 이상의 경우에 아이들과 그녀는 웃고 장난을 친다. 서로 대화도 많이 하는 편이고 그녀와 아이들은 서로 친구와 같은 관계이다.

아이들은 엄마를 사랑하며 거의 순종한다. 하지만 가끔 아이들이 꾸물거릴 때가 있는데 아내는 그럴 때 화가 나는 모양이다. 그러면 잠시 평화를 잃어버리곤 하는데 아내에게는 그것이 죄책으로 남아있는 것 같다.

아내는 참으로 성품이 밝다. 우울해지거나 눌리는 적이 거의 없다. 항상 장난꾸러기 같이 웃고 장난을 치며 그래서 집안이 항상 즐겁고 활기가 있다. 그녀의 유일한 고민이라면 성격이 조금 급한 편이며 그래서 가끔 아이들과 부딪치고 화를 낸다는 것이다. 하지만 그 먹구름을 보고 나서 아내는 많이 충격을 받았고 그 이후로 아이들과 부딪치는 일은 거의 없게 되었다.

이 비슷한 경험들이 여러 번 있었는데 가장 그녀에게 심한 충격이 되었던 것은 나와의 대화 이후였다. 아마 그것은 그녀의 많은 경험 중에서 가장 큰 영향을 준 경험이었을 것이다.

나는 그녀와 평소에 삶과 신앙, 다양한 영적 원리에 대한 대화를 많이 나누는 편이다. 그 날도 영성의 원리, 상태 법칙 등에 대하여 이야기를 나누고 있었다. 내가 어떤 이야기를 하고 있는데 어느 순간 그녀의 영혼이 아주 심하게 충격을 받았다. 나는 그것을 느낄 수 있었다.

나는 이런 요지의 이야기를 하고 있었다.

많은 이들이 신앙생활을 하며 천국에 이르는 길을 쉽게 생각하고 있지만 그것은 그리 간단한 일이 아니다. 오늘날 신자들은 구원과 천국에 대하여 너무 가볍고 쉽게 생각한다.

사람들은 피상적인 지식과 믿음을 가지고 있고 천국적인 삶과는 멀리 떨어져 있으며 거의 지옥의 영으로 살아가고 있으면서도 자신의 영혼이 안전하다고 생각하며 자신의 영적 위치가 천국에 있는 줄 안다.

그러나 지금 이 땅에서 천국의 영으로 살아가는 사람이 주님의 사람이며 천국의 사람이며 영의 사람이다.

오늘날 많은 신자들이 지옥의 영, 지옥의 마음으로 살아가며 미움과 자기 의와 교만과 거짓과 분노와 온갖 악 속에서 살면서도, 그들은 자신의 영혼이 안전한 줄 안다. 그것은 무서운 착각이다. 천국의 사람이 되기 위해서는 영혼이 깨어나야 한다.

영혼이 깨어나는 것은 아주 구체적인 것이며 그로 인하여 천국에 속한 영적인 특성들, 아름다운 특성과 표적이 나타나게 된다. 천국에 속한 사람은 자연스럽게 사랑하게 되고 기뻐하게 되며 어두움에서 벗어나게 된다.. 나는 그러한 이야기를 하고 있었다.

이야기를 하는 도중 나는 숨이 막히는 것 같아서 더 이상 대화를 나눌 수가 없었다. 갑자기 나의 말을 듣고 있던 그녀의 심장이 얼어 붙어버렸기 때문이다.

영의 감각이 어느 정도 훈련된 사람들에게 있어서 다른 사람들의 영적 상태나 생각이나 감정이나 동기를 느끼는 것은 어렵지 않으며 흔히 있는 일이다. 주님께서도 다른 이들이 마음속으로 주를 대적하고 있을 때 그들이 마음에 어떤 의논을 하고 있는지 아셨다.

그러니 상대방과 대화를 하면서 상대의 영이 어떻게 움직이는지를 아는 것은 그리 어려운 일이 아니다. 그런데 대화중에 갑자기 그녀의 심장, 영혼이 심하게 충격을 받아버리는 바람에 나도 같은 증상을 느끼게 되었던 것이다.

나는 심장을 부여안고 주저앉았다. 가슴이 터지는 것 같아서 도저히 말을 더 이상 할 수가 없었다.

하지만 그녀의 충격은 더 컸다. 내가 영혼의 수준과 상태와 영계에 대한 이야기를 하고 있는데 그녀는 갑자기 심장이 얼어붙는 것 같은 느낌을 받았다고 한다. 그것은 실제적인 고통이었다.

나와 아내는 조용히, 아주 낮은 목소리로 말을 주고받고 있었다. 그러다가 아내는 통증이 심해지는 바람에 입을 다물었다. 우리의 대화는 중단되었고 그녀는 쓰러지듯이 몸져누웠다.

그녀는 마치 중병에 걸린 것처럼 쓰러져서 거의 움직일 수가 없었다. 그 멀쩡하고 생생하고 활기가 넘치던 사람이 말이다.

그녀는 며칠 동안 말도 거의 할 수 없었다. 그녀가 입을 벌리려고 하기만 하면 다시 통증이 몰려왔다.

그녀는 말 뿐 아니라 움직이는 것도 힘들어서 일어나는 것도, 눕는 것도 쉽지 않았다.

그녀는 자리에서 일어날 때는 다 죽어 가는 목소리로 내게 '여보, 일으켜 줘..' 하고 말했고 누워야 할 때는 '여보.. 눕혀 줘.' 하고 말했다. 그녀는 온 몸의 진이 다 빠져버린 듯 했다.

그녀는 충격을 받은 후에 한동안 웃을 수도 없었다. 웃으면 다시 심장에 심한 통증이 왔다. 약 3일 정도 그녀는 그러한 충격 상태에 있었다.

그것은 단순한 육체의 고통이었을까? 아니다. 그것은 물론 육체의 심한 고통이 동반된 것이었지만 동시에 영혼의 깨어남에 대한 경험이었다. 그것은 고통과 함께 깊은 감미로움을 동반하는 것이었다.

그녀는 조용히 찬양 테잎을 들으면 수시로 눈물이 흘러내렸다. 그녀는 그 상태에서 남을 판단하거나 미워할 수 없었다. 조금만 누군가에 대해서 좋지 않은 생각을 하면 또 다시 심장이 찢기는 것 같은 통증이 찾아왔다. 주님의 허락 없이 함부로 말을 하면 다시 숨을 쉬기 곤란할 정도로 가슴에 통증이 왔다. 아이들은 갑자기 조신해진 엄마를 보고 놀라서 엄마가 어디 아프냐고 물었다.

그녀에게 그 경험은 영혼의 깨어남이 아주 구체적인 사건이라는 것을 깨닫게 했다. 그리고 주님의 마음으로 산다는 것, 주님의 심장으로 산다는 것이 어떤 것인지 깨닫게 해주는 경험이었다.

우리가 주위에 있는 다른 사람들에게 화를 내고 미워하는 것, 원망하는 것은 바로 주님의 심장을 찢는 것이라는 사실을 보통의 상태에서는 머리로만 알 뿐이지만, 영혼의 감각이 눈을 뜨게 되면 정말 선명하게 깨닫고 체험하게 되는 것이다.

삼일 정도 그녀는 꿈결과 같은 상태에 있었다. 비록 육체는 고통스러웠지만 그녀는 주님의 임재와 아주 가까운 곳에 있었다. 함부로 말할 수 없고 함부로 웃을 수 없고 아주 연약한 상태였지만 그것은 또한 아름답고 자유롭고 행복한 세계였다.

하지만 삼일이 지나자 그 통증이 많이 잔잔해졌다. 그리고 다시 예전의 상태로 돌아가는 것 같이 느껴졌다. 그녀는 고통이 사라져가면서 말할 수 없이 감미로웠던 달콤함과 주님의 임재도 약해졌기 때문에 몹시 아쉬워했다.

나는 웃으면서 말했다.

"걱정 말아요. 그러한 상태는 다 일시적인 것이에요. 계속 그런 상태로 사는 것은 위험해요. 하지만 그러한 내적인 감동과 느낌이 사라졌다고 해서 실망할 필요는 없어요. 당신은 그 체험의 전과는 같지 않을 테니까. 영에 사로잡히고 묶여있는 듯한 느낌은 사라지지만 분명히 전과 다른 것을 알 수 있을 테니까.. 그리고 그러한 경험을 수없이 반복하면서 조금씩 영혼은 깨어나게 돼요."

그녀는 아쉬워했지만 며칠이 지나서 몸이 회복된 후에도 그 경험을 하기 전의 상태와는 많이 다른 것을 느끼게 되었다.

이제 그녀는 자신의 감정을 어느 정도 컨트롤하게 되었다. 그리고 영의 감각이 아주 예민해져서 기도의 깊은 기쁨을 알게 되었고 잠시 기도를 해도 그 기도가 선명하게 올라가고 주님과 새로운 관계가 되는 것을 느끼곤 했다.

내가 오래 전부터 영성에 대한 많은 이야기를 했지만 그녀는 잘 알아듣지 못했다. 그것은 이해에 대한 문제가 아니기 때문이다. 그러나 심장의 체험 이후에 최근에 그녀는 내가 오래 전에 썼던 글을 읽으며 새로운 충격을 많이 받고 느끼게 되었다.

어느 날 그녀는 내게 물었다.

"오래 동안 나는 당신이 하는 이야기를 잘 알아듣지 못하고 그냥 무감각한 상태에서 살았어요. 내가 입장을 바꾸어서 당신이라면 정말 너무나 답답해서 견디기 어려울 것 같아요.

당신은 내 상태를 잘 알고 있었을 텐데 그동안 어떻게 잘 참았어요? 나라면 너무 답답해서 속이 뒤집어질 것 같은데.. 나에게 기도하라고, 은혜를 사모하라고 강요도 하지 않고.. "

나는 웃으며 대답했다.

"나는 전혀 속이 뒤집어지지 않았어요. 당신을 사랑했기 때문에.. 영성에 대해서 이야기했지만 당신이 알아듣지 못하고 있을 때에도 당신 옆에 있으면 항상 즐거웠어요. 평생 당신의 영혼이 깨어나지 못하고 있어도 나는 죽을 때까지 당신을 사랑하고 당신이 깨어나기를 기다리고 당신 옆에 있는 것을 기뻐했을 거야. 그게 사랑이니까.

그리고.. 억지로 기도와 신앙을 강요하게 되면 그게 더 스트레스가 돼요. 성장에 오히려 방해가 되지요. 하지만 당신이 요즘에 영의 세계에 대해서 많이 깨어나고 있고 이해하고 체험하고 있으니까 나도 참 즐거워요.."

나는 농담조로 한 마디 보냈다.

"내가 항상 당신을 사랑하고 용서하는 것처럼.. 당신도 우리 아이들의 잘못과 실수를 너그러이 용서하고 사랑해주시오."

"아이고, 나도 애들을 사랑하잖아요.."

그녀는 진지하던 자세에서 원래의 자세로 돌아가서 장난스럽게 나를 때렸다. 하지만 그래도 아내는 감사의 표시로 커피우유를 사다 주었다.

영혼의 깨어남이란 참으로 아름다운 일이다.

영혼이 깨어나지 않으면 영혼의 감각이 무디어서 많이 기도하고 예배를 드리고 성경을 읽어도 의지적으로 신앙생활을 할 뿐, 주님과 실제적으로 교제하는 기쁨과 행복을 잘 알지 못한다. 천국의 영광을 누리지 못하며 육신의 소욕을 따라 본능과 욕망으로 살고 욕심을 부리며 육적인 애정에 휩싸이며 분노하고 두려워하며 무지와 어둠 속에서 산다. 그것은 참으로 불행한 일이다. 더 나은 세계, 다른 세상이 있다는 것을 전혀 모르고 사는 것이다.

하지만 영혼이 깨어나게 되면 날마다 새로운 자유와 새로운 행복과 새로운 깨달음으로 하나님의 거룩하심과 온전함을 향해서 나아가게 된다. 그것은 천국의 광채를 날마다 경험하며 더 찬란한 빛을 향하여 나아가는 것과 같은 것이다.

부부가 같이 영적 성장과 깨어남을 사모한다면 그것은 참으로 아름답고 행복한 일이다. 그렇게 같은 목표와 방향을 가지고 서로 격려하고 축복한다면 현실의 모든 어려움과 고통들이 한낱 그림자에 속한 것임을 알게 된다. 그들은 지금부터 천국에서 살게 되는 것이다.

우리는 영혼의 깨어남을 통해서 주님의 마음과 심장을 가지고 살아가야 한다. 그것은 정말 놀라운 삶이다.

우리 카페의 많은 식구들, 사랑하는 독자님들도 이러한 영혼의 깨어남을 많이 경험했으면 좋겠다. 그것이 내가 글을 쓰고 책을 내는 이유이다. 그래서 주님과 천국을 좀 더 같이 나누고 싶기 때문이다.

영혼에 대해서 이야기하는 것도 참 행복한 일이다. 정말 행복하다.

부디 모든 주를 사모하는 이들이 이러한 새 세계, 행복에 들어갈 수 있기를 간절히 기도한다. 할렐루야.

2004. 4. 19

7. 영혼의 깨어남과 고통의 현상

기다리던 책 [자유롭고 행복한 그리스도인] 1,2권이 어제 아침에 나왔다. (주 : 나중에 [행복한 신앙을 위한 28가지 조언], [성숙한 신앙을 위한 30가지 조언]으로 제목이 바뀜)

참 행복하고 뿌듯하다. 하지만 그것을 느끼고 있을 여유가 없이 새 책이 나오면 후원회원님들에게 포장해서 발송을 해야 한다.

원래 발송해야 하는 책은 약 430권 정도인데 1,2권이 같이 나왔으니까 두 배가 되어 860권이다. 책의 두께도 360쪽 정도로 두꺼운 편이다. 그러니 발송하는 일이 쉽지 않다.

아내는 며칠 전부터 후원회원의 분류에 따라 주소와 포장지를 미리 준비하고 분류하고 모든 작업을 마쳐놓았지만 여전히 할 일은 많다.

책의 포장과 발송에 동참하고 싶어서 기다리는 이들이 무척 많다. 그래서 누구를, 몇 명을 불러야 하는지가 문제가 된다. 자기가 빠졌다고 서운해 하는 이들이 많으니까. 참 희한하다. 그저 와서 노가다를 하는 것에 불과한데도 한번 불러주셨으면.. 하는 이들이 많으니 말이다.

아내는 중보기도모임의 멤버들에게 이 사실을 알렸다. 몇 분을 시켜서 연락을 취한 모양이다. 오기를 원하시는 분들이 너무 많으니 이왕이면 좀 더 사모함과 간절함이 많은 이들을 부르게 된다.

그래서 기도모임의 참석자들 중에 연락을 받은 이들이 화요일에 발송 작업을 하러 오게 되었다. 우리까지 포함하면 약 20여명이 모인 것 같다.

그들은 11시쯤 사무실에 도착하고.. 나는 집에서 가만히 묵상을 하고 있었다. 이들은 단순히 서로 보고 웃고 교제하고 나누는 자체를 즐거워하지만 또한 동시에 내 얼굴을 보고 나에게 무엇인가 한 마디를 듣고 싶어 한다. 그래서 무슨 이야기를 할까.. 하고 생각하고 있는데 사람들이 사무실에 모이기 시작하면서 점점 더 머리가 아파지기 시작했다.

사람들이 가까이 오면 그들의 영적 상태나 의식 상태가 그대로 전달이 되니까 직접 만나기 전에도 어떤 느낌을 갖게 된다. 그 과정에서 머리가 아플 때가 많다. 그들의 머리에 어두움이 많이 있기 때문이다. 그 기운이 가까이 오니까 아픈 것이다.

사람들은 왜 머리에 어둡고 혼미한 기운을 가지고 있을까.. 그것은 육신적이고 세상적인 의식과 생각이 가득한 상태로 살고 있기 때문이다. 그러한 의식의 정화는 하루아침에 되지 않는다. 영이 자라고 성장해서 인식과 생각의 수준과 욕망의 수준 그러한 모든 것들이 변화되어야 하는데 그것이 하루아침에 되는 것이 아니니까..

기도모임에 자주 오는 이들은 어느 정도 영이 훈련되고 열린 이들인데도 이 모양이니 보통 사람들의 상태는 말할 것도 없는 것이다.

어떤 이들은 나를 만나게 되면 내게 피해를 주지 않을까, 내가 힘들어 하지 않을까.. 하고 몹시 걱정들을 하신다. 이들은 영의 세계를 조금 이해하고 있는 이들이다.

무조건 쳐들어오겠다, 시도 때도 없이 전화해서 상담을 해 달라, 왜 즉시 메일에 답을 하지 않느냐.. 하는 식으로 요구하는 이들은 정신적으로 어리기도 하지만, 대체로 영적 개념이나 감각이 부족한 이들이다. 이러한 이들은 빨리 성장하기 어렵다. 영의 성장과 발전은 마음의 자세에 달려있는 것이다.

그러므로 이러한 이들은 그들의 소원대로 문제가 해결되기를 돕고 약간의 도움을 줄 수는 있겠지만 영의 성장에는 별로 유익이 없다. 영혼의 성장 자체를 추구하지 않는 이들은 수많은 문제를 해결하고 소원을 성취해도 주님 앞으로 가까이 나아가기 어렵다.

내가 머리가 아플 까봐 걱정하는 이들에게는 고맙지만 하지만 그것을 염려하면 일생동안 사람을 만날 생각을 하지 말아야 한다. 어차피 나의 일이 영을 깨우는 일인데 사람을 만나지 않고 살수는 없다. 그러므로 이왕 만날 바에는 영적 성장을 사모하는 이들, 깨어남의 가능성이 보이는 이들을 만나고 싶은 것이다.

나는 잠시 사무실에 들러서 인사만 하고 다시 집으로 왔다. 아내가 내가 있으면 일에 방해가 된다고 쫓아냈다. 나는 일이 끝난 후에 잠시 교제를 위하여 다시 들르게 될 것이다.

그들은 매주 마다 모여서 기도하고 교제하고 같이 울고불고 하는 이들이라 이미 한 가족과 같다. 금방 사무실은 웃음꽃이 가득 피어난다. 사랑하는 믿음의 식구들이 모였다면 그것은 이미 일이 아니고 교제다. 사랑이고 나눔이다. 그들은 연신 깔깔거리며 포장을 하고 작업을 한다.

20여명이 작업을 하는 바람에 한시가 조금 넘어서 작업이 다 끝났다.

주문한 식사가 도착해서 나는 사무실에 간다. 즐거운 식사를 마치고 나자 나를 중심으로 다 같이 둘러앉는다.

간단하게 찬양을 한 곡 부르고 나는 간단한 메시지를 전하기 시작한다. 아내는 나중에 나에게 묻는다. 왜 찬양을 한 곡 밖에 안 하냐고.. 하지만 찬양을 두 세 곡 하면 또 다시 울음바다가 되고 난리통이 될 것이 뻔하다. 이제는 아수라장을 하도 많이 봐서 가능하면 조용하고 차분한 분위기로 이끌려고 한다.

전에는 집회를 할 때 사람들이 하도 울부짖어서 주위에서 정신병자 수용소냐고 비난을 받기도 했기 때문에 이제는 가급적이면 조용히 하는 편이다. 사람들이 자꾸 울려고 하면 재빨리 웃기는 이야기를 해서 분위기를 바꾼다.

오랜만에 보는 분들과 간단하게 인사와 교제를 나누고, 나는 조용히 영혼의 깨어남에 대한 이야기를 시작한다.

웃음과 장난을 섞어서 조용히, 부드럽게 이야기하지만 여기저기서 눈물이 멈추지 않는다.

하지만 요란한 눈물은 아니고 그냥 뺨에서 조용히 흐르는 눈물이기 때문에 그리 시끄럽지 않기 때문에 그 정도는 괜찮은 것 같다. 그래도 절제를 시키려고 우는 이들을 놀리기도 하면서 나는 계속 메시지를 전한다. 약 한 시간쯤 이야기한 것 같다.

간단하게 찬양을 한 곡 더 하고 2-3분 정도 마무리 기도를 드린다. 그리고 다 같이 일어나서 교제를 하고 이제 며칠 후면 결혼을 하는 5월의 신부 은하 자매를 축복한다. 은하 자매는 그저 행복해서 죽으려고 하는 모습.. 그리고 서로 악수를 하고 모임을 마쳤는데 아내가 나중에 또 묻는다. '여보 왜 요즘은 끝날 때 포옹을 안 해요? 전에는 항상 했는데?'
 나는 대답한다. '아이고. 포옹하면 또 울고 난리잖아. 지금 그럴 시간이 어딨어. 4시 반에 우체국 문을 닫는데.. 그 전에 빨리 책을 부쳐야지..' 아내는 웃는다. '아참. 맞아..'

 우리는 우르르 몰려들어 산더미같이 쌓인 책 더미를 다마스 안에 집어넣는다. 그리고 우체국으로 출발.. 역시 인해전술은 좋다.
 우체국에서 발송을 마치고 헤어진다. 헤어질 때는 몹시들 아쉽고 발이 떨어지지 않는 모습은 여전하다. 하지만 며칠 후면 은하 자매 결혼식에서 다들 볼 것이기 때문에 그 때를 기약하고 헤어진다.
 몇 명의 청년들이 남아서 이것저것 사무실의 남은 것들을 정리하고 치우고 오늘은 비교적 모임을 빨리 마쳤다.
 다 끝내고 나니 일곱 시다. 다 마치고 나니 온 몸이 아프다. 특히 다리, 허벅지가 아프다. 걷고 움직이기가 힘들다.
 아내도 아프다. 아내는 갑자기 허리를 쓰지 못한다. 등 쪽도 엄청나게 아프다. 허리를 펴지 못하며 계속 비명을 지른다.
 "아! 아! 아이고.."
 그리고 내게 묻는다. "여보. 이게 뭐에요? 왜 이렇게 아퍼? 나 오늘 사람들에게 일만 시키고 하나도 안 했는데.."
 나도 웃으면서 말한다.
 "나도 일 하나도 안 했어. 하지만 지금 다리를 쓸 수가 없어. 그리고 온 몸이 찢어지게 아퍼.."

아내는 눈이 둥그래진다.
"왜 그래요?"
아내의 통증은 점점 더 심해진다. 그녀는 이제 일어나지도 앉지도 못한다. 그녀는 나에게 손을 내민다. 앉혀달라고 하고. 일으켜달라고 하고.. 그녀는 환자처럼 비틀거린다.
나도 간신히 말하지만 힘이 없다.
"오늘 내가 영혼에 대해서 이야기했기 때문이야. 그리고 사람들의 영혼이 그에 대해서 반응을 했기 때문이야. 그 과정에서 이렇게 아플 수 있어.."
아내는 다 죽어가는 상태로 놀라서 묻는다.
"영혼에 대해서 이야기를 하면 왜 아픈 거예요?"

그녀는 요즘에 별의별 체험을 다한다.
아이고.. 이야기가 길다. 그거 자세하게 이야기하려면 책 한 권인데..
하여튼 나는 설명을 한다.
"영혼에 대한 이야기를 하면 각 사람의 속에 숨겨져 있는 영혼이 그 이야기를 들어요."
"어머나, 그래서?"
"그래서 점점 더 귀를 쫑긋 거리다가 나중에는 밖으로 나오려고 움직이게 되요. 그래서 조금씩 영이 바깥으로 흘러나오면 그 과정에서 몸이 엄청나게 아프게 되어 있어. 우리는 그것을 느끼니까 아픈 거고, 저들도 지금은 잘 모르지만 집에 가면 몹시 힘들게 느낄 거야.."
"오마나, 신기하다.."

"그런데 아픈 게 두 가지야.. 하나는 심장이 아픈 것이고 둘째는 전신이 아픈 거야. 심장이 아픈 것은 영혼 자체가 깨어나는 것이고, 몸이 아픈 것은 자연적으로 아픈 경우도 있지만 영혼이 깨어나는 과정에서 여태까지 속에 숨어있던 악한 영들이 드러나고 나가는 거야.

그래서 심장이 아플 때는 주님과 같이 교제하고 대화를 나누어야 돼. 하지만 몸이 아플 때는 악한 기운이 드러나고 나가는 것이니까 대적하고 쫓아야 돼.

심장은 영혼의 중심이고 주님의 처소이기 때문에 귀신들이 밖에서 누를 수는 있지만 들어오지는 못해요."

"어머나. 그런데 우리는 왜 아픈 거예요?"
"그리한 사람들의 통증의 상태를 우리가 같이 나누고 느끼는 거죠. 그들의 영혼이 깨어날 때의 충격을 우리가 같이 받는 거예요.

영혼이 조금씩 깨어나기 시작하면 영이 민감해져서 다른 사람들의 느낌이나 상태, 마음, 생각 같은 것을 그대로 느끼게 돼요. 그러니 통증도 같이 오는 것이지. 당신도 전에는 이러한 느낌이 없었을 거야. 그런데 최근에 영의 감각이 깨어나기 시작하고 예민해지니까 이러한 고통들도 경험하는 거지.."

"그러면 사람들은 자기의 영혼이 깨어나게 되면 다 그것을 느끼나요?"
"아니요. 느끼는 사람도 있고 느끼지 못하는 사람도 있어요."
그녀는 고개를 갸웃거린다.

얼마 전에 나는 아내와 어느 자매와 함께 영혼과 영혼의 상태에 대해서 한참 이야기한 적이 있었다. 그런데 말을 하면서 나와 아내는 심장에

극심한 통증을 느끼기 시작했다. 그것은 그 자매의 속에 있는 영혼의 통증을 느끼는 것이다.

그러나 그 자매는 아무 것도 느끼지 못했다. 정작 본인 자신은 자신의 영의 상태를 모르는 것이다. 이와 같은 경우는 너무 많다. 사실 자신의 영혼을 보고 느끼고 하는 이들이 거의 없는 것이 현실이다.

영혼이 깨어나면 어떻게 될까? 간단하다. 그의 영적 지각이 열리게 되고 주님과 좀 더 실제적인 교제를 누리게 된다. 그리고 사람들의 영을 느끼고 분별하게 된다.

그리고 영에 속한 것과 혼적인 것의 차이를 알게 된다. 오늘의 모임에서 내가 이야기했던 것이다. 실상에 속한 것과 뇌에 속한 것의 차이, 즉 개념과 실제에 대한 차이를 선명하게 알게 되는 것이다.

많은 이들이 뇌에서 나오는 것과 심령에서 나오는 것의 차이점에 대해서 알지 못한다. 사람에게서 나오는 것과 주님에게서 나오는 것의 차이점을 알지 못한다. 사람의 지혜와 영리함과 이론이 듣기에 그럴듯하지만 사람의 영혼을 깨우며 실제의 생명을 일으키는 데에는 효과가 없음을 알지 못한다.

그래서 영적인 많은 이야기를 하고 영적인 많은 책들을 보고 영적인 개념에 대해서 가르치지만 그것이 뇌에 속한 개념인 것을 모른다. 그래서 오래 믿어도 변화와 열매가 없고 허상과 그림자에 머물러 있는 것이다.

영은 실체이며 영의 깨어남도 실체이다. 그것은 관념적인 것이 아니다. 그것은 고통을 수반하는 것이 보통이다.

자기가 아기를 낳고 나서 언제 낳았는지 모르는 여성은 없다. 아기를 낳으러 병원에 가면서 산보 가듯이 놀면서 가는 사람은 없다. 새 생명의 탄생은 그처럼 놀랍고 충격적인 일이다. 그것은 많은 고통이 따른다. 그와 같이 영혼의 깨어남과 각성에도 고통이 따르며, 그러한 각성과 깨어남을 경험한 이들은 서서히 새로운 세계, 영적 세계에 대한 인식을 가지게 된다.

영혼의 깨어남이란 이렇게 분명한 실체이기 때문에 그것을 피상적인 개념으로 이해하는 것만큼 안타깝고 답답한 것은 없는 것이다. 아내와 이러한 이야기를 하다가 잠이 들었다. 너무 아프고 지쳐서 더 이상 말할 힘도 없었다.

아침에 일어났더니 나는 조금 회복되었는데 아내는 아직도 조금씩 움직일 때마다 여전히 심한 통증에 시달리고 있었다. 아내의 증상은 어제의 증상과 달랐다.

나는 놀라서 말했다.

"아이고.. 어제 영이 나오는 과정에서 몸이 아픈 것은 악한 영이 나오는 경우가 많다고 했잖아. 당신은 지금 영이 예민해져서 악한 영에게 눌리고 있는 건데, 그 놈들을 어서 쫓아내야지, 아직도 그렇게 아프고 있으면 어떡해?"

"그냥 아픈 걸 어떡해요.."

"어떡하긴.. 귀신아, 악한 영들아, 예수 이름으로 명한다. 나가라. 나가라. 계속 그렇게 해요. 마음속으로 해도 되니까.. 힘들면 조용히 누워서 속으로 악한 영을 대적해요."

그런데 조금 있더니 아내가 신기한 표정으로 다가왔다.

"와.. 당신 말대로 하니까 허리가 펴지네요. 그 참 신기하네.."

"참. 그걸 쫓아내지 않고 계속 가지고 있으면 중병이 되어버려요. 예수님도 어떤 여인이 12년 동안 허리를 전혀 펴지 못하는 것을 귀신을 쫓아서 치유하셨잖아요. 갑자기 아픈 것은 다 영적인 거예요. 자연적인 병은 그렇게 갑자기 엄청난 통증이 몰려오고 갑자기 낫고.. 그렇지 않아요. 전에 우리가 같이 바닷가에 갔을 때 당신에게 갑자기 이상한 떠돌이 영이 들어와서 내가 쫓아냈었던 것 기억하죠? 그 때도 갑자기 죽을 것 같이 아프다가 귀신 쫓으니 순식간에 나았잖아요."

아내는 수긍한다. 하지만 아직 완전히 낫지는 않아서 나는 손으로 그녀의 아픈 부분을 살살 두드린다. 그 때마다 그녀는 '악! 악!' 하면서 비명.. 조금 지나자 그녀는 많이 회복되었다.

아무튼 이렇게 대강 해프닝은 끝이 났다. 영이 깨어나고 감각이 새로워지는 것은 아름답고 좋은 일이지만 그 과정에서 몸이 약해지기 때문에 일시적으로 악한 영들에게 시달릴 수도 있다.

그러므로 잘 분별하고 대처해야 한다. 영이 깨어나는 과정에서의 고통은 아프고 무기력하면서도 달콤하고 감미롭지만, 악한 영으로부터 오는 공격은 아프고 눌리면서도 마음이 편안하지 않다.

영혼의 세계는 실제이다. 주님도, 천국도 우리와 멀리 떨어져 있는 것이 아니다. 우리는 공상을 믿고 있는 것이 아니다. 그것은 실재하는 능력이며 은총이며 영광이다.

영혼이 깨어나지 않으면, 영적 감각에 대하여 무디다면 우리는 주님의 음성에 대해서도, 인도하심에 대해서도 둔하게 될 것이다.

주님이 우시는데 자기는 웃고 주님이 기뻐하시는데 자기는 운다. 그것은 다 영적 감각이 죽어있기 때문이다.

무조건 울면 좋은 줄 알고 항상 징징거리는 이들도 많다. 하지만 영에서 오지 않는 눈물은 심령을 침체에 빠뜨린다. 그러한 오류도 영의 감각이 없기 때문이다. 회개를 한다고 자책의 영에 눌린 이들도 많다. 그것도 영이 어둡기 때문이다.

영성에 대한 고전이나 책을 많이 읽고 영에 대해서 설명하는 이들 가운데 그 중심에서 흑암이 흘러나오는 것을 나는 많이 보았다. 하지만 자신은 중심에서 무엇이 흘러나오는지 어떤 기운이 나오는지 보지 못한다. 그러한 것들도 다 영이 어둡기 때문이다.

영이 어두우면 아무 것도 볼 수 없고 분별할 수 없다. 많은 이들이 선하고 주님을 사모하기는 하지만 분별력이 없어서 아무 데나 따라간다.

양들의 특성은 착하기만 해서 염소든 뭐든 무조건 우르르 따라간다는 것이다. 영혼이 깨어날 때 비로소 모든 것이 선명해진다.

아직 충분히 회복되지 않은 것 같다. 아직도 몸이 쑤신다. 아내도 아직 조금 비틀기리며 걷는다.

아내에게 웃으면서 말했다.

"나 아프기 싫은데.. 영혼에 대한 이야기하지 말까? 쓰지도 말고?"

아내는 고개를 젓는다.

"으응.. 그래도 해요. 재미있잖아.."

그건 정말이다. 정말 재미있다. 영혼의 감각이 깨어날수록 정말 믿는 것이 얼마나 신나는지 알게 된다. 모호했던 모든 것들이 하나씩 빛 가운데 드러나기 시작한다.

영혼이 깨어날 때 귀신들이 드러나고 나가는 이유도 영혼의 깨어남은 태양의 빛이 비춰는 것과 같아서 그들은 더 이상 어둠 속에서 숨어있기 어렵기 때문이다.

영혼의 깨어남은 즐겁다. 보다 많은 사람들이 이 세계를 이해하고 경험했으면 좋겠다. 그럴 때 많은 묶임에서 해방되며 천국의 실상을 누리게 되는 것이니까.

아이고, 그래도 아직 아프다. 이제 조금 쉬어야겠다. 새 책이 나오게 해주신 주님께 감사와 경배를 드린다. 할렐루야.

2004. 4. 28

8. 심령의 기독교

어제 어떤 목사님과 만나기로 한 약속을 지키지 못했다. 목사님의 거듭되는 요청에 더 이상 거절할 수 없어서 약속을 잡았다가 내가 컨디션이 너무 안 좋아서 취소한 것이다. 목사님은 몹시 이 만남을 기대하고 좋아하셨는데 미안한 마음을 금할 길이 없다.

나는 어떤 이와 만나기로 하면 그 전에 그 영들이 온다. 이것은 나 뿐 아니라 모든 사람들도 같다. 다만 다른 이들은 그것을 느끼지 못하고 나는 그것을 감지하는 차이가 있을 뿐이다.

어떤 현실이 이루어지기 전에는 먼저 영에서 그 일이 이루어진다. 그것이 영적 원리이다. 설계도가 먼저 있고 그 후에 건축이 있으며 먼저 생각이 있고 그 후에 행동이 있는 것처럼 보이지 않는 영계에서 먼저 움직임이 있고 그 후에 물질계에서 그것이 이루어지게 된다.

그러므로 사고가 생기기 전에 먼저 사고의 영이 오고 좋은 일이 생기기 전에 그 영이 먼저 온다. 그렇기 때문에 심령의 느낌은 미래와 관계되는 것이다.

그래서 심령의 상태가 좋으면 미래에 아름다운 일이 생기는 것이며 심령의 상태가 좋지 않으면 계속 좋지 않은 일이 생기게 된다.

예를 들어서 장사하는 사람이 영이 좋지 않은 상태로 가게에 나가게 되면 하루 종일 장사도 안 되고 불편한 일도 생기는 것이다.

아무튼 그래서 나는 사람들과 만나기 전에 그 영들을 감지하고 그들의 영적 상태나 몸과 마음의 상태를 알고 느끼게 된다.

카페나 중보기도 모임의 가족들을 만날 때는 그다지 고통이 없다. 이들은 대부분 마음이 선하고 어느 정도 영적 경험이 있어서 영적으로 정화가 되어 있다. 그래서 약간씩 아프기는 하지만 그것은 대체로 그들의 영혼이 깨어나는 과정에서 아픈 것이기 때문에 몸은 아파도 심령은 감미롭다.

또한 여러 사람들이 올 때는 그들의 영들이 서로 중화되기 때문에 그다지 힘들지 않다. 그러나 혼자 올 때는 그 사람의 영이 혼자 오기 때문에 힘들 때가 많다. 특히 사역자들을 만날 때는 그 고통이 심하다.

이번의 경우에는 정말 심했다. 나는 그 전날 밤을 꼬박 샜다. 어찌나 머리가 아픈지 깨어지는 것 같았다. 마치 톱니바퀴 같은 것이 머리 전체를 써는 느낌과 같았다. (나는 나중에 한참 시간이 지나서야 이 분이 당시에 이상한 영에게 사로잡힌 분들과 교제하고 있었던 것을 알았다)

물론 내가 잘 방어하지 않은 것도 문제였다. 영을 긴장시키고 잘 방비하면 다른 영들이 와도 별로 고생하지는 않는다. 바로 옆에 아무리 흑암이 가득한 사람이 있어도 아무렇지도 않다.

아침에 일어났는데 마치 무거운 바위가 머리를 짓누르는 것 같았다. 앉아도 아프고 일어나도 아프고 1분 1초가 고문과 같았다.

나는 주를 모를 때 많은 고통들을 겪었다. 학교에서나 군대에서 심하게 맞은 적도 많았다. 군대에서 심한 기합도 받았고 빳다도 많이 맞아보았다. 그러나 내가 영적 전쟁을 경험하고 영적세계를 경험하는 과정에서 겪은 고통과 비교한다면 그러한 고통들은 정말 장난 같은 것이었다.

나는 참을성이 많은 편이다. 어지간해서는 엄살 부리는 것을 싫어한다. 죽을 정도로 아프지 않는 한 병원에도 가지 않는다.

중학교 시절에 선생님에게 밉보여서 몽둥이로 온 몸이 멍들 정도로 맞아도 표정하나 흐트러지지 않고 눈썹하나 까딱하지 않는 스타일이었다. 고등학교 때 유도부 시절에 선배들에게 빳다를 맞을 때도 친구들은 울면서 살려달라고 빌었지만 나는 온몸이 부서지도록 맞으면서도 눈썹 하나 까딱하지 않았다.

나는 그것이 남자라고 생각했다. 맞아서 어디가 부러지면 부러지는 것이고 죽으면 죽는 것이다. 그 정도를 가지고 비명을 지르거나 징징거리기는 싫었다.

하지만 영적 세계를 경험하면서 얻은 고통이라는 것은 그러한 장난들과는 비교가 되지 않았다. 그것은 말로 형용이 안 되는 고통이었다.

나는 사람들을 별로 미워하지 않게 되었는데 그 정도의 죽을 고문을 통과하고 나면 남을 미워할 여력이 없다. 살아있는 모든 것들은 사랑스럽게 보인다.

이야기가 빗나가버렸는데, 그것은 영적 세계를 가볍게 여기는 이들을 위한 것이다. 은총을 얻기 위해서는 대가를 지불할 마음의 자세가 필요하다는 것을 이야기하고 싶은 것이다.

아무튼 아침에 머리가 너무나 아파서 움직일 수조차 없었다. 그래서 할 수 없이 아내가 목사님께 전화를 해서 약속을 취소했다.

하지만 여전히 통증이 심해서 그 목사님께 메시지를 전해야 그 통증에서 벗어날 것이라고 느꼈다. 그분을 개인적으로 만난 적은 없지만 그 분의 상태를 느낄 수 있었기 때문에 그분에게 여러 가지 조언을 담은 메일을 보냈다.

어지러움을 참고 간신히 이를 악물고 메일을 써서 〈보내기〉를 누르는 순간에 머리의 끔찍한 통증이 순식간에 소멸되어 버렸다.

이런 이야기를 들으면 신기할 것이다. 그러나 나는 이와 유사한 경험을 수도 없이 한다. 아내는 내가 방금 죽어가다가 순식간에 멀쩡해지는 것을 많이 보았다. 그러면 흔히 말하는 것이 있다. "내가 이걸 보니까 믿지.. 말로 들었으면 안 믿었을 거야.."

그런데 이제 그녀도 비슷한 경험을 많이 하게 되었다.

바로 어제의 일도 그랬다. 온 몸이 부서지는 것 같이 아프다가 나쁜 기운을 쫓아내고 거짓말처럼 말끔히 나았다. 그녀는 연신 고개를 갸웃거리면서 말한다. "거참 신기하네.. 신기하네.."

물론 그럴 때 그 영을 쫓아내지 않으면 그것이 얼마 후에는 중한 병으로 몸에 자리를 잡게 된다. 처음에는 영계, 영혼에 나타나다가 나중에는 물질계, 육체에 자리를 잡게 되는 것이다. 그래서 자리를 잡기 전에 내보내야 한다. 일단 들어와 살면 나중에는 방을 빼기가 어렵다.

그녀는 나를 보고 동정어린 음성으로 말하기도 한다.

"아이고, 몇 십 년을 어떻게 이러고 살았어요?"

나는 대답한다.

"팔자지 뭐.."

마음이 선하고 겸손하며 순진한 이들을 만나면 심령에 기쁨이 가득해진다. 그런데 그러한 이들은 드물다. 그래서 내가 카페의 가족들을 귀하게 여기는 것이다.

내가 가면 목사님이 머리 아프실 텐데.. 이렇게 느끼는 이들을 만나면 거의 아프지 않다. 그것은 그들의 영이 순하기 때문이다.

많이 힘든 사람들은 은사적인 경험을 많이 한 사람들이나 교회에서 지도자급의 사람들, 자신의 신앙이 깊고 높다고 느끼는 이들이다. 이들을 만나면 가슴이 몹시 무겁고 아프다.

심령이 선한 이들을 만나면 가슴이 속으로 섬세하게 아픈데 이것은 그들의 속에서 영혼이 깨어나는 것을 감지하게 되기 때문이다.

최근에는 가까이 사람들을 만나서 몇 마디를 하지 않아도 그들의 가슴이 고통을 느끼며 속에서 영이 일어나는 경우를 자주 본다. 그 바람에 같이 있던 아내도 같이 아프기도 한다.

하지만 그 고통은 그들 안에서 주님이 겪으시는 아픔들을 그의 영이 같이 아파하고 있는 것이며, 그 속의 고통이 나오고 치유되는 과정에서 통증이 생기는 것이다. 그래서 그러한 아픔들은 영적 성장에 도움이 된다.

아내의 경우는 나와 대화하던 중에 심장이 일어붙으며 극심한 고통을 느끼고 깨어난 일을 선명하게 기억하고 있다.

그녀는 그 날이 3월 30일이라며 날짜까지 정확하게 기억한다. 그리고 그 날이 자기의 새로운 생일이라며 그 후에 한 달 동안 경험하고 변화된 것이 여태껏 몇 십 년 동안의 변화보다 크다고 이야기한다. 심령이 깨어나는 것은 고통을 동반하지만 그 열매는 달다. 그러므로 나는 이러한 경우에는 즐겁게 고통을 감수할 수 있는 것이다.

하지만 일부 은사자들이나 높은 마음을 가지고 있는 이들을 겪으면 그저 고통스럽기만 하고 피차간에 별로 유익이 없다. 그것은 내적인 아픔이 아니고 외적인 아픔이다. 그래서 나는 그러한 이들을 별로 만나려고 하지 않는다.

가장 힘든 경우는 목회자들이다. 이 경우에는 대부분 머리가 아프다.

마음이 선하고 인격이 훌륭하신 목회자들 중에서도 머리에는 흑암이 있고 심령이 막혀있는 경우가 많다. 그래서 많이 힘들게 되고 영의 흐름을 잘 나눌 수 없다.

그 이유는 무엇일까. 사역자들은 두뇌 훈련을 많이 받기 때문이다. 현대 신앙과 신학은 머리 훈련, 개념의 이해에 치중되어 있다. 그러한 훈련은 심령은 병들게 하고 머리만 발달시킨다. 사역자들은 그런 면에서 피해자라고도 할 수 있다.

이들은 습관적으로 실제를 경험하려는 것보다 이해하려고 한다. 그래서 많은 논리적인 질문들을 한다.

사역자들은 신학교에서 많은 교리 훈련을 받는다. 그 과정에서 심령이 망가지고 머리가 커지게 된다. 심령을 깨우고 일으키는 데에는 거의 닫혀있다.

내가 존경하고 좋아하는 썬다싱이 있다. 나는 그의 영성과 순결성을 좋아한다. 그는 주를 위하여 목숨을 버렸다. 그는 항상 순교를 사모했고 복음을 전하다 목숨을 잃었다. 그가 종교성이 가장 강하고 핍박이 심한 티벳을 전도지로 삼은 것도 그곳이 순교의 가능성이 가장 높기 때문이었다.

그는 잔인하게 핍박하는 동네에서 복음을 전했다. 복음을 전하는 과정에서 수없이 많은 고문과 고통을 겪었다. 그러나 그는 그것을 기쁨으로 여겼다. 조금도 두려워하지 않고 자랑으로 여겼다.

그가 티벳의 높은 고원에서 복음을 전하다 지쳐서 거의 죽은 목숨으로 발견되었을 때 의사는 그에게 목숨이 위험하니 다시는 무리한 전도 여행을 하지 말라고 권했다.

그러나 얼마 후에 그는 사라졌다. 그리고 티벳에 복음을 전하기 위하여 높은 산을 오르다 쓰러진 채로 발견되었다. 그는 나무꾼에 의해서 발견되어 간신히 목숨을 건질 수 있었다.

사람들은 혀를 찼다. 왜 그리 무리한 행동을 하느냐고 나무랐다. 하지만 얼마 후에 썬다싱은 다시 사라졌다. 그리고 실종된 채로 아직까지 발견되지 않았다.

그는 어디로 간 것일까.. 이미 복음을 전히러 갔을 것이다. 사람들의 만류에도 불구하고..

그는 어떻게 되었을까. 어떤 이들은 그가 아직까지 살아있을 것이라고 말하는 이들도 있지만 상식적으로 생각할 때 아마 그는 죽었을 것이다.

이름 모를 산에서 숨이 차서 헐떡거리며 나뭇가지를 붙들고 복음을 전하기 위해서 떨어지지 않는 다리를 옮기는 병들고 늙고 약한 썬다싱.. 그는 그렇게 쓰러져서 주님의 품에 안겼을 것이다. 그는 진정 아름답고 사랑스러운 주의 종이었다.

그런데 그렇게 담대하고 아름답고 겁이 없었던 그가 버티지 못하고 도망친 곳이 있었다. 그것은 신학교였다.

많은 이들이 그에게 신학을 권했다. 그래서 그도 결국은 신학교에 갔다. 하지만 그는 신학교의 삭막한 영적 분위기를 견딜 수 없었다. 그것은 그에게 너무 심한 고통이었다. 그래서 불과 몇 달이 못 되어서 그는 신학교에서 나오게 되었던 것이다.

신학교에 부르짖는 기도 소리가 가득하다면, 심령의 흐름이 충만하고 생명이 가득하면, 거룩한 권능이 충만하다면 어떻게 될까.. 아마 온 세계가 변화될 것이다. 사역자들이 변하면 세상이 바뀌는 것이기 때문이다. 하지만 지금 많은 사역자, 많은 사역들이 천국과 그 영의 충만함과 너무 먼 곳에 있다.

오늘날 많은 신자들은 주의 영광과 천국의 영광이 무엇인지 알지 못한다. 성도가 나아갈 방향이 무엇인지 모른다. 어떻게 영을 발전시키고 그 풍성한 세계를 경험해야 하는지 모른다. 그것은 바른 방향을 제시받지 못하고 있기 때문이다.

그래서 많은 신자들이 예수에는 관심이 없고 자기 문제와 욕망에만 사로잡혀있다. 신학교에서 부흥이 일어나면, 사역자들이 바뀌게 되면 그 모든 것들도 바뀌게 될 것이다.

예수께서 제자들을 가르치실 때 제자들은 그 말씀을 들으며 심령이 뜨거워졌다. 그것이 바른 신학교이다. 주님의 제자들처럼 성령에 사로잡혀 심령이 살아 움직이게 될 때 진정한 생명의 부흥이 임하게 된다.

오늘날 이 땅에 주도적인 신앙의 두 흐름이 있다.

하나는 지적인 기독교의 흐름이다. 이것은 머리만 커지게 하는 경향이 있다. 바른 가르침이 있고 말씀과 훌륭한 교리가 있지만 말씀 속의 생기를 충분히 누리지 못한다.

결단이 있고 의무감이 있고 많이 아는 것 같고 많이 깨닫는 것 같고 옳은 것 같지만 내적 자유와 승리는 부족하다. 말씀의 실제를 접하는 것이 아니라 지적인 이해에서 끝나기 때문에 말씀의 실제적인 역사가 부족하다.

그래서 변화되려고 애를 쓰기는 하지만 도무지 변화되지 않는다. 피곤하고 지친다. 그래서 이러한 사역을 오래 하신 분들은 지독한 탈진에 빠지게 된다. 이들은 영적인 풍성함을 알지 못하며 이 사역은 천국의 실제와 거리가 멀다. 이것은 광야적인 것이며 광야적인 사역이다.

다른 하나는 문제 해결, 기복적인 신앙의 흐름이다. 이것은 능력과 역사를 일으키지만 깊지 않으며 자아적이며 몸에 속한 것이다. 기복적인 것은 나쁜 것이 아니다. 그것은 신앙의 시작이다. 그러나 거기에 머물러 있는 것은 좋지 않다. 신앙의 바른 방향은 주님 자신을 추구하고 갈망하며 육을 벗고 영의 깨어남을 구하는 것이다.

이 형태의 신앙은 많은 기도응답을 받고 문제가 해결되어도 여전히 속에서 허전하며 죄에서의 해방이 없다. 주님 자신이 참된 방향인 것을 모르므로 진정한 갈망이 없고 은혜를 받는 것 같지만 여전히 성질이 처리되지 않고 자기중심으로 살며 항상 문세에서 벗어나지 못한다. 이 사역도 천국과 거리가 멀리 있는 것이다. 이것은 애굽적인 것이며 애굽적인 사역이다.

기독교의 중심은 심령이다. 교회의 중심은 심령이다. 심령이 살아날 때 모든 것이 새로워진다. 모든 변화가 시작된다.

아름다움과 사랑과 주님을 갈망하고 추구하게 된다.

진리를 깨닫게 되며 말씀의 권능에 사로잡히게 되며 열매를 얻으며 참다운 해방을 알게 되며 죄에서 벗어나게 된다. 그 모든 아름다운 것들이 심령에서 온다.

신앙에 있어서 이러한 중심의 방향이 분명하게 되면 얼마나 좋을까. 하지만 아직 현실은 그러한 이상과 너무나 거리가 멀다. 그래서 주의 백성들이 어둠 속에서 고통하고 있다. 살아있는 동안 나는 이것을 위해서 기도할 것이다. 심령의 기독교, 심령적인 성도들이 일어나기를 기도할 것이다. 그리고 사모할 것이다.

모든 교회 안에 주님께 대한 사랑과 사모함이 넘쳐흐르며 눈물과 감동으로 자신의 목숨을 드리는 이들이 많아지기를 나는 사모한다.

지금의 무덤덤하고 메마른 신앙에서 벗어나 벅찬 희열과 감격으로 교회가 충만되기를 나는 계속 구하고 사모할 것이다.

그 모든 것은 심령을 회복할 때 온다. 오, 주여.. 그 날이 어서 오게 하소서.. 아멘.

2004. 4. 30

9. 행복한 결혼식과 뒤풀이 모임

지난 5월 1일 토요일, 사랑하는 성일 형제, 은하 자매의 결혼식 날이 되었다. 식은 오후 4시인데 아직까지 머리 아픈 것이 회복되지 않고 있다. 여전히 머리가 아프고 어지럽다. 나는 최근의 전쟁이 끝나지 않은 것을 느꼈다.

머리가 아픈 것은 참 싫다. 몸이 아플 때는 고통은 있으나 영의 흐름이 막히지 않는다. 그러나 머리가 아플 때는 영이 막힌다. 영감이 소멸되어 버린다. 그게 문제이다.

그렇기 때문에 성질이 못된 사람이나 육이 강한 사람도 어느 정도 영감이 올 수 있고 기본적인 은사도 임하고 하는데 머리가 좋은 사람들은 영감이 꽉 막혀서 아무 느낌이 없는 것이다. 주님을 대적하면서도 전혀 그것을 감지하지 못하며 오히려 잘하고 있는 것으로 생각하게 된다. 그것이 뇌의 문제이다.

그래서 나는 이렇게 머리의 상태가 좋지 않을 때나 심령의 감각이 회복되지 않은 상태에서는 아무런 결정을 내리지 않는다.

그런 상태에서 무엇을 결정하면 그러한 결정이 주님으로부터 오는 것인지 아닌지 그 생각과 영의 근원을 도무지 알 수 없기 때문이다. 그래서 나는 심령이 회복될 때까지 모든 것을 멈추고 기다리는 것이다.

3시까지 누워 있다가 간신히 일어났다. 나를 보고 아내가 걱정스러운 듯이 말한다.

"여보. 그냥 나 혼자 갈까?"

나는 고개를 젓는다.

"안 돼.. 천국 가정의 탄생인데, 나도 가야지.."

나는 간신히 옷을 주워 입고 아내와 함께 천천히 결혼식장으로 향한다. 어지러워서 천천히 걷다보니 4시가 가까워졌다.

드디어 결혼식을 올리기로 한 장소인 기독교 수양관에 도착했다. 이곳은 주로 청소년 수련회 장소로 대여되는 곳인데, 결혼식을 하는 것은 처음이라고 한다.

이때까지만 해도 나는 결혼식이 야외에서 치러지는지 모르고 있었다. 아내는 내게 이야기를 한 줄로 알았다고 한다.

기독교 수양관은 몇 년 전에 기도모임 집회를 한번 한 적이 있는 곳인데 참 아름답고 멋진 곳이다. 도심 속의 공원이라고 할까.. 아름다운 나무와 숲으로 둘러싸인 곳이다. 공간도 꽤 넓다. 그 안에 여기저기에 많은 숙소와 강당이 있어서 주로 학생들의 수련회 장소로 많이 쓰인다.

길을 따라 걷고 있는데 아름다운 찬양의 선율이 들린다. 그 소리를 듣고 놀라서 아내에게 묻고 그제서야 결혼식을 야외에서 하는 것을 알게 되었다. 아, 야외 결혼식! 입에서 경탄이 터져 나왔다.

그렇다.. 참 야외결혼식을 하기에 적당한 아름답고 풍성한 곳이다. 날씨도 그리 덥지도 춥지도 않고 포근하다.

조금 더 걸어가자 로마시대의 원형 극장과 같은 공간이 나온다. 가운데의 무대에 강단을 놓았고 강단을 중심으로 둥그런 층계식의 의자가 만들어져 있다. 거기서 결혼식이 거행되는 것이다.

우리를 알아본 이들의 환호를 들으며 인사를 나눈다. 앰프에서 나오는 아름다운 찬양을 들으며 사랑하는 식구들의 얼굴을 보면서 아팠던 머리가 조금씩 회복되어 가고 있다.

결혼식은 조촐하다. 형제와 자매는 소란스러운 예식장에서의 평범한 결혼 예식보다 진정으로 주님께 드려지는 경배의 결혼식예배가 되기를 원했다. 그래서 대부분의 사람들에게 알리지도 않고 초청을 하지도 않았다.

그들에게는 미리 양해를 구했다. 예배에 예배자로서 참석할 수 있는 이들만을 부르기 위해서였다. 그래서 가족 친지를 제외하고는 거의 기도모임의 멤버만이 모인 것 같았다. 전체는 아마 백 명이 조금 안 될 것 같다. 조촐하고도 아름답고 신선한 결혼식이었다.

우리는 강단 앞 쪽의 계단 의자에 앉았다. 곧 예식이 시작되고 멀리서 성일 형제와 은하 자매가 손을 잡고 함께 걸으며 입장하는 모습이 보였다.

아내가 단순히 수동적인 입장에서 벗어나 새로운 가정을 시작하는 주체로서 남편과 같이 손을 잡고 입장하는 것이다. 신선한 느낌이 들었다. 사람들은 와! 함성과 함께 박수를 치며 입장하는 이들을 환영한다.

단상까지 걸어온 신랑 성일 형제.. 그의 눈가에는 감동의 눈물이 멈추지 않는다.

앰프에서 흘러나오는 아름다운 선율의 찬양, 그리고 사랑하는 이들의 환호와 박수.. 그 곳에 임재하시고 축복하시는 주님의 사랑.. 성일 형제는 감격을 금할 수 없었던 것 같다.

주례를 맡으신 박종순 목사님은 부드럽고 따뜻한 분위기로 이끌어가신다. 목소리도 참 좋으시다. 말씀을 읽고 축하 찬양의 시간이 있다.

윤숙 자매, 하나 자매, 수현 자매의 워십 댄스가 부드럽게 드려진다. 참 아름답고 보기에 좋다.

다시 장영순 집사님, 윤운순 집사님, 이주연 집사님 트리오의 워십이 있다.

세분은 나이도 동갑이고 한 가족처럼 친하게 지낸다. 이 결혼식을 위해서 전주에서 올라오신 장영순 집사님.. 언제 이렇게 준비하였는지 그 동작에 사랑과 순수함이 묻어난다.

주례가 시작된다. 성경을 읽고 말씀을 하시고. 결혼 생활에 대하여 내 글도 인용하고 자신의 경험도 담아서 코믹하게 이야기하신다. 재미있고 즐겁게 주례사는 끝난다.

성혼 서약을 하는 시간.. 흔히 하는 식으로 주례자가 묻고 신랑 신부가 대답하는 것이 아니라 그들이 미리 준비한 고백문을 읽는다.

먼저 성일 형제가 시작한다.

"나 성일 형제는 은하 자매를 아내로 맞아 기쁠 때나 슬플 때나.."

형제는 급기야 울음을 터뜨린다. 그의 뺨에는 굵은 눈물의 줄기가 계속 흘러내린다. 형제의 진실한 마음이 그대로 흘러나와 이를 보고 있는 많은 이들도 같이 눈시울을 적신다.

성권 형제가 코믹한 자세로 뛰어나가 휴지를 형에게 건네준다. 그것을 이제 곧 아내가 되는 은하 자매가 받아 여전히 눈물을 흘리고 있는 형제의 눈을 조용히 닦아준다.

다시 은하 자매의 고백문 읽기.. 그녀도 구슬 같은 눈물을 흘러내리며 사랑과 헌신을 고백한다.

주례자는 드디어 이들이 한 부부가 되었음을 선포하고 반지를 서로 끼워준다. 하객들은 박수를 치고 웃는다.

이 결혼식의 특성은 참 웃음과 눈물도 많고 박수도 많다는 것이다. 사람들은 말씀 도중에 멘트 도중에 수 없이 박수를 친다.

연출된 것이 아니고 자연스럽게 나온다. '이 부부가 하나가 되었습니다..' 하는 멘트에는 또 '우와!' 하는 함성과 함께 박수가 나온다. 결혼은 정말 축제와 같다는 느낌이 든다.

결혼식은 이제 끝나 가는데 여기서 하이라이트가 있었다. 청년들이 단상으로 나가서 준비한 음악에 맞추어서 강렬하고 신나는 댄스를 선보인다. 그 동안 청년들이 모여서 결혼식을 위해서 뭘 연습하나 했더니 이것을 연습한 모양이다.

신랑 신부는 퇴장하는데 붉은 색, 하늘색 티로 복장을 통일한 청년들이 튀어나오더니 '기뻐하며 경배하세' 찬양의 배경 속에서 힘차게 뛰고 춤을 춘다.

찬양에도 영감이 넘치고 댄스 동작도 아주 훌륭하고 박력이 있어서 사람들은 모두 곡조를 따라 박수를 치며 박자를 맞추고 신랑 신부는 만면에 웃음을 금치 못하고 걸어 나간다. 세상에 이렇게 신나는 신랑 신부의 퇴장이 있다니!

급기야 신랑은 음악의 리듬에 절제하지 못하고 막춤을 선보인다. 옆에서 마구 웃으면서 신랑을 때리는 은하 자매.. 행복해서 죽을 것 같은 모습이다.

이렇게 결혼식은 끝났다. 윤미 자매와 몇 명의 일당들이 여러 가지의 이벤트를 꾸몄는데 정말 헌신된 젊은이들의 결혼식 이벤트 회사를 만들어도 될 정도로 연출이 멋지고 환상적이었다는 느낌이다. 결혼식에 오신 분들 대부분이 이렇게 멋진 결혼식은 처음이라고 말하는 것이었다. 그 동안 여러 모로 수고한 청년들의 열정에 놀랍고 감사할 뿐이다.

결혼식을 마치고 우리는 모두 식당에 모였다. 그래서 열심히 사진을 찍는다. 사진을 찍은 후에 다시 워십 팀이 모였다. 신나는 음악에 맞추어 다시 안무를 선보이는 청년 댄스팀과 그들을 둘러싸고 웃으면서 박수를 치며 앵코르 공연을 감상하는 어른팀.. 하여간 주를 찬양함은 정말 행복한 것이다.

모두 식당에 들어가 밥을 먹는다. 시장한 터인지 국밥이 아주 맛있다. 나는 주위에 앉은 집사님들과 대화를 나눈다. 아직까지 머리에 열이 나고 힘이 없어서 말을 잘 하기가 힘들다.

그런데 우리 카페가족님들의 증상이 또 나타났다. 내가 무슨 말을 하기만 하면 한 마디도 놓치지 않으려고 귀를 쫑긋거리고 내 입을 주목하는 현상이다.

나는 별로 쓸데없는 장난을 치고 농담을 하고 있었는데 조금 떨어진 곳에 앉은 집사님들은 안 들린다고 난리다. 그러더니 급기야는 제안을 한다. 식당에서는 목사님의 소리가 작아서 안 들리니까 바깥에 나가서 잔디에 다 앉아서 목사님의 말씀을 듣자고..

하 참, 나는 지금 말할 힘도 없는데.. 나는 거절할 요량으로 '여기는 기타도 없는데..' 했더니 성권 형제가 날름 기타를 가져온다. 그래서 졸지에 결혼식 뒤풀이 집회가 시작되었다.

잔디밭 가운데에 내가 앉을 의자가 하나 놓여있고 사람들은 나의 주위에 빼곡 둘러앉는다. 약 40명 정도가 모였다.

나.. 참. 무슨 이야기를 하지.. 영이 열려있을 때는 입만 열면 메시지가 쏟아지지만 지금처럼 머리가 띵할 때는 감이 오지 않는다. 그리고 영이 잘 나오지 않기 때문에 사람들에게 지식은 줄 수 있지만 깊은 감회는 줄 수 없다.

나는 망설인다. 이미 40명 정도가 내 발 밑에 앉아서 마치 병아리들이 모이를 기다리는 것처럼 나를 쳐다보고 있다.

나는 할 수 없이 숨을 멈춘다. 1-2분 정도 숨을 쉬지 않는다.

이것은 아주 급할 때의 기도이다. 숨을 쉬지 않으면 일시적으로 몸이 시체와 같이 되고 그래서 영이 돌아와서 움직이게 된다. 부작용이 있어서 잘 사용하지는 않지만 급할 때 빠른 영의 회복을 위해서는 할 수 없다. 곧 영의 감각이 살아나는 것이 느껴진다. 그래서 나는 이야기를 시작한다.

"지금 머리가 아파요. 그 이유가 무엇이냐 하면.."

나는 그렇게 시작하면서 머리의 세계, 물질세계와 영적 세계의 차이를 이야기한다.

영의 깨어남과 풍성한 흐름을 방해하는 몇 가지에 대해서 이야기한다.

물질욕망, 혈기, 그리고 지나친 머리의 사용에 대해서.. 실제가 되지 않은 지식의 위험성에 대해서 이야기한다.

나의 책이나 이 카페의 글들도 자신이 경험하지 않고 읽기만 하면 바로 독이다. 독약과 같이 해로울 수 있다. 그러므로 실제로 훈련해야 한다고 이야기한다.

여러 가지 영성의 원리에 대해서 이야기한다. 농담과 장난을 섞어서 이야기한다. 요구르트와 대화하는 방법.. 우유와 대화하는 방법..

나는 장난을 치기도 하고 웃기도 한다. 질문을 던지기도 하고 사람을 놀리기도 한다.

사람들은 마냥 즐거운 모습이다. 누군가가 이야기한다.

"우와, 산상수훈 같다. 그 분위기다.."

사람들은 까르르 웃는다. 완전히 소풍 나온 분위기이다.

우유 이야기.. 우유는 비닐봉지 안에 들어있지만 그 봉지 속에서 우유가 만들어지는 것이 아니라 바깥에서 우유를 넣은 것처럼 생각과 감정은 우리 안에서 만들어지는 것이 아니라 영계에서 오는 것이다. 그러므로 그 영혼이 어둠의 세계, 지옥계와 교통하고 있는 이들은 항상 그 의식과 생각이 혈기와 근심과 두려움과 낙담에서 벗어나지 못한다.

모든 것은 영계, 소속의 문제이다. 그러므로 실제적인 구원과 천국의 누림은 영혼의 깨어남을 통하여 실제적으로 천국의 은총과 빛을 누리고 교통하는 것이다. 그것은 바로 영계와 하늘이 열리는 것이다. 주를 믿고 사모한다는 것은 그렇게 놀라운 일이다.

나는 영혼의 깨어남에 대해서 좀 더 이야기한다. 그리고 결혼에 대해서도 조금 이야기한다.

이 결혼은 아주 특별한 것이다. 대부분 20-30대는 아직 영혼이 깨어나는 나이가 아니다. 그러므로 상대방의 영과 중심을 보지 못한다. 그래서 육의 시각과 본능으로 사랑하기가 쉽다. 자기 눈에 좋은 사람과 사랑에 빠지는 나이다. 그래서 결혼하면서 동시에 전쟁과 지옥이 시작된다.

그러나 이들은 이제 영혼이 깨어나는 시점에 있다. 그래서 예수의 영으로 서로를 알고 사랑한다. 결혼생활이 천국이 되는 것은 오직 영이 깨어나고 예수를 생명으로 사랑하는 길 밖에 없다. 그러니 이 결혼식은 아주 복 있는 것이다.

그리고 특별히 이 자리에 앉아있는 청년들은 행복한 사람들이다. 빨리 영이 깨어난다면 그만큼 지옥의 욕망과 영으로부터 벗어나기 때문에 고통을 피하게 된다.

한 동안 이어졌던 메시지를 마치고 우리는 찬송을 부른다. 밝았던 숲이 어느덧 어둑어둑해져있다. 그 고요한 어둠 속에서 우리는 찬송한다.

주의 친절한 팔에 안기세. 우리 맘이 평안하리니..
항상 기쁘고 복이 되겠네 영원하신 팔에 안기세..
주 음성 외에는 더 기쁨 없도다..
날 사랑하신 주, 늘 계시옵소서..
기쁘고 기쁘도다..
항상 기쁘도다..
나 주께 왔사오니
복 주옵소서..

내 영혼의 그윽히 깊은 데서
맑은 가락이 울려나네..
평화 평화로다 하늘 위에서 내려오네
그 사랑의 물결이 영원토록 내 영혼을 덮으소서..

우리의 찬송은 조용히 울려 퍼진다.
숲은 고요하다. 우리의 목소리는 작지만 울림이 있다.
깊은 속에서 감미롭고 포근한 느낌이 따뜻하게 흘러나온다.
우리는 그 감미로운 포근함 속에 둘러싸여있는 느낌이다.
다시 잠시의 멘트.. 그리고 우리는 기도를 드린다.
여기저기서 흐느낌이 시작된다.
주님께 감사와 찬양을 드리며. 심령으로 살지 않고 우리 안에 계신 주를 아프게 했던 우리의 죄를 주님께 고백하며 이제 통곡이 시작된다.
　성일 형제를 쳐다보니 어린아이처럼 엉엉 운다. 은하 자매도 엎드려 운다.
　대부분 통곡하는 분위기.. 하지만 슬픔이 아닌 주님의 사랑에 대한 감사와 감격의 눈물이다.
　그래도 결혼식 날이 너무 눈물바다가 되면 안 될 것 같아서 나는 분위기를 바꾸는 멘트를 던진다.
　"성일 형제.. 왜 그렇게 울어요.. 결혼식에 불만 있어요?"
　형제는 울다가 하하 웃음..
　나는 또 묻는다.
　"은하 자매.. '내가 미쳤지. 이 결혼을 왜 했지.' 그러는 거죠?"

다시 웃는 자매..

이제 사람들은 또 웃기 시작한다.

기도를 마치고 우리는 신랑 신부를 축복한다. 가운데에 두 사람을 세우고 축복하는 찬양을 불러준다. 그리고 경쾌하고 신나는 곡을 찬양하면서 신랑의 춤을 구경한다.

신랑도 춤추고 성권이도. 그리고 신부도 신랑의 손을 잡고 수줍게 춤을 춘다. 다들 웃음과 기쁨이 가득한 분위기.. 이제 날이 캄캄해져서 서로의 얼굴이 잘 보이지 않는다.

우리는 신랑 신부를 둥그렇게 둘러싸고 그들에게 모두가 손을 얹고 기도한다. 주님의 사랑과 임재가 영원히 이 가정에 함께 하며 주님의 사랑 안에서 나아가는 가정이 되게 해달라고 기도한다. 다시 눈물이 흐른다.

모두 다 한마디씩 신랑 신부에게 코믹멘트로 축복한다. 그 중에서 윤운순 집사님의 '아름다운 밤이에요' 멘트가 제일 히트다. 그리고 신랑 신부가 답례로 한 마디 한다.

우리는 모두 큰 원을 그리고 손을 잡는다.

우리 모두가 하나인 것을 다시 확인하고 찬양한다.

불현듯 그런 느낌이 강렬하게 떠오른다.

우리는 가족이다.

우리는 오직 예수만을 미친 듯이 사랑하고 영혼의 깨어남을 사모하는 가족이다.

우리는 아주 사소한 한마디 말에 울고 웃으며 깊은 공감을 가진다. 같이 있으면 행복하고 헤어지면 마음이 아프다. 왜 그럴까.. 우리는 영원부터 영원까지 가족이기 때문이다.

나는 마지막의 기도를 장식한다.

"주님.. 오늘 우리와 함께 해주서서 감사합니다.

오늘의 이 결혼식, 그리고 이 숲 속에서 드렸던 기도와 찬양과 눈물의 순간들을 우리는 잊지 않을 것입니다. 지금부터 영원까지 주님은 우리 삶의 목표이며 주인이십니다.."

우리는 모두 어울려 포옹을 나눈다.

이제 완전히 캄캄해졌다. 어둠 속에서도 서로를 껴안고 사랑을 고백하며 눈물을 흘린다.

장영순 집사님은 나를 붙들고 '목사님..' 하더니 펑펑 운다. 아무 말도 없지만 눈물이 모든 것을 말해준다. 다음에는 박전도사님이 나를 붙들고 한참 눈물을 흘리신다.

눈물은 진실하다. 거기에는 사랑과 기쁨 그리움과 아련함이 포함된다.

사람들과 아쉬운 작별을 하고 떨어지지 않는 발걸음을 우리는 떼어놓는다.

청년들은 ** 교회에 가서 신랑 신부와 같이 밤을 새고 찬양하고 기도하며 놀 것이라고 한다. 지나 자매가 차를 태워줘서 우리는 집으로 왔다.

아내는 몹시 즐거웠던 모양이다. 그녀도 기도와 찬양과 교제를 나누며 한참을 울었었다.

그녀는 나를 꼬시기 시작한다.

"여보야.. 너무 너무 재밌다. 우리.. 기도 모임 멤버만 초청해서 한 달에 한 번씩 이 산상수훈 집회, 잔디밭 집회하면 안 될까? 응? 응?"

큰일 났다. 이제 한동안 이 여자에게 시달릴 모양이다.

나는 대답했다.

"여보.. 오늘만 행복하면 돼.. 나중 일은 나중에 생각하자.."
정말 행복한 하루였다.
오늘 시작된 신혼부부의 앞날이 영원히 행복하기를 빈다.
그 방법은 아주 간단하다.
오직 예수만을 사랑하고 추구하면 된다.
예수를 사랑하는 이들은 자신을 잃어버리고 배우자를 목숨처럼 아끼고 사랑하게 된다.
그러면 그 가정은 영원히 행복할 수밖에 없다.
오직 주를 사랑할 때 주의 영이 오신다.
그러면 그 곳은 바로 천국이 된다.
그러니 행복하지 않고는 배길 수가 없는 것이다.
결혼식을 하든 감옥에 가든 그 무엇을 하든지 주님이 세신 곳에는 천국이 있다. 영광이 있다.
그러므로 영혼이 깨어나서 실제적인 주를 알아가게 될수록 인생은 행복해진다.
영혼이 깨어날수록 그의 깊은 속에서는 아름다움과 거룩과 감미로움과 순결함이 흘러나오게 되며 이 세상의 언어로 표현할 수 없는 깊고도 깊은 희열에 들어가게 되는 것이다.
부디 이 놀라운 행복과 축복이 주를 사랑하는 모든 이들에게 임하기를 바란다. 할렐루야.

2004. 5. 3

10. 잠에서 깨어나 내면의 모습을 보자

모든 이들이 잠을 잔다. 그런데 영적인 잠을 자고 있는 이들도 있다.
꿈을 꾸고 있다. 하지만 그 사실을 모른다. 자신은 깨어있다고 생각한다.
주님은 깨어있으라고 말씀하신다. 언제까지 자겠느냐고 하신다.
꿈을 꾸는 동안 사람은 그것이 꿈인 줄 모른다. 잠을 깨기 전까지 사람은 자신이 잠자고 있는 것을 모른다.
불신자나 무신론자를 만날 때 나는 그리 힘들지 않다. 그러나 믿는 자들을 만나면, 영적 지도자들을 만나면 그들의 영으로 인하여 고통스러울 때가 참으로 많다.
왜 그럴까.. 불신자는 주님과 상관없는 삶을 산다. 그러나 믿는 자는 주님을 찌르고 못 박으며 산다. 다만 그 사실을 알지 못할 뿐이다. 그러므로 자기 안에 거하시는 주의 영이 고통스러워하고 말할 수 없이 탄식하고 아파하는 것을 느끼지 못하는 것이다.
주님을 대적하며 괴롭히면서 주님께서 자기에게 상급을 주실 것이라고 생각하는 이들도 있다. 왜 상을 주지 않느냐고, 종일 더위 속에서 수고한 자기들을 더러운 자들과 같이 취급한다고 분노한다. 그것이 잠을 자고 있는 것이다.
어리석은 사람이 남을 괴롭게 하면서 자신은 그를 사랑한다고 생각하는 것처럼 어떤 이들은 영이 둔하여 자신이 주를 괴롭히고 있는 것을 보지 못하고 있는 것이다.

어떤 이들은 분노의 영으로 쫓김의 영으로 가득 차 있으면서도 자신을 알지 못한다. 자신을 보지 못한다.

나는 어떤 이에게 물었다.

"왜 그리 흥분하고 있어요? 왜 그리 분노하고 있어요?"

그는 놀라서 대답한다.

"저.. 흥분 안 했는데요."

나는 묻는다.

"왜 그리 불안해하죠?"

자매는 놀라서 대답한다.

"제 마음은 지금 평안해요. 저는 지금 찬양하고 있는 걸요"

그들은 자신의 상태를 모른다. 그 흥분이, 그 분노가 바깥으로 표출되기 전까지 그들은 자신을 모른다. 그것이 잠을 자고 있는 것이다.

어떤 이가 울면서 주님께 대한 사랑과 감사를 고백할 때 나는 그의 안에 있는 울분과 슬픔을 느낀다. 한 주일 후에 그가 실족하는 일이 생겼다. 그래서 운다. 그는 현실의 문제로 인하여 실족했을까?

아니다. 한 주일 전부터 그 실족의 기운은 그 안에 있었다. 다만 잠자는 자는 보지 못한다. 꿈꾸는 자는 보지 못할 뿐이다.

베드로는 사람들의 심문으로 인하여 실족했을까.. 아니다. 그가 주님께 고백하기를 주와 함께 죽을지언정 주를 부인하지 않겠다고 고백할 때에도 실족의 기운은 그 안에 있었다. 다만 그는 자신을 볼 수 없었을 뿐이다. 그러므로 주님은 그에게 이제 곧 실족하겠지만 나중에 돌이키라고 하셨다.

주님은 그가 실족할 것도 아셨고 회복될 것도 아셨다. 주님은 사람의 외모를 보지 않고 중심과 영을 보셨기 때문이다.

주님은 소경이여, 눈을 뜨라, 귀머거리야 들으라고 말씀하신다.

사람들은 생각한다. 우리보고 소경이라고? 귀머거리라고? 나 참 기가 막혀서.. 하지만 많은 사람들은 그러한 상태로 머물러 있다.

낮은 수준에서 주를 믿고 아주 적은 빛을 보고 아주 적은 생명을 누리며 간신히 지옥을 면할 뿐이다.

구하지 않는 자는 아무 것도 얻을 수 없다.

사람들의 영을 보여주고 그 영의 막힘에 대해서 그 영혼의 상태와 증상에 대해서 그 영의 눌림의 원인과 치유와 해결책을 가르쳐주고 그들의 속에 무엇이 있는지를 가르쳐주고 그 영이 깨어남과 새로워짐과 새로운 세계가 시작되는 것을 볼 수 있었으면 얼마나 좋을까..

하지만 대부분의 사람들에게 그것은 감춰진 세계이다. 많은 이들이 현실적인 삶의 문제에만 지나치게 몰두하며 자신의 어둡고 낮은 영적 상태에 대해서 굶주리지 않고 갈급해하지 않는다. 구하지 않고 갈망하지 않는 자는 아무 것도 받을 수 없는 것이다.

깨어남은 진정 필요한 것이다. 그 깨어남을 통해서 육의 껍질을 벗고 본능과 육체의 욕망에서 자아에서 벗어나 참 사람이 되며 영성인이 되며 자유인으로서 주님을 알아가게 된다.

허무한 것에 굴복하지 않고 허탄한 것을 추구하지 않으며 진정한 천국의 시민이 되어 천국의 세계를 걷고 누리고 경험하게 되는 것이다.
 부디 이 깨어남의 역사가 우리 모두에게 임하기를
 그래서 주님의 마음과 천국에 이르게 되기를..
 간절하게 기대한다.
 오, 주님. 할렐루야..

2004. 5. 9

11. 천국 가정의 기초

　내가 많은 그리스도인 남자들, 형제들을 보면서 참으로 안타깝게 느끼는 것이 있다. 그것은 그들이 너무 유약하다는 것이다.
　오늘날 주님을 사랑하며 헌신된 그리스도인 형제들 가운데 적지 않은 이들이 온유하고 선하기는 하지만 마음이 너무 여리다. 그리고 영적 권위가 없다. 그것은 남자의 치명적인 약점이다. 그러한 이들은 건강한, 천국과 같은 가정을 세울 수 없다.
　나는 우리 가정이 천국이라고 생각한다. 아내도 그렇게 말하고 아이들도 그렇게 말한다. 그것은 어떻게 이루어진 것일까..
　사람들은 아마 내가 아내를 사랑하고 섬기며 아이들을 사랑하는 데서 올 것이라고 생각할 것이다. 그것도 맞을 것이다. 하지만 더 중요한 기초가 있다. 그것은 권위의 문제이다.
　나는 주님께서 남자를 아내의 머리로 주셨다는 것을 안다. 거기에는 책임감과 대표성이 있는 것이다. 우리 집은 왜 천국인가? 그것은 권위가 분명하다는 것이다. 그러므로 천국이 유지가 되는 것이다.
　나는 아내가 남편에게 함부로 대하고 짜증을 내는 가정을 많이 보았다. 그것은 지옥과 같은 것이다. 권위가 무시되는 곳은 지옥이다. 질서가 무너진 천국이란 있을 수 없다. 우리 집에서도 그것은 상상할 수 없는 일이다.

우리 집에서 아내는 남편에게 함부로 대할 수 없다. 아이들은 부모에게 함부로 대할 수 없다. 만약 아이들이 이를 어긴다면? 간단하다. 그들은 우리 집에서 더 이상 살 수 없다.

그들은 마음을 바꾸든지 아니면 독립을 해야 한다. 부모는 그들이 독립할 수 있도록 최선을 다해 도와야 하지만 그들이 권위를 거스르는 한 그것을 내버려두어서는 안 된다.

내가 주님께서 의탁하신 아버지로서의 역할을 할 수 없다면 포기하는 것이 나은 것이다.

나는 아내와 20년 가까이 살면서 그녀에게 화를 내거나 큰 소리를 친 기억이 거의 없다. 그럴 필요가 없기 때문이다.

만약 내가 아내에게 화를 내는 것은 고사하고 마음에 서운한 마음을 품기만 해도 아내는 견디기 어려울 것이다. 정말 내가 크게 화를 낸다면 그녀는 죽을지도 모른다. 그러니 그 근처에도 갈 필요가 없는 것이다. 우리는 서로 존중하며 그것으로 모든 것은 충분하다.

아내가 나에게 함부로 대할 수 없는 것 같이 나도 아내나 아이들에게 함부로 짜증을 내거나 그들의 인격을 억압할 수 없다. 그것은 주님께서 내게 맡기신 일이 아니다.

나는 아내를 사랑하며 존중한다. 우리 집에서 아내가 원하는 것이 이루어지지 않는 일은 없다. 모든 수입은 그녀가 관장하며 그녀가 원하는 것을 내가 반대하는 일은 없다.

그러나 그녀는 나를 무시하지 않는다. 그녀는 원하는 것을 하기 위해서 항상 나의 허락을 받는다.

아내는 나를 사랑하며 편안하게 느낀다. 그래서 수시로 나에게 장난을 치고 때리고 거의 나를 가지고 놀다시피 한다. 하지만 그러면서도 아내는 재미있게 즐기는 것이지 함부로 하는 것은 아니다.

아이들도 이 가정의 권위자가 누구인지 안다. 그렇기 때문에 아내가 큰 소리로 열 번 말해도 잘 안 되는 것도 아빠가 조용히 한 마디 하면 끝이 난다.

나는 결혼하기 전에 아내와 약속을 했다. 우리는 결혼 전에 같이 결혼에 대한 소책자를 가지고 성경공부를 하면서 남편의 역할, 아내의 역할, 자녀 양육의 원칙 등에 대해서 대화하고 토론하고 기도했다. 심지어 성적인 문제까지도 성경을 펼쳐놓고 토론했다. 우리는 결혼 전에 그러한 부분에 대해서 충분히 준비가 되기를 원했다.

나는 같이 공부하면서 아내에게 말했다. 주님께서 한 가정의 대표와 머리를 남편에게 맡기신 것을 이해해야 한다고, 그러면서 나는 당신을 목숨보다 더 사랑하겠지만 당신은 나의 권위에 순종해야 한다고..

아내는 거기에 동의했다. 이것은 성경의 기초이며 우리 가정의 기초였다.

권위는 예의와 같은 것이며 질서이다.

그것은 집을 세우는 기초와 같다.

기초가 없으면 집은 세워질 수 없다.

권위는 집의 기둥이다. 사랑은 집의 내용이다.

사랑이 없으면 황량한 집이 된다.

그러나 권위가 없고 질서가 없는 집은 무너진다.

나는 아내가 남편에게 짜증을 내는 것을 정상적인 가정이라고 생각하지 않는다. 아이들이 부모에게 불순종하는 집을 가정이라고 생각하지 않는다. 그것은 그저 동거생활일 뿐이다. 그것은 불신자의 집과 같은 것이며 주님이 통치하시는 가정이 아니다. 그러므로 마귀의 온갖 공격에도 제대로 보호받을 수 없다.

나는 예의와 질서를 모든 것의 기초로 둔다. 목회 사역을 할 때 성도들이 가끔 사역자의 권위에 도전하는 행동을 하면 나는 공손하게 말했다.

'성도님.. 그 동안 감사했습니다. 주님께서 성도님을 축복해주시기를 바랍니다.' 그것은 이제 안녕히 가시라는 것이다.

통곡을 하면서 비는 성도도 있었다. 그러면 우리는 서로 용서하고 새로운 관계를 시작했다. 하지만 그냥 가면 그것으로 그만이었다.

나는 성도들을 사랑하지만 권위가 무너진 것은 이미 그 관계가 끝이 난 것이라는 원리를 잘 알고 있다.

카페를 운영하면서도 나는 무례한 이들을 많이 본다. 메일을 통해서도 전화를 통해서도 무례한 이들을 많이 본다.

내가 대처하는 방식은 한결같다. 카페에서는 그러한 이를 퇴출시키며 그리한 메일에는 답하거나 돕지 않는다. 나는 무례한 이를 돕는 것은 주님께서 기뻐하시는 일이 아니라는 것을 잘 안다. 그러한 이를 돕는 것은 지옥을 확장시키는 일인 것이다. 오직 예의바르고 겸손하고 온유한 사람만이 천국의 영광 속에 들어갈 수 있다.

나는 이미 출간된 [일상의 삶에서 주님을 의식하기] 라는 책에서 아내를 사랑하는 방법에 대한 글을 썼다. 그 내용의 핵심은 목숨을 다 바쳐서 아내를 존중하고 섬기며 사랑해야 한다는 것이다.

하지만 거기에는 전제가 있다. 아내는 남편에게 순종하며 그 권위 가운데 있어야 한다는 것이다.

나의 글을 적용하며 아내를 사랑하려고 애를 쓰는 이들을 많이 본다.

그러나 정말 염려되는 것이 있다. 그보다 먼저 가정의 질서를 잡아야 하며 아내의 순종이 전제되어야 한다는 것이다. 그 질서가 되지 않은 상태에서의 사랑이란 사랑이 아니라 지옥을 끌어들이는 것이다.

사모가 목회자인 남편에게 함부로 말하며 좌지우지하는 것도 나는 많이 보았다. 그것은 가정이 아니고 지옥이다. 거기에는 주님이 임하실 수 없다. 아무리 많이 기도를 해도 안 된다. 그 가정에는 흑암이 있다. 그의 자녀들의 미래는 재앙 가운데 있을 것이다. 기본적인 것이 잘못되면 다른 것을 아무리 잘해도 소용이 없다.

자매들은 자신이 순종하고 존경할 수 있는 형제에게 시집을 가야한다. 그러한 리더십이 있는 사람을 찾지 못하면 혼자 사는 것이 훨씬 더 행복하다.

형제들은 자신이 리드하고 이끌 수 있는 자매를 아내로 맞아야 한다. 그러한 리더십이 없으면 혼자 사는 것이 낫다.

오늘날 무능하고 연약하고 리더십이 없는 형제들이 얼마나 많은지 모른다. 그래서 어떤 형제들은 마음이 약하고 두려움이 많아서 세상에 잘 적응하지 못하며 아내를 리드하고 보호하는 것보다 오히려 기대며 의지하려고 한다. 그것은 정말 부끄러운 일이다.

나의 아내는 성격이 분명하고 리더십이 강한 편이다. 그녀는 아마 나를 만나지 않았으면 남편을 흔들며 살았을지도 모른다. 그래서 어둠의 영계 속으로 떨어졌을지도 모른다.

하지만 나의 경우는 그런 일을 용납할 수 없다. 나는 남편에게 함부로 하는 여인과는 5분도 같이 살 수 없을 것이다. 나는 주님을 추구하고 천국을 추구하며 내가 있는 곳이 천국의 한 부분과 같이 되는 것이 삶의 가장 중요한 목적이기 때문이다.

나는 성품이 강한 아내들을 많이 보았는데 거기에는 하나같이 유약한 남편이 있었다. 남편이 그녀를 다스리지 못하고 그녀가 악한 영들에게 사로잡히도록 내버려 둔 것이다. 그것이 바로 지옥이다. 남편에게 함부로 하는 이들은 마찬가지로 주님도 우습게 대하는 것이다.

사랑은 질서 다음에 오는 것이다.
구약은 질서이며 법칙이다.
신약은 사랑이며 은혜이다.
분명한 것은 구약이 먼저라는 것이다. 질서가 잡히지 않은 상태에서의 사랑은 바로 지옥과 같은 것이다. 그 사랑과 친절은 멸시를 받으며 참다운 열매를 맺지 못한다.

어떤 사람이 하나님을 무시하며 욕을 하고 대적할 때 하나님은 그를 용서하시고 천국에 받아들일 것이라고 생각하는가?

그렇지 않다. 그렇다면 천국이 유지될 수 없는 것이다. 하나님께서는 그가 깨어지고 낮아질 때까지 그에게 임하실 수 없는 것이다. 그러므로 하나님께서는 그가 깨어질 때까지 기다리신다. 그가 낮아지고 상한 마음으로 울고 회개할 때 비로소 하나님은 그에게 은총과 자비를 베푸신다. 하나님은 그를 사랑하시지만 천국의 법도와 질서를 깨뜨리시지는 않으며 때가 될 때까지 은총을 유보하시는 것이다. 이와 같이 천국은 항상 사랑 이전에 먼저 질서로 세워지는 것이다.

나는 아내를 사랑하고 존중하며 결코 그에게 함부로 대하지 않는다.

나는 아이들의 인격을 억압하지 않는다. 주님 앞에서 내가 잘못한 부분들은 아이들에게도 사과하지 않으면 안 된다.

나는 아이들을 무척 사랑한다. 하지만 결코 버릇없는 아이를 용납하지는 않는다.

아이들이 어렸을 때 그들이 가끔 고집을 부리면 나는 그들을 때리곤 했다. 나는 그들의 고집이 꺾어질 때까지 때린다. 시간이 지나고 아이의 고집이 꺾이면 아이도 울고 나도 울고 같이 포옹하고 사랑을 고백하며 기도하며 그들의 의지를 주님께 드린다. 징계를 마친 후 아이들의 눈동자를 보면 너무나 맑고 아름답다.

나는 그들이 지옥의 영들에게 사로잡히고 그 안에 거하는 것을 원하지 않기 때문에 그것을 그대로 내버려둘 수 없다.

아이들은 징계를 통하여 고집과 불순종과 죄가 얼마나 무서운 것인지 배운다. 아이들은 그렇게 자라왔기 때문에 나에게 순종하며 사랑한다. 그리고 그들도 어른이 되면 반드시 아이들을 때릴 것이며 질서를 잡을 것이라고 다짐한다.

불순종하는 아이들은 지옥의 통치 가운데 있기 때문에 항상 마음이 불안하고 쫓긴다. 그러나 순종하는 이들은 천국의 은혜 가운데 있다. 우리 아이들은 그것이 무엇인지 안다.

징계를 할 때 혈기를 부리거나 흥분을 하면 아빠는 권위를 잃게 된다. 아내에게도 순간적으로 욱해서 함부로 거칠게 무례하고 말하고 화를 낸다면 그 남편은 권위를 잃게 된다.

그것은 두고두고 그에게 약점이 된다. 그러므로 그렇게 실수를 했을 때는 잘못을 시인하고 사과를 하고 용서를 구해서 권위를 회복해야 한다. 권위자가 잘못을 하면 권위를 더 이상 세울 수 없다. 괜히 자존심을 세우려고 가정을 마귀가 틈타는 지옥으로 만들어서는 안 된다.

또한 남편이 잘못했을지라도 진정한 마음으로 사과하고 용서를 구하면 아내는 남편을 용서해야 한다.

남편을 미워하며 용서하지 않으면 그녀도 마찬가지로 지옥 속에서 지내게 된다. 그렇게 가정이 지옥이 되는 것이 싫다면 바로 회복시켜야 한다.

남편은 아내가 자기를 싫어하고 무시한다면 영적으로나 육적으로나 무기력해지며 아무 일도 제대로 할 수 없다. 그는 비참한 인생이 된다. 그리고 아내도 역시 비참해진다. 그러므로 아내는 결코 한을 품어서는 안 된다.

질서가 없는 곳에는 지옥이 있다. 그 질서를 잡는 것이 남자들, 형제들의 첫 번째 과제이다. 그러니 영적 권위가 없는 남자들은 천국 가정을 세울 수 없다. 그들은 지옥을 만들 뿐이다.

현실적으로 이런 문제가 있다. 대체로 남자들 가운데 주님과 영성과 천국을 추구하는 이들은 별로 없다. 교회에 다니든 모태신앙이든 그것은 마찬가지다.

그럴 때 자매들은 어떻게 해야 하는가? 아직 주님의 실제를 모르며 영으로 살지 않는 남편에게도 순종을 해야 하는가? 만약에 교회에 가지 말라고 한다면? 성경을 읽지 말라고 한다면? 거기에도 순종을 해야 하는가?

물론 거기에는 순종을 하면 안 된다. 남편의 권위보다 더 높은 하나님의 권위에 순종을 해야 하기 때문에 하나님의 말씀을 거스르는 명령에 대해서 순종을 해서는 안 된다.

하지만 중요한 것이 있다. 아내는 행위로는 순종을 하지 않아도 겸손하고 온유한 순종의 태도를 가지고 있어야 한다는 것이다.

남자를 선택한 것은 자기의 미래와 영원을 선택한 것이다. 그 남자가 영성을 추구하지 않는다면 자기의 운명도 그와 같이 속하는 것이다. 거기에는 영적인 끈이 있으며 그가 죽기 전까지는 그 끈은 사라지지 않는다. 그러면 어떻게 할 것인가?

자매는 자신이 리더가 되고 주장할 수 없다. 그것은 하나님의 뜻이 아니다. 다만 그녀는 부드럽게 형제를 이끌어야 한다.

내면적으로 그녀가 리더의 역할을 해야 하지만 겉으로는 어디까지나 온유하고 겸손한 자세로서 남편을 부드럽게 설득해야 한다. 눈물로, 사랑으로, 희생으로 남편을 부드럽게 설득하고 기도해야 한다.

남편이 영적이 아니라고 판단하거나 짜증을 내는 것은 자신의 가정에 악한 영을 끌어당기는 것이다. 자신이 강제로 결혼한 것이 아니고 남편을 선택했다면 그 선택에 책임을 져야 하며 나중에 푸념을 해서는 안 된다. 그는 순종과 겸손과 사랑과 인내와 기도로 그 상황을 견디어야 한다.

나는 유약한 형제들이 주안에서 강건해지기를 기대한다. 유약한 사역자들이 주안에서 강건해지기를 기대한다.

이 시대는 권위를 잃어버린 시대이다. 그것은 지도자들이 너무나 연약해졌기 때문이다.

성도들에게 끌려 다니는 사역자는 성도들을 주님의 품으로 인도해갈 수 없다.

진정 강한 사람이 사랑할 수 있다. 강하지 못한 사람의 사랑은 사랑이 아니고 비굴이다.

주님은 우리를 목숨보다 더 사랑하신다. 그러나 주님은 우리에게 무시당하지 않으신다. 우리가 주를 무시하는 순간에 그분은 우리를 떠나신다. 우리가 주님께 함부로 대한다면 그것은 주의 영을 소멸하는 것이다.

우리는 우리의 권위 아래 있는 이들에게 무시를 당해서는 안 된다. 아이들이 어머니에게 마구 함부로 하는 것을 보고 탄식을 하면서도 내버려두는 어머니가 참 많다.

그것은 악한 것이다. 그리고 좋은 방법은 기도하는 마음으로 아이를 충분히 혼내고 때리는 것이다. 잠언23장 13절은 아이를 때려도 죽지 않을 것이라고 말씀하신다.

물론 화를 내면서 때려서는 안 된다. 화가 날 때 아이를 때리면 아이에게 독이 들어간다. 그것은 폭력이지 교육이 아니다.

기도를 하고 나서 충분히 때리는 이유를 설명하고 나서 마음의 평화를 유지하면서 성사를 진행하는 마음으로 때려야 한다. 침착하고 차분하게 징계할 수 있는 사람이 진정 아이를 가르칠 수 있다.

오늘날 그리스도인들은 강해져야 한다.

특히 남자들은 강해져야 한다.

사람을 두려워해서는 안 된다.

세상을 두려워해서는 안 된다.

강함과 분명함과 지혜와 능력을 얻어야 한다.

그래서 세상을 정복하고 다스려야 한다.

권위를 가지고 있어야 한다. 그럴 때 그는 천국을 세울 수 있다.

부디 강한 형제들이 많이 일어나기를 바란다.

아내가 화를 낼까 짜증을 낼까 눈치를 보고 기가 죽어 있는 남편들이 부디 영적 권위를 얻게 되기를 바란다. 그럴 때 우리는 천국의 삶, 천국의 가정이 이 땅에 많이 세워지는 것을 볼 수 있을 것이다

2004. 5. 13

12. 권위를 주장하는 자세

남편들에게 권위자들에게 주님은 권위를 맡기셨다.

질서가 흐트러지면 모든 것이 파괴된다. 정부가 무너지면 그 나라의 문화, 예술 등 모든 것이 무너지는 것과 같다. 그러므로 권위를 부여받은 이들은 자기의 책임을 소홀히 해서는 안 된다.

그런데 권위를 주장하는 자세는 결코 권위적이어서는 안 된다. 온유하고 겸손하게 권위를 주장해야 한다. 권위는 하나의 배역과 같은 것이다. 그것은 주님께서 그분의 뜻대로 배역을 맡기신 것이지 자기가 잘나서 권위가 있는 것이 아니다.

남편은 아내에게 강압적으로 순종을 명령하는 자세가 되어서는 안 된다. 부모는 자녀들에게 위협적인 자세로 순종을 명령해서는 안 된다. 그것은 좋은 자세가 아니다.

연출자가 어떤 이에게 왕의 역할을 맡겼다고 하자. 그가 자신이 정말 왕이 된 줄로 착각해서는 곤란하다. 그는 왕의 역할을 맡은 것에 불과하기 때문이다. 그것이 배역자의 자세다.

나는 아내에게 아이들에게 권위와 순종에 대해서 이야기하지만 아빠로서 남편으로서 나를 대단한 존재라고 생각하지 않는다. 다만 주님께서 이러한 질서 속에 세상을 지으셨기 때문에 그 말씀에 순복해야 한다는 것을 조심스럽고 부드럽게 설명한다. 그래야만 아빠도 엄마도 너희들도 행복하며 천국에 속한 사람이 될 수 있다고 말한다.

부모는 자녀들이 천국에 합당하고 주님께 속한 사람이 되도록 하기 위하여 순종을 명하는 것이지 자기의 마음대로 하기 위해서 순종을 강요해서는 안 된다. 그것은 남편도 같다. 남편도, 아내도 천국에 속하고 주님께 속하기 위하여 남편이 아내에게 순종을 구하는 것이지 남편의 유익과 즐거움을 위해서 순종하라고 해서는 안 된다.

부모는 자녀를 순종시키기 위해서 화를 내어서는 안 된다. 만약 그렇게 한다면 자녀들은 부모가 화를 낼 때만 순종할 것이다. 그렇다면 자녀를 순종시키기 위해서 자신의 영혼이 파괴된다. 그것은 어리석은 일이다.

부모는 자녀를 때릴 때에도 사랑하는 마음으로 평화로운 마음으로 이를 행해야 한다. 주님을 사랑하고 그 법도와 질서를 사랑함으로 순종하는 자세로 그렇게 해야 한다.

기도 속에서 주님의 인도와 분량 속에서 해야 한다. 그렇지 않으면 악한 영들에게 틈을 준다.

오늘날 권위를 행사하지 못하는 많은 남편들이 있다. 그것은 주님께 죄를 짓는 것이다. 거기에는 반드시 심판이 있다.

아내를 순종시키지 못하는 남편은 악한 것이다. 그러한 남편은 자신이 아내를 사랑하며 좋은 남편이라고 여길지 모르지만 그는 아내를 지옥으로 밀어 넣고 있는 것이다. 마귀에게 넘겨주고 있는 것이다. 그는 아내가 혈기와 온갖 완악함으로 가득해도 그저 눈치만 보고 있을 뿐이다. 그것은 남편으로서 가장 악한 것이다.

남편이 연약하면 아내들은 남편을 존경하지 않는다. 그들이 우유부단하고 약한 모습을 보일 때 아내들은 그들을 존경할 수 없다.

남편이 약하면 아내들은 사나와진다. 남편이 약하므로 그들은 어쩔 수 없이 강한 여성이 되어야 한다. 그들은 남편에게 짜증을 부리며 신경질을 낸다. 그들은 자녀들 앞에서 남편에게 함부로 대하며 무시한다. 자신들이 주도권을 가지고 가정을 꾸려나간다.

그러한 기운, 그러한 영들은 다 어디에서 오는가? 그것은 다 지옥에서 온다. 아무리 은사를 많이 받고 기도를 많이 하는 아내라도 남편을 무시하고 함부로 대하는 영들은 지옥에서 오는 것이다.

그것은 가정을 지옥으로 만든다. 그런데 그 책임은 아내를 그렇게 악한 영에게 사로잡히게 만든 남편에게 있는 것이다.

기질적으로 유약한 남자들이 있다. 여성이 강한 역할을 행사하는 가정에서 자라난 형제들이 있다.

그것은 재앙과 같은 것이다. 그들은 남자로서의 리더십과 책임감에 대해서 배우지 못한다. 그들은 자신의 유약함에 대하여 익숙하게 받아들인다. 그러므로 그들은 성품이 강한 여성에게 매력을 느끼며 그러한 아내의 지배와 보호 속에서 산다. 이런 식으로 지옥은 확산되는 것이다.

리더십과 강인함이 부족한 형제들은 어떻게 해야 할까? 그들은 주님의 말씀에 순종해야겠다는 결심을 해야 한다. 그리고 리더십과 강건함을 기르겠다는 결단을 해야 한다.

능력이란 어디에서 오는가? 그것은 주님께 대한 순종에서 오는 것이다.

형제가 주님의 말씀에 굴복하여 헌신과 순복을 다짐하며 리더십 있는 삶을 살겠다고 결심할 때 주님께서는 그에게 합당한 지혜와 능력과 권세를 주신다.

배역을 맡기는 이는 그 배역을 잘 맡을 가능성이 있는 것을 보고 맡긴 것이다. 그러므로 맡겨진 배역을 잘 하려고 결심할 때 주님께서는 그 배역에 합당한 힘과 지혜와 영권을 주시는 것이다.

그러므로 권위자가 주님이 원하시는 역할을 감당하려고 할 때 그들은 하늘로부터 임하는 지혜를 받게 된다. 하늘로부터 임하는 사랑을 받게 되며 능력을 받게 된다. 주님은 맡기기만 하시고 알아서 하라고 하시는 분이 아니다. 그분은 맡기시고 나면 능력을 주신다.

아내의 역할은 특히 중요하다. 그들은 지금 남편이 부족하다고 하더라도, 유약하며 가정을 리드하는 힘이 부족하다고 하더라도 그들을 무시해서는 안 된다. 그들을 세워주고 강건하게 하는 것이 아내의 역할이다.

그것을 하지 못하면, 그래서 자신이 리더의 역할을 하면 다 같이 불행해진다는 것을 알아야 한다. 남편의 약점을 지적하며 그의 부족함을 비난하고 그를 공격하는 것은 가정에 재앙을 끌어들여 같이 망하는 길밖에 없음을 알아야 한다.

그리고 자신이 세워주려 할 때 남편은 지금의 유약한 모습이 사라지고 원래 주님께서 주시려고 하셨던 지혜와 용기와 강건함을 받을 수 있다는 사실을 믿어야 한다.

나는 아내의 호통과 짜증에 쩔쩔매는 남편들을 많이 보았다. 그리고 남편에게 호통치며 짜증내는 사모들도 많이 보았다. 아내가 그렇게 화

를 내고 있을 때 웃음을 지으며 달래려고 애를 쓰는 남편들도 많이 보았
다. 그들은 그러한 의도가 없겠지만 그것은 주님의 머리를 깨뜨리는 것
이다.

 영이 마비된 사람들은 주님을 채찍으로 때리면서도 자신은 평생 주를
위해 일을 했으며 상을 받을 것이라고 생각한다. 그러나 깨어나는 순간
그 모든 것들은 비극으로 바뀌게 될 것이다.

 나는 사역자의 아내가 사소한 일로 남편에게 폭발하고 분노를 쏟는 것
을 많이 보았다. 어떤 아내는 오해를 하고 사역자에게 분노를 폭발하고
집을 나가버렸다. 그러나 이 사역자는 모든 것이 자기의 책임이라고 하
며 자신만을 한탄하는 것이었다. 자신의 책임인 것은 맞다. 아내가 남편
에게 함부로 폭발하고 가정에 지옥이 들어오도록 내버려 둔 것은 정말
남편의 책임인 것이다.

 성도들이 있는 데서도 남편에게 짜증을 내는 사모를 본 적도 있다. 그
것은 이미 정상적인 가정이 아니며 정상적인 교회가 아니다.

 아내의 혈기와 분노에도 불구하고 자신은 참 부족한 사람이라고 자책
하는 남편들이 있다. 이들은 세상적으로 보았을 때는 착한 사람일지도
모른다. 하지만 그러한 태도는 주님 앞에서는 전혀 옳은 것이 아니다.
그것은 권위가 아니다. 그들은 주님의 사람이라고 할 수 없다. 그들은
천국의 사람이 아니다.

 분노하는 것은 옳지 않다. 하지만 예의가 없는 행동을 용납하는 것도
옳지 않다. 그것은 사랑이 아니다.

 자식을 그런 식으로 키우는 부모들도 많다. 그것은 사랑이 아니다. 순

종을 가르치지 않는 부모는 자녀를 마귀에게 던져주는 것과 같은 것이다.

권위란 정말 중요하다. 그것은 주님이 세우신 질서이다. 그것은 주장되어야 한다. 하지만 부드럽고 온유하게 말씀을 통해서 주장되어야 한다.

강퍅하고 사납게 비인격적으로 주장되어서는 안 된다. 힘이나 강요를 통해서 주장되어서는 안 된다.

바른 권위는 천국의 통로이다. 부부가 이것에 대해서 합의하고 같이 나아갈 때 그 가정에는 천국의 임재가 오게 된다. 그 권위 속에서 모든 천국의 축복은 내려오게 된다. 그 권위를 통과하지 않고는 아무런 복도 임할 수 없다.

존경의 능력은 너무나 놀라운 것이다. 그러나 지금 이 시대의 사람들은 존경의 힘을 잃어버렸다. 그래서 많은 재앙을 경험하고 있으며 하늘에서 오는 놀라운 은총을 많이 잃어버리고 있다. 우리는 권위와 존경을 되찾아야 한다. 그리하여 천국의 은총을 회복해야 한다.

온유하고 겸손하며 또한 강건한 형제들이 일어날 때 가정의 천국은 회복될 것이다. 그리고 이 천국 가정이 확산되고 천국의 질서와 아름다움이 확산되어갈 때 온 세상은 아름다움으로, 사랑스러움으로, 평화로움으로 가득 차게 될 것이다. 할렐루야.

2004. 5. 14

13. 영의 인식과 분별에 대하여

어제 책의 표지 문제로 H자매가 사무실에 왔었다. 잠시 대화를 나누다가 그녀의 심장 주변에 나쁜 것들이 더덕더덕 붙어있는 것을 보았다. 나는 그녀와 조용히 이야기하고 있다가 갑자기 '나가!' 하고 크게 소리를 질렀다. 자매는 화들짝 놀라서 나가떨어진다.

악한 영들을 빨리 처리해야할 때 가끔 사용하는 방법이다. 갑자기 충격을 줄 때 숨어있던 악한 영들이 분리가 되면서 떨어져 나가는 것이다. 아직 조금 덜 나갔기에 중간에 몇 번 더 소리를 질렀다. 그 때마다 자매는 충격을 받고 휘청거린다.

느껴지는 이미지를 설명하자면 이런 것이다. 악한 영들이 나무 가지에 두 팔로 매달려 있다. 대적하여 소리를 지르면 놀라서 한 팔이 떨어졌다가 얼른 다시 잡는다. 그래서 다른 것에 신경을 쓰게 하다가 다시 소리를 지르면 나머지 팔이 떨어지고 울면서 나간다. 이런 원리인 것이다.

악한 영들은 사람과 연합된 존재가 아니고 붙어있는 존재이다. 그러므로 충격을 주면 이들은 붙었던 위치에서 떨어져 나간다. 예를 들어서 사람에게 소리를 지른다고 팔이 떨어지지는 않을 것이다. 팔은 원래 몸에 붙어있는 것이기 때문이다. 그러나 악한 영들은 원래 붙어있는 존재가 아니고 살며시 들어와서 붙어있는 존재이기 때문에 대적을 하면 떨어지게 되어 있다.

그렇다고 아무에게나 아무 때나 이런 방식으로 깜짝 놀라게 하거나 갑자기 소리를 질러서는 안 된다. 이것은 물리적인 방법 자체가 의미있는 것이 아니라 결국 영의 싸움이며 믿음의 싸움이며 분별의 문제이기 때문이다.

사람들의 안에는 악한 영들이 얼마나 살고 있는가. 아마 엄청나게 많을 것이다. 음란한 영, 더러운 영, 집착하는 영, 자기 연민의 귀신, 두려움과 불안의 영, 분노의 영들.. 이루 헤아릴 수 없을 정도로 많다.

하지만 그것을 인식하는 이들은 별로 없다. 단순히 자기가 못됐고, 쓸데없는 생각을 많이 하고 쓸데없는 충동으로 고생한다고 여길 뿐 자신들이 악한 영들의 공격에 노출되어 있다는 것을 인식하고 있는 이들은 드물 것이다.

그러한 영들에 대한 인식은 빛을 경험하고 영혼이 눈을 뜨고 깨어날 때 비로소 가능한 것이다. 그러므로 대부분의 신자들은 입으로는 예수를 고백하지만 현실적으로는 여러 가지 종류의 악한 영들에게 공격을 당하며 눌려서 살게 된다.

대부분의 그리스도인들이 그러한 상태에 있다. 자기 안에서 어떤 영들이 장난을 치는지도 모르고 그 영에 의해서 꼭두각시처럼 산다. 악한 영이 미움을 넣어주면 미워하고 시기를 넣어주면 시기한다. 이간질의 영이 오해와 서운한 마음을 넣어주면 그대로 속아 불편한 관계를 가지면서 평생을 그렇게 산다.

눈을 뜨고 빛을 받을수록 점점 더 자기 속에 있던 것들이 드러나고 나가게 된다. 그래서 사람은 성장하고 변화되며 자유롭게 되는 것이다.

사역의 중요한 부분이 사람 속의 어두움을 드러내고 청소하는 것이다. 그리하여 빛과 자유함 속에 거하게 하는 것이다.
　사역에 있어서 열심히 사람들을 도우려고 하지만 그 사람의 영적 상태를 보지 못하며 역사하는 영을 분별하지 못하면 도움을 잘 주기 어렵다. 그러므로 사역자는 영의 분별에 익숙해야 하며 영의 전쟁에 경험이 있어야 한다. 그것은 사람의 영을 해방시키는 데에 도움이 된다.
　나는 사람들이 다가올 때 그들에게 붙어있는 영을 느끼는 경우가 많다. 머리에 어떤 기운이 붙어있는지 심장에 어떤 기운이 붙어있는지 온 몸에 어떤 기운이 붙어있는지 느끼게 된다.

　영이 조금 민감한 이들은 자신들도 그것을 느끼게 된다. 나와 가까이 있게 될 때 속에서 뭐가 스물스물 드러나고 움직이는 것을 느끼게 된다. 어떤 이는 우리 집으로 가까이 오는 중에 구역질을 하고 어떤 증상이 나타나는 경우도 있다. 이런 경우에 나는 그들에게 붙어있는 악한 영들을 쫓아낸다.
　그럴 때는 쫓아내는 것이 좋다. 그렇게 어떤 증상이 나타나는 것은 악한 영들이 나갈 준비가 된 것이기 때문이다.
　그것은 그 속의 악한 영이 빛을 보고 놀라서 그 본인 자신과 분리가 되기 때문이다. 이것은 악한 영과 그 사람의 연합이 약한 것이다. 그래서 쫓아도 좋다.
　하지만 대부분의 사람들은 아무 것도 느끼지 못한다. 그것은 그들의 영이 마비되어 있기 때문이다. 그럴 때는 그들의 속에 있는 놈들을 아무리 많이 쫓아내도 아무 소용이 없다. 그들은 곧 다시 들어오기 때문이다. 아니, 더 많이 친구들을 데리고 들어온다. 그러니 쫓아내는 것이 오히려 안 좋은 것이다.

나는 어떤 가정에 가거나 어떤 이들을 만나면 그들의 심장 근처와 그들의 의식 속에 어두움이 가득 차 있는 것을 느낄 때가 많다. 악한 영들이 그들이 말하고 생각하는 많은 부분을 주장하는 것을 보곤 한다. 그러한 이들이 말을 할 때는 어두움의 기운이 흘러나오는 것을 느끼게 된다.

그 때 나는 갈등한다. 저것들을 다 쫓아내고 부숴버릴까.. 하지만 나는 고개를 젓는다. 포기한다.

그들은 자신의 영적 상태가 그러한 것을 인정하고 싶지 않을 것이다.

그거야 말로 창피스러운 일이니까.. 특히 그러한 이들이 영적 지도자의 위치에 있을 때는 그러한 것을 이야기하기가 어렵다. 본인이 간절하게 해방과 치유를 원해야만 그들을 도울 수 있다.

아니, 간신히 납득해서 악한 영들을 쫓아낸다고 해도 그들은 혼자 있으면 곧 다시 속아서 예전보다 더 심한 상태가 될 것이다. 그들은 잠시는 시원하겠지만 혼자서는 그 상태를 유지하지 못할 것이다. 그것은 살아가는 방식 전체에 달린 것이기 때문이다.

날마다 죄와 싸우고 악을 버리며 성령의 인도와 감동 속에서 항상 기도하는 자세로 주를 붙잡고 살아가지 않으면 영의 청결함은 유지할 수 없는 것이다. 온 세상에 가득한 것이 더러운 영이니까 말이다. 그러므로 목숨과 중심을 다해 깨어서 주님을 사랑해야만 그 영의 청결은 유지될 수 있다.

하지만 그렇게 하고 싶어 하는 이들은 별로 없다. 사람들은 쉽게 짜증을 내고 쉽게 잔소리를 하고 쉽게 미워하고 쉽게 원망을 하고 근심을 하면서 아무렇지도 않은 듯이 산다. 그렇게 사는 것이 당연한 줄로 안다. 그것을 별로 고통스러워하지 않는다.

그러한 마음과 생각을 넣어주는 영들이 어디서 오는지 그다지 신경 쓰지 않는다. 하지만 그 영들은 천국에서 오는 것이 아니다.

악한 영들은 어디가 자기가 살집이고 어디가 떠나야 할 곳인가를 안다. 그러한 영들이 잘 버티고 있는 것은 사람들이 입으로는 주를 사랑하지만 속으로는 세상을 사랑하며 지나친 자기애정에 사로잡혀 있기 때문이다.

어떤 이들은 진정으로 죄에 대한 증오가 없다. 이런 경우에 아무리 주의 이름으로 악한 영들을 대적해도 소용이 없다. 악한 영들은 대적할 때 잠시 나가겠지만 얼마 후에 다시 단체로 들어올 것이다.

어떤 이들은 악한 영들을 쫓아냈는데 왜 그들이 다시 돌아오는지 이해가 안 될지도 모른다. 그 이유는 이렇다. 악한 영들과 그 사람과의 관계는 자석과 철과 같이 서로 끌어당기고 있기 때문이다.

악한 영들은 그 사람이 그들을 사랑하고 좋아하기 때문에 거기 있을 수 있는 것이다. 죄를 사랑하는 한, 사람은 악령에게서 벗어날 수 없다. 그러니 억지로 쫓아내어도 그들은 다시 돌아온다. 악한 사람과 사랑에 빠진 딸을 구하기 위해 억지로 딸의 머리를 깎고 방안에 가두어 놓아도 딸은 모자를 쓰고 창문에서 뛰어내려 애인을 만나러 가는 것과 같은 것이다.

인간은 천국에서 오는 예수의 영, 거룩한 하나님의 영으로 살든지, 아니면 지옥에서 오는 세상의 영을 받아 살아야 한다. 오직 예수로 사로잡혀 살지 않는 것은 부분적으로만 예수의 지배를 받으며 다른 부분에 대해서는 세상의 영으로 살아간다는 의미이다.

오늘날의 신자들은 어떠한가.. 오늘날 많은 신자들이 필요한 때만 주를 찾는다. 고통스러울 때만 하나님을 찾는다. 그리고 많은 시간, 많은 상황에서 세상의 영으로 산다. 세상의 유행과 세상의 철학을 따라 산다. 세상의 쾌락과 즐거움과 육체의 욕망을 좇는다. 그리고 그 배후에 악령들이 장난을 치고 있다는 사실을 모른다. 그러한 삶의 자세가 악한 영을 받아들이는 것이라는 사실을 이해하지 못하는 것이다.

그러므로 중요한 것은 악한 영들을 쫓아내는 것이 아니다. 예수의 영을 받아들이고 그 영에 사로잡히며 예수를 체험하고 맛보는 것이 더 중요하며 본질적인 것이다.

예수의 영의 생기와 말씀과 빛을 받아서 우리의 영혼이 아름답고 풍성하게 살이 쪄가야 한다. 그렇게 될 때 영혼은 점점 지혜와 사랑과 빛으로 채워지며 진리를 분별하고 천국의 영광 가운데 거하게 된다.

빛이 임하면 어두움은 드러나게 된다. 이전에 자신이 생각하고 행하던 일들의 어두움과 더러움에 대해서 깨닫게 된다. 그리고 그것들이 끔찍하게 느껴지게 된다. 그리하여 악한 영들은 더 이상 버티기 힘들게 되어 분리가 시작되는 것이다.

하지만 문제가 있다. 오늘날 많은 신자들이 예수의 영을 맛보고 경험하는 방법을 모른다는 것이다. 성경을 읽고 큐티를 하고 몇 개의 개념을 이해하면 그 영으로 채워지는 줄 안다.

오늘날 적지 않은 신자들이 개념으로는 배부르지만 영은 굶주림의 상태로 있다. 여전히 그의 중심은 어둡고 공허하다. 실제적인 자유와 풍성함을 맛보지 못하며 여전히 세상의 쾌락을 즐긴다.

그래서 각종 악령들이 공격하고 있는데도 무기력하다. 죄에 넘어지며 마귀의 포로가 되어도 알지 못한다. 자기가 어떤 영으로 사는지도 모른다. 그런 어둠 속에 있는 신자들이 오늘날 너무 많다. 이는 너무나 슬픈 현실이다.

빛이 임하면 어둠은 드러난다. 악한 영들은 정체가 드러나고 울면서 떠나간다. 하지만 빛이 없으면 그들은 거기에 그대로 눌러 산다. 예배를 드리고 찬송을 할 때 그들은 잠시 속에 숨는다.

하지만 조금만 지나면 그들은 다시 그 영혼을 공격한다. 그래서 짜증을 내게 하고 성질을 내게 하며 음란한 충동을 일으키고 더러운 생각을 집어넣는다. 그들은 자신에게 주어진 권세를 알지 못하는 무지한 신자들을 마음대로 요리하고 있는 것이다.

사랑 받고 싶은 감정, 이해 받고 싶은 감정, 외로움의 느낌, 허무감들.. 그것이 어디에서 오는가.. 그것은 많은 경우에 귀신에게서 온다. 그것은 내적하면 소멸되는 것이다. 하지만 그것을 이해하고 깨닫는 이들은 드물다.

그래서 사람들은 일시적으로 위로를 받고 잠시 힘을 얻기도 한다. 하지만 근원적인 만족을 얻을 수는 없다. 그것은 오직 주님으로부터, 천국에서만 나오는 것이기 때문이다.

육성에서는 많은 본능이 흘러나온다. 타락한 인간은 스스로 그 본능을 만족시키려고 애쓴다. 하지만 그 육성을 자극하는 것이 악한 영들이고 속이는 영들이다. 그러므로 아무리 채움을 받아도 진정한 만족은 없다. 사람은 오직 예수의 영에 미치고 갈망하고 빠져야만 만족이 되는 존재인 것이다.

오늘날 세상에 역사하는 많은 악한 영들이 있다. 속이는 영들이 있다. 우리는 그것들을 분별하고 처리해야 한다. 그러기 위해서 빛을 받아야 한다.

말세가 될수록 영적 식별력이 더욱 더 필요하다. 그러나 이 시대의 영적 분별력은 너무 어둡다. 그것은 이 시대의 신앙이 너무 물질적인 영역에 있기 때문이다.

분별력은 빛으로부터, 천국으로부터 오는 것이다. 세상의 심리학과 의학의 기법은 마귀를 드러내지 못하며 사람을 진정으로 자유케 할 수 없다. 그것으로는 영적 전쟁에서 승리할 수 없다. 심리학은 마귀를 알지 못하고 이길 수 없다.

세상을 즐기는 이들, 죄에 대해서 둔감한 이들은 분별력을 얻을 수 없다. 음란한 것을 즐기는 사람은 음란한 영을 분별할 수 없다. 그들은 악으로부터 쾌락을 얻기 때문이다.

거짓말을 하고도 고통이 없는 사람은 거짓의 영을 분별할 수 없다. 칭찬을 받고 높은 대접을 받는 것을 즐기는 사람도 마귀를 분별할 수 없다. 그는 마귀와 같은 성향을 가지고 있기 때문이다.

분별력은 순결함에서 오는 것이다. 빛에서 오는 것이다. 천국에서 오는 것이다. 오직 예수의 영, 거룩한 성령으로부터 오는 것이다. 그러므로 오직 예수에 미치고 예수에 빠지고 예수에 함몰되어 예수를 먹고 마시며 빛 가운데 거해야 한다.

이 땅에서 살아있는 동안 영이 눈뜨고 빛 가운데 깨어나는 것은 행복한 일이다. 하지만 이 길에 속한 이들은 그리 많지 않을 것이다.

오늘날 많은 신자들은 어둠 속에 있기를 원하며 자신의 상태를 개선하기를 원하지 않는다. 빛을 추구하며 주를 따르는 좁은 길을 원치 않는다. 그 길을 가는 과정에서의 고난과 대가를 지불하려고 하는 이들은 많지 않다.

천국을 향하는 길은 문자 그대로 천로역정이다. 그 길은 쉬운 길이 아니다. 거기에는 많은 전쟁이 기다리고 있다.

그러나 간절하게 구하고 전 재산을 팔아서 그 밭을 사는 자에게 그 길은 흥미진진하고 재미있는 길이다.

주님은 우리의 길을 인도하실 것이다.
그리고 구하는 자에게 임하셔서 그 눈을 열어주실 것이다.
얻는 자에게 그것은 진정으로 복된 것이 될 것이다.
열리면 열릴수록 우리는 이 세상에 감추어진 천국의 빛과 영광 가운데 거하게 될 것이다. 할렐루야.

2004. 5. 25

14. 오직 예수의 사람이 되기를..

 며칠 동안 몸이 부서지게 아팠다. 낮에는 조금 괜찮은 듯 하다가 밤에는 온 몸에 통증이 심해서 잠을 잘 수가 없었다. 10일 쯤 전부터 감기 몸살이 왔는데 쉬지 않고 계속 책을 썼더니 몸에 무리가 왔나보다.
 몸의 컨디션이 좋지 않을 때는 책을 쓰지 않고 가만히 쉬는 것이 나을 것이다. 그런데 그게 잘 안 된다. 속에서는 끊임없이 글들이 쏟아지고 아직 써야할 영성의 기초들이 너무 많다.

 부르짖는 기도에 대해서 기초를 분명히 해야 한다. 이것이 어떻게 하늘을 이 땅에 가지고 오는지에 대해서 설명이 필요하다.
 대적하는 기도에 대한 정리도 필요하다. 다들 마귀를 찌르고 부수고 난리를 치는데 마귀는 내 속에 있는 것을 쫓아내는 것이 가장 중요하다. 바깥에 있는 놈들은 아무런 힘이 없다. 내 안에서 자유와 승리가 이루어지게 되면 바깥에 있는 놈들은 별것 아니다. 아무튼 이러한 원리적인 정리가 필요한 것이다.
 찬양에 대해서도 정리가 필요하다. 영의 흐름과 움직임에 대한 이해와 정리도 필요하다. 교회와 영성사역에 대한 정리도 필요하다.
 인간관계도 영성적 시각에서의 정리가 필요하다. 어떤 이는 핍박의 역할을 맡으며 어떤 이는 우리를 실망시키게 하고 어떤 이는 우리를 매혹

시키는 역할을 맡는다. 그 이유는 무엇인가? 원리와 이해와 정리가 필요하다.

지금 이러한 영적 원리들이 별로 알려져 있지 않다. 성도들이 삶의 모든 상황에서 주님을 붙잡고 영적인 원리를 적용하는 것이 부족하다. 오래 믿을수록 초보가 고수가 되는 것이 아니라 더 엉망이 된다. 첫 사랑을 잃고 세상을 사랑하며 강퍅해지거나 근심에 눌려있다. 그것은 영적인 기초가 안 되어있기 때문이다.

실제적인 영성이 부족하다. 그래서 구체적인 삶에 있어서 영성적인 이해나 적용을 어떻게 해야 할지 모른다. 그래서 지옥의 영들에게 눌린다. 이런 것이 기초가 없는 것이다.

기초에 대해서도 아직 쓸 것이 너무 많다. 영적세계의 법칙과 원리들에 대해서도 한없이 써야한다. 많은 신자들이 고통을 겪고 있는 것은 무지 가운데 있기 때문이다. 깨닫고 이해하고 경험할수록 자유함은 많아진다.

한 사람, 한 사람을 볼 때마다 책 한 권 분량의 메시지가 떠오른다.

심령이 약하여 두려움에 잠기는 이들을 보면 책 한 권이 필요하다.

의식이 잠자고 있어서 그 영혼이 어둠 속에 있어 본능으로 살고 있지만 그 사실을 알지 못하는 이들을 위해서도 깨어남을 위한 책이 또 한 권 필요하다.

영이 약하여 중독이 되는 이들을 위하여 또 한 권의 책이 필요하다. 심령이 마비된 자들을 위하여 심령이 깨어나는 또 한 권의 책이 필요하다. 이처럼 각 사람에게 맞춤식의 책이 한 권 이상 있어야 한다.

사회학적으로 심리학적으로 교육학적으로 문화적으로 다양한 관점의 책들이 있는 것을 안다. 그러나 영성적인 시각이 아니고서는 그 어떤 것도 근원적인 도움을 줄 수 없다. 역사든, 문화든, 교육이든, 정치든 영성적 시각이 아니고서는 제대로 볼 수 없다. 그러므로 그리스도인들은 영성이 깨어나야 하며 영성적인 관점이 열려야한다.

그러니 도대체 써야할 책이 얼마나 많은가. 속에는 메시지가 가득하지만 몸은 약하여 속에서 떠오르는 내용을 다 정리하지 못하고 따라가지 못한다.

카페에도 이런 글을 써야지.. 하고 마음먹지만 마음먹은 것의 10분의 1도 쓰지 못한다. 몸은 마음의 명령을 충실히 수행하기에는 너무 지쳐있고 약하다.

나는 기운이 있는 한은 책을 쓰고 있다. 책에 대한 마음의 부담이 끊이지 않기 때문이다. 그러나 이번에 앓으면서 역시 아플 때는 그냥 뻗어있는 것이 낫다는 생각을 하게 된다.

어제 저녁 아내가 기도를 해주어서인지 통증이 조금 멎었다.

아플 때는 수동적인 상태가 된다. 물속에 빠져 있는 것과 같다. 물 밖에서는 쉽게 줄을 던져 끌어올릴 수 있지만 물속에서는 스스로 나오기 어렵다. 그래서 영이 수동적으로 된다. 거기에는 장단점이 따르게 된다. 아플수록 주님의 임재가 가까워지고 영이 꿀 같은 부드러움과 달콤함 속에 있게 된다. 하지만 영은 깊어지지만 몸이 무기력해지고 약해지기 때문에 일을 할 수가 없다.

예원이가 밤에 내 방에 누워있는 나의 옆에 와서 내 팔을 베고 누웠다. 이놈은 수시로 내 옆에서 눕는다. 그러면 아내가 와서 잡아가곤 한다.

예원이가 옆에 있었지만 힘이 들어서 말을 하기가 어려웠다. 가만히 팔베개를 하고 있다가 한참 있다가 천천히, 조용한 목소리로 한 마디 했다.

"예원아.."

"예.."

"네가.. 나중에 나이가 들어서 결혼을 하겠지.."

"예.."

"나중에 엄마가 되어서.. 어른이 되어서 살다보면.. 힘이 들고 지치고 어려울 때가 있을지 모른다.."

"예.."

"그 때.. 네가 소녀시절에 자주.. 아빠의 품에 안겨있었던 것을 기억하거라.."

"예.."

나는 피곤해서 잠이 들었다.

조금 후에 잠이 깨어서 나는 밤이 늦은 시간에 다시 안방에 갔다.

내가 안방에 가자 아내와 예원이, 주원이가 다 안방에 모여서 누웠다. 불을 끄고 이불 위에 누워서 조용하게 테리 맥알몬의 찬양을 듣는다. 내가 아프니까 모두들 힘이 없이 조용하다.

조용한 분위기 속에서 내가 힘들게, 천천히 이야기한다.

"얘들아.. 인생에서 가장 귀하고 아름다운 것이 무엇인지 아니? 그것은 예수를 사랑하는 것이다.

오직 예수를 사랑하는 인생.. 그것은 성공한 삶이고 축복된 삶이다.

학교 성적보다 친구들보다 그 무엇보다 더 중요한 것은 예수를 사랑하는 것이다.

나는 너희들이 예수를 사랑하는 사람이라면 아빠가 된 것을 아주 자랑스럽게 여길 것이다. 그러나 너희들이 예수를 중심으로 사랑하지 않는다면 나는 너희들의 아빠가 된 것을 몹시 부끄럽게 여길 것이다.

아빠가 가장 존경하는 사람이 있다. 그 사람은 썬다싱이다.

그는 아무 것도 가진 것이 없었다.

아내도 없었고 집도 없었다.

그러나 그는 오직 예수를 사랑했다.

그는 복음을 전하다가 죽었다.

티벳의 고원에서 복음을 전하다 죽었다.

가는 곳마다 핍박을 받고 매를 맞았지만 그는 예수를 사랑했다.

그래서 오직 예수를 전하고 싶어 했다.

그가 늙어서 몸이 약해졌다.

의사는 더 이상 그에게 복음을 전하러 다니지 말라고 경고했다.

그러면 몸이 견딜 수 없을 것이라고 말했다.

하지만 얼마 후에 그는 없어졌다.

그는 복음을 전하러 티벳의 높은 산에 오르다가 산에서 쓰러졌다.

나무꾼에게 발견되어서 그는 목숨을 건졌다.

그는 다시 의사에게 야단을 맞았다.

다시는 그러면 안 된다고..

그러나 얼마 후에 그는 다시 없어졌다.

그리고 그 이후에 발견되지 않았다.

아마 또 복음을 전하러 가다가 쓰러져 죽었을 것이다.

아빠가 그를 존경하는 이유가 그것이다.

그는 주를 위하여 목숨을 버렸다.

그리고 그것이 이 세상에서 가장 고결한 삶이다.

주를 위하여 자신을 바치고 희생하는 삶처럼 아름답고 멋진 삶은 세상에 없다.

예수님의 제자들이 사랑 받고 존경받는 것은 그들이 똑똑해서가 아니라 예수님의 모든 고난에 그들이 함께 있었기 때문이다.

이 세상에서 그것이 가장 행복하고 아름다운 삶이다.

아빠는 주님 보시기에 그릇이 되지 않았다.

그래서 좋은 아내도 주시고 좋은 아이들도 주시고 좋은 집도 주셨다.

아빠는 많은 것을 가지고 있다.

사람들에게 사랑을 받고 존경을 받는다.

그래서 주님 앞에서 부끄럽다.

하지만 아빠의 마음속에는 언제나 주를 위해 목숨을 버리고 싶은 마음이 있으며 언제나 오직 주님만을 사랑하기를 원한다.

나는 너희들이 그렇게 목숨을 다해 주님을 사랑하기를 바란다.

예수의 사람은 자나 깨나 예수를 사랑하는 자들이다.

밤에 자기 전에 예수를 생각하고

아침에 깨자마자 예수를 생각하며

하루 종일 예수 안에서 산다. 그것이 예수인이다.

너희들도 그렇게 예수로 살고 예수만을 사랑하는 자들이 되었으면 좋겠다..

나중에 아빠가 하늘나라에 갔을 때

너희들은 아빠의 유언과 같이 이 말을 기억하거라.

오직 예수를 사랑하고 예수를 추구하는 사람이 되는 것..
이것이 아빠의 평생 소원이라는 것..
그리고 너희들이 평생 간직해야 할 말이라는 것을.."
밤은 깊고 어둠 속에서 테리 맥알몬의 찬양은 감미롭게 흐르는데 우리는 모두 침묵 속에 있었다.
나는 뽀뽀와 축복을 해주고 내 방에 왔다.
몸은 힘들었지만 예수의 생각, 예수의 이야기는 내 마음에 달콤함이 넘치게 했다. 눈물이 나올 것만 같았다.
가만히 누워있는데 아내가 와서 말했다.
"여보.. 내 평생 소원이야.. 당신, 오래 동안 살아야 돼.."
예원이도 와서 말했다.
"아빠.. 예수님만 열심히 사랑할게요..
그런데.. 오래 오래 살아서 그 이야기를 계속 해주세요.."
나는 몹시 행복해져서 미소를 머금고 있다가 잠이 들었다.
아침까지 아프지 않고 편안하게 길게 잠을 잤다.
꿈속에서 예수님의 이야기를 하고 있었다.
눈에서는 하염없이 눈물을 흘리면서 입에서는 미소를 지으면서
계속 계속 예수, 예수, 예수를 부르며
예수 이야기를 하는 그러한 꿈을 꾸었다.
너무나 너무나 행복했다.
울다가 잠이 깨었다.
깨어서 한동안 울고 있다가 감사를 드리며 일어났다.

    2004. 5. 31

15. 엎드림의 능력

　요즘 자주 배가 살살 아프다. 지금의 증상은 영적인 것과는 상관없는 것이다. 날이 덥다고 자꾸 커피우유에다 냉면 같은 찬 음식을 자꾸 먹었기 때문이다.

　머리가 아픈 것은 대체로 머리에 열이 많이 발생했기 때문이다. 머리는 열 받으면 안 된다. 무조건 시원해야 한다. 그러니 머리는 찬바람을 쐬거나 머리에 얼음을 올려놓으면 정상이 된다.

　머리에 열이 나는 것은 단순히 물리적인 이유에서만은 아니다. 영적인 원인도 있고 정신적인 원인도 있다. 아무튼 좋지 않은 것이다.

　쓸데없이 머리를 너무 많이 굴려도 머리에 열이 나게 된다. 무엇을 결정해야 할 때 성령의 인도를 받지 않고 합리적인 이유를 찾는다고 너무 머리를 많이 사용해도 열이 나게 된다. 물론 그럴 때는 바른 판단을 할 수가 없다. 아무튼 그렇게 열이 날 때도 머리에 시원한 바람을 맞으면 도움이 된다.

　배는 반대다. 배는 따뜻해야 한다. 그런데 여름이라고 자꾸 차가운 것을 먹고 마시고 하다보면 배가 차가와져서 아프게 된다.

　배가 차가와지면 건강만 나빠지는 것이 아니라 영적으로 정신적으로도 약해진다. 무기력해지고, 힘들어지고, 모든 것이 귀찮고.. 여러 증상이 나타난다. 그런 것도 배의 차가움과 관련이 있다.

아무튼 배가 아파서 엎드렸다. 나는 조금만 문제가 있으면 무조건 엎드린다. 내가 엎드리는 자세를 보면 아내는 마구 놀린다. 왜 엉덩이를 쳐드냐고 웃고 놀린다.

나도 이 자세가 마음에 안 들기는 하다. 이 자세로는 발목도 엄청 아프니까 말이다. 하지만 나의 경험으로는 기도할 때 이 자세가 가장 좋고 편하다.

배가 아프면 나는 엎드린다. 머리가 아파도 나는 엎드린다. 마음이 허전하거나 문제가 생기면 나는 엎드린다. 경제에 어려움이 생기면 나는 엎드린다.

어떨 때는 10분이나 30분 정도 엎드려 있고 어떨 때는 여러 시간이나 하루 종일 엎드려 있다. 그렇게 엎드려 있다가 일어날 때는 많은 변화가 있다. 많은 문제가 끝이 나고 자유롭게 된다.

나는 많은 경우 엎드린 상태로 그냥 가만히 있는다. 시시콜콜 주님께 아뢰지 않는다. 물론 구체적으로 아뢰는 것도, 외치는 것도 영을 풍성하게 하지만 나는 대부분의 경우 그냥 엎드려서 시간을 보낸다. 주님이 아시고 내 영이 알기 때문에 그 다지 말이 필요하지 않다고 느낀다.

중요한 것은 나의 영이 주님의 영과 접촉하는 것이다. 그러므로 나는 그저 그렇게 가만히 있는다.

엎드려 있는 것은 단순한 동작이지만 나는 내 속에서 놀라운 일이 생기는 것을 느낀다. 심령에는 꿀이 흐르며 천국이 시작된다. 그래서 나는 엎드림을 좋아하는 것이다.

나는 영의 확신을 얻을 때까지 엎드려 있는 것을 좋아한다.

대학을 다닐 때 등록금이 필요했을 때는 십 여 시간을 엎드려 있었다.

그러다가 응답이 떨어지고 '이제 되었다!' 는 감동을 받고 기도를 멈추었다. 그제야 비로소 일어나 굳어버린 무릎을 주무르고 발목을 주물렀다. 등록금은 바로 생기게 되었다. 영계에서 허락이 떨어지면 그것은 끝난 것이다. 바로 물질세계에서 열매가 나타난다.

나는 이것을 불퇴진의 기도라고 부른다. 기도가 응답될 때까지 기도하는 것이다. 기도응답을 받는 것은 아주 간단한 것이다. 응답이 올 때까지 계속하면 된다.

오늘날 사람들은 별로 엎드리지 않고 애를 많이 쓰고 뛰어다니는 경향이 있는데, 그것은 물질세계에서 아무리 뛰어도 영계에서 결재가 나지 않으면 소용이 없다는 것을 모르기 때문이다.

허공에다 어떻게 집을 짓겠는가. 물질세계에서 열심히 뛰는 것은 허공에 집을 짓는 것과 같다. 아무리 노력해도 안 된다.

영계에서 허락이 떨어지는 것은 땅 위에 집을 짓는 것이다. 그것은 아주 쉽다. 모든 필요한 것들이 척척 들어맞아서 저절로 이루어지게 된다. 그것이 영의 힘으로 사는 것이다. 그것은 아주 자연스러운 것이다. 억지로 하는 것이 아니라 뒤에서 바람이 밀고 가는 것처럼 부드럽고 자연스럽게 모든 것들이 이루어져 가게 된다.

만날 사람을 만나고 가야할 곳에 가게 되고, 자연히 우연과 같이 많은 일들이 일어나게 된다.

온갖 방법을 찾고 고생을 하면서 문제와 고통을 호소하는 이들을 많이 본다. 참 답답한 일이다. 기도를 하면 되지 않나. 무릎을 꿇고 끝장을 볼 때까지 엎드려 있으면 그것은 간단한 일이다.

우리가 계속 기도하면 주님은 우리의 기도에 바라는 대로 응답을 하시거나 아니면 우리의 영혼에 평강을 주신다. 그렇게 되면 그것은 우리의 기대대로 되지 않아도 모든 것이 주님의 뜻 가운데 잘 흘러간다는 표시이다.

어떤 경건한 어머니가 아들 때문에 몹시 고통을 겪고 있었다. 그의 아들은 외국에서 온갖 방탕한 삶을 살고 있었다.

어머니는 아들을 위해 기도하기로 작정했다. 그러자 아들에게 놀라운 일이 생기기 시작했다. 아들은 술, 담배, 마약 등 온갖 범죄에 관련을 가지고 있었다. 전쟁 중인 나라에서 죽음의 위협이 코앞에 있었지만 온갖 파티와 향락적인 쾌락에서 벗어나지 못했다.

그 아들이 어느 날 새벽에 갑자기 잠이 깨었다. 그리고 자기도 모르는 열정에 휩싸여 가까운 교회를 찾았다. 그리고는 미친 듯이 한참을 울었다. 그리고 그는 정신이 돌아와 다시 집에 와서 잠을 잤다.

이튿날 새벽이 되자 또 똑같은 일이 일어나 그는 다시 교회에 가서 미친 듯이 울면서 기도했다.

그런 일을 한 달을 반복하자 아들은 자신이 미친 것인지, 정상인지 확인하고 싶어졌다.

그는 어머니에게 편지를 보냈다. 자기의 안에서 최근에 일어난 이상한 변화에 대해서 어머니께 고백하며 그 의미에 대해서 물으며 성경을 보내달라는 편지를 보냈다. 그 어머니가 자상한 답을 보냈음은 당연한 일이다.

그 어머니의 기도는 단순했다. 그녀는 집을 떠나 한적한 바닷가로 나갔다. 그녀는 바닷가에서 바다가 보이는 작은 초막을 구했다. 그리고 그녀는 결심했다. 아들에 대한 응답을 받기 전까지 그녀는 그 곳을 떠나지 않겠다고.. 그녀는 자신의 목숨을 주님께 드렸다. 그리고 그렇게 한 동안 기도를 드리자 주님께서 그녀에게 '이제 되었다'고 말씀하셨다.

바로 그 날부터 아들에게는 새벽에 그 심령이 고통스러워서 기도하지 않고는 견딜 수 없는 상태가 되었다. 그 아들에게는 하늘의 놀라운 은총과 능력이 임했으며 아주 유능하고 놀라운 하나님의 종으로 쓰임을 받게 되었다. 그는 많은 기적과 역사를 일으키는 하나님의 종이 되었다.

이것이 기도의 힘이다. 엎드림의 능력이다.

나는 그래서 기도를 좋아한다. 엎드림을 좋아한다. 엎드림의 능력은 세계에서 가장 강한 핵무기의 힘보다 강하다. 그러니 기도의 힘을 아는 자는 전쟁이 나든, 환란이 오든 두려워하지 않는 것이다.

믿지 않을지도 모르지만, 나와 아내는 국가의 어려운 문제가 있을 때 기도한다. 그리고 기도를 시작한 처음에는 많은 고통을 느낀다.

하지만 조금 지나면 응답을 얻게 되고 그 후에는 기쁨을 느끼며 곧 나라의 상황이 우리가 기도했던 대로 되는 것을 보게 된다. 그러므로 우리는 두려워하지 않는다.

우리는 리즈 하월즈과 몇 십 명의 성도들이 같이 기도했을 때 이차대전의 승패가 바뀐 것을 알고 있다. 그 때는 그 책을 읽고 그러한 일들을 대단한 것으로 생각했지만 그것이 기도하는 사람들에게 충분히 일어날 수 있는 일인 것을 알게 되었다.

단지 몇 명이 합심을 해서 구체적으로 지속적으로 기도하면 나라의 운명이 바뀌게 된다. 나는 그것을 믿으며 확신을 가지고 있다.

삼십 분쯤 엎드려 있자 배 아픈 것이 끝이 났다.

자세가 웃긴다고 아내가 놀리기는 하지만 뭐 그것이 대수인가.
기도하면 응답이 오는데 말이다.
나는 배가 아픈 것이 낫는 것이나 지구의 궤도를 바꾸는 것이나 주님
께는 같은 일이라고 생각한다.
문제는 우리의 믿음이지 주님의 능력의 크기가 아니다.
그렇기 때문에 기도는 즐거운 것이며
엎드림은 아름다운 것이다.
리즈 하월즈가 엎드림을 시작하면
온 동네가 두려워하며 술렁거렸다.
나는 오늘날 그리스도인들이
그러한 기도의 능력을 회복해야 한다고 믿는다.
오늘날 그리스도인들이 세상 사람들에게 무시를 당하는 것은
하늘의 권세와 능력을 잃어버렸기 때문이다.
그러나 그리스도인들이 하늘 문을 여는 법을 알고 있다면
아무도 그리스도인들을 함부로 대할 수 없을 것이다.
엎드림은 하늘을 연다.
그것은 권능의 문을 연다.
그것은 정말 자유롭고 놀라운 삶의 비결이다.
엎드림을 통한 하늘의 열림..
그것이야말로 정말 재미있고 신나는
그리스도인들의 믿음이 아니겠는가?

2004. 6. 10

16. 독립된 영과 기쁨의 영을 구하라

그리스도인들은 독립된 영을 구하고 사모해야 한다.

독립된 영이란 무엇인가? 그것은 스스로 서는 것, 자립할 수 있는 영을 말한다. 영이 독립되어 자립할 수 있을 때 그는 다른 이들에게 의존하지 않는다. 남의 관심이나 사랑을 기대하거나 그것이 없을 때 서운해하지 않는다.

물론 그것은 모든 이들과의 교제나 도움이 필요 없다는 의미는 아니다. 그리스도인들은 모두 상호간에 교제를 가지고 있어야 하며 각자의 달란트를 가지고 서로를 섬겨야 한다. 그것은 당연한 일이다.

다만 다른 이들의 간섭이나 도움 없이도 스스로 자신의 영을 보존하고 충만케 유지할 수 있는 상태를 의미하는 것이다. 그러한 상태가 독립되고 자립된 영을 가지고 있는 것이라고 할 수 있다.

하지만 독립된 영을 충분히 가지고 있는 이들은 별로 없다. 대부분의 사람들은 다른 이들을 의존하며 그들로 인하여 채워지기를 원한다. 그리고 그것이 묶임이라는 것을 아는 이들도 드물다.

독립된 영의 중요한 특징이 무엇인가?

그것은 밝음이다. 독립된 영을 가지고 있는 이들은 자유로우며 밝다.

그들은 자기 스스로를 정죄하지 않으며 어려움이 있어도 그리 좌절하지 않는다. 그들은 넘어져도 곧 회복된다. 그것이 독립된 영이다.

대부분의 사람들은 약하고 상처 입은 상태에 있을 때 다른 사람들의 보살핌이 필요할 것이다. 그것은 보편적인 일이며 그것을 나쁘다고 할 수는 없다. 누구나 스스로 온전해지는 것은 어려운 일이다.

그러나 독립된 영이 충만한 사람은 스스로 하나님께 나아간다. 그리고 스스로 회복된다. 많은 이들이 혼자 있을 때 마귀에게 눌리지만 이들은 혼자 있을 때 하나님의 충만한 임재 가운데로 들어간다. 그리고 회복된다.

독립된 영을 가지고 있는 이들은 온 세상이 자신을 대적해도 그리 마음을 쓰지 않는다. 그냥 태연하게 자기의 길을 간다. 그는 자유로우며 남들의 시선에 매이지 않으며 자존함에 가깝기 때문이다. 그들은 주님으로부터 직접 충전을 얻으며 그것으로 충분히 만족한다.

독립된 영이 많이 부족한 이들의 중요한 특징은 무엇인가? 그것은 어둡다는 것이다. 그들은 우울하다. 어둡다. 그리고 매사에 비관적이다.

그들은 스스로 빛을 받지 못한다. 그래서 다른 이들의 에너지가 필요하다. 다른 이들의 격려와 관심이 필요하다. 이들은 다른 이들이 인정하기 전까지는 자신이 옳은 것인지, 바르게 가고 있는지 잘 확신하지 못한다.

사람은 누구나 완전히 독립적일 수는 없다. 그러나 독립된 영이 현저하게 부족한 사람은 남의 도움 없이는 스스로 거의 서지 못한다. 이들은 항상 돌봄이 필요하다. 이들은 항상 마음이 약하고 우울하고 어둡다.

우울하고 어두운 이들은 영적으로 땅 속 깊은 곳에 거하는 것이다. 그러므로 그들의 영에는 빛이 잘 비취기 어렵다. 그들은 그렇게 스스로는 어둡고 힘들기 때문에 기생하면서 살 수 밖에 없다. 다른 이들의 에너지, 관심과 애정을 취하여 먹고 살게 되는 것이다.

어둡고 우중충한 곳에서 사는 모기가 사람의 피를 빨아먹고 사는 것은 우리에게 중요한 원리를 가르친다. 우울한 영들은 그렇게 다른 이들의 에너지를 빨아들이게 되며 거기에 근거해서 산다는 것이다.

불행하게도 오늘날 많은 그리스도인들이 이런 상태에 있다. 그래서 사람들의 영향을 받으며 환경의 영향을 받는다. 그들은 독립적이고 자존하는 영을 받기 전까지는 파도에 흔들리는 것과 같은 영적상태로 살 수 밖에 없을 것이다.

모세와 엘리야가 보여주는 영의 한 특성이 무엇인가? 그것이 바로 독립된 영이다. 세상의 모든 이들이 바로의 지배 속에서 살 때, 아합의 지배 속에 있을 때 그들은 독립된 영의 상태를 보여주었다.

온 세상에 영적인 힘이 없어서 곤고하고 비참한 상태에 있을 때 그들은 직접 주님과 교통하여 신선하고 아름다운 영으로 충만하게 되었고 그들이 가진 풍성함을 온 세상에 나누어주는 통로가 되었다.

모든 상황을 초월해서 주님과 직접 교통하며 에너지를 얻는 것, 바로 그것이 독립된 영의 상태인 것이다.

우울하고 어두운 사람일수록 비독립적이다. 그러한 영들의 한 특성은 음란성이 많다는 것이다. 어두움이나 음란성은 비슷한 속성을 가지고 있다. 밝은 대낮에 정욕을 느끼는 이들은 별로 없다. 어두울 때 음란한 영은 움직이기 시작한다.

음란한 영의 특징이 어두움과 우울함이므로 성격이 내성적이고 어두우며 자기표현을 잘 하지 못하는 이들은 음란한 영에 잡히기 쉽다. 음란한 영은 끈적거리는 영이다. 그것은 달라붙는 영이다. 그것이 더러움의 영이며 음란의 영이다.

음란이란 스스로 독립할 수 없으므로 외부의 기운을 자꾸 구하며 자기 안에 채우려는 것이다. 그러므로 이러한 영을 가지고 있는 이들은 많은 것들에 중독된다. 중독이란 빨아들이는 속성으로 인하여 오는 것인데 그것은 음란과 비슷한 요소를 가지고 있는 것이다.

어두운 영, 우울한 영, 음란한 영은 그 성질이 비슷한 것이다. 그것은 생기가 부족하기 때문에 다른 살아있는 존재의 생기를 빨아들이는 것이다. 에너지가 부족하고 기쁨이 부족하고 행복감이 부족하다. 이렇게 영적으로 많은 것이 부족하므로 영적인 구걸을 하게 된다. 기쁨이 가득하고 행복이 가득한 사람이라면 구걸을 할 필요가 없는 것이다.

이들은 쉽게 사랑에 빠지지만 사실 그것은 사랑이라기보다는 다른 이들의 생기를 빨아들이는 것이다. 일종의 짝사랑과 같은 것이다.

이들은 항상 생기의 부족을 느끼기 때문에 자신을 채워줄 다른 이들을 구하며 끊임없는 관심과 애정을 요구하게 된다.

그러므로 얼마 시간이 지나면 상대방은 에너지를 빨리다가 못해 지치게 되며 나중에는 살아남기 위해서 도망치게 되므로 이들의 속에는 증오만이 남게 된다. 자신에게 처음에는 잘 해주다가 도중에 사라지는 이들에 대한 분노와 증오를 간직하게 된다.

이 시대의 많은 여성들의 마음속에는 자신을 진정으로 사랑하지 않으며 채워주지 못하는 남성들에 대한 분노가 쌓여져 있다. 영적으로 자립하는 영을 얻지 못하면 이처럼 비참한 인생을 살게 되는 것이다.

영분별의 구체적인 원리와 사례를 제시하는 것은 조심스럽다. 잘못하면 자신에 대한 자학에 빠질 수도 있으며 또한 다른 이들을 판단하는 죄에 빠질 수도 있다. 그러나 분명한 영적 원리를 이해하고 적용하고 훈련할 수 있다면 그것은 자유함으로 가는 데에 도움이 될 수 있을 것이다.

그리스도인들은 독립된 영을 구해야 한다. 어두움과 우울함을 벗어나 밝은 영, 빛의 영을 구해야 한다.

무지 가운데 있는 많은 이들이 자신의 속에 있는 어두움의 기운을 토하지 못하므로 고독감과 외로움과 우울함을 가지고 산다. 그리고 그 어두움을 채워줄 대상을 구한다.

자신의 안에 있는 그 영들을 대적하고 버리지 않는 한 그 끈적거리고 빨아들이는 영들은 사람을 더욱 더 비참하게 할 것이다. 그것은 자신을 늪으로 만들게 하며 점점 더 많은 사람들을 끌어들여 생기를 뽑아서 약해지게 만드는 것이다.

이러한 아내를 둔 남편은 점점 더 지치게 된다. 아내는 우울하고 어두우며 지속적으로 자신을 돌보고 달래주며 자신의 마음과 기분을 회복시켜주기를 원한다.

남편은 처음에 어느 정도 시도하다가 나중에는 화를 내게 된다. 그는 아무리 애를 써도 아내를 회복시킬 수 없기 때문이다. 서로의 관계는 차츰 무관심과 증오로 채워지게 된다. 이러한 가정들이 오늘날 아주 많이 있다.

그 반대의 경우도 적지 않다. 남편이 어둡고 우울해서 아내에게 생기를 얻으려고 의존하는 것이다. 이 경우도 아내는 지치게 된다. 어느 한

쪽이 일방적으로 생기를 공급하고 어느 한쪽이 일방적으로 받는 관계는 건강한 관계가 아니며 위험한 상태에 있다. 한쪽은 붙잡으려고 하고 한쪽은 지쳐서 도망가려고 하게 된다.

자신의 어두움을 채워줄 이를 기대하는 것은 애정이 아니다. 그것은 의존이다. 자신을 노예상태로 두는 것이다. 자립하지 못하고 남의 행동에 의해서 자신의 마음이 좋았다 나빴다 하는 것이다. 그것은 비참한 삶이다.

이러한 애정과 주안에서의 사랑은 다르다. 주님께 속한 애정은 밝고 신선하며 자유함과 빛으로 충만한 것이다. 그것은 사람에게 중독이나 의존을 일으키지 않으며 풍성함과 진정한 만족을 준다.

마음이 어둡고 우울한 사람은 반드시 부르짖는 기도를 해야 한다. 토하는 기도를 해야 한다. 비록 체질에 맞지 않더라도 큰 소리로 외치고 찬양해야 한다.

그는 자기의 스타일을 바꾸어야 한다. 큰 소리로 성경을 읽고 큰 소리로 믿음을 시인하고 선포하며 거울을 보고 크게 웃는 훈련을 해야 한다. 즐거운 마음을 가지기 위해서 기도해야 하며 유머를 훈련해야 한다. 웃기는 사람이 될 수 있도록 훈련해야 한다. 누가 우스운 이야기를 하면 속으로 유치한 이야기라고 비웃지 말고 열심히 웃기 위해서 노력해야 한다.

지속적으로 그렇게 훈련할 때 기질은 바뀌며 우울함은 사라진다. 의존도 사라진다. 그는 차츰 마음이 밝아지는 것을 경험하게 될 것이다.

주님의 영은 빛의 영이다. 그 영은 우울하고 어두운 영이 아니다.

주님의 영은 천국의 영이며 그 안에는 밝음과 쾌활함과 아름다움과 풍성함이 있다. 우리는 그 영을 구해야 한다.

그 영을 얻은 이들은 다른 에너지를 구하지 않는다. 배부른 사람이 시시한 것으로 군것질을 하지는 않는다. 이들은 어디서나 공급자가 되며 별로 구걸해야 할 일이 없다.

오늘날 세상에는 밝은 이들이 많이 있는데 그리스도인들 중에는 우울하고 어두운 이들이 많이 있다는 것은 심히 안타까운 일이다. 그것은 아직 그들이 실제적인 주님, 실제적인 영성을 잘 모르고 있다는 것을 보여주는 것이다.

그리스도인들이 주님의 빛으로 가득 채워질 때에 그리스도인들은 아주 아름답고 풍성하고 매력적인 사람이 될 것이다.

그들은 어디에 있든지 웃음과 기쁨과 사랑스러움을 만들어낼 것이다.
그들은 혼자 있어도 행복하고 여럿이 있어도 행복할 것이다.
그들은 항상 독립된 영, 천국의 풍성함을 가지고 있기 때문이다.
우리는 그 밝음의 영으로 채워져야 한다.
즐거움을 가지고 찬송하며 사소한 일에도 밝고 크게 웃으며
주님을 기뻐하는 것으로 우리의 기쁨을 삼아야 한다.
우리의 선택을 통해서 우리는 행복과 밝음의 삶을 가질 수 있다.
부디 기쁘고 재미있고 신나게 살자.

그렇게 함으로써 우리는 어두움의 영에서 벗어나고 음란과 우울함과 각종 중독의 영에서 벗어나며 천국의 빛 가운데 좀 더 가까이 나아갈 수 있는 것이다.

2004. 6. 23

17. 아름다움은 어디에서 오는가

 아름다움은 어디에서 오는 것일까. 그 비결은 무엇일까. 어떻게 하면 우리는 아름다움을 가질 수 있을까.
 여성들은 본능적으로 아름다움에 대한 열망을 가지고 있다. 그래서 아름다워지기 위한 많은 노력을 한다.
 남성들도 아름다움에 대한 경외감을 가지고 있다. 그래서 용모가 빼어난 여성의 앞에서는 기를 펴지 못한다. 서로 온갖 서비스를 베풀려고 난리를 꾸민다. 하지만 용모가 보잘 것이 없는 여성이거나 외모를 가꾸는 데 전혀 관심을 가지지 않은 여성들은 무시하고 함부로 대하는 경향이 있다. 이것은 용모를 가꾸는 것이 좋다는 것이 아니라 일반적으로 남성들이 그러한 경향을 가지고 있다는 것이다.

 희랍어인 에로스는 그 어원이 여성에게는 아름다움이지만 남성에게는 힘을 의미한다고 한다. 여성에게는 아름다움이 힘이며 남성에게는 힘이 곧 아름다움이라는 것이다.
 지혜로움과 통찰력, 강인한 리더십, 항상 약자인 여성을 배려할 줄 아는 신사적인 자세.. 이런 것이 남성의 힘이며 곧 아름다움일 수 있는 것이다.
 하지만 남성도 이러한 힘에 속한 아름다움이 아닌 외모에 속한, 용모를 통한 아름다움을 추구하는 것이 좋지 않을까 하고 나는 생각한다. 물론 내가 말하는 아름다움이란 남자들이 화장을 하고 장신구를 달고.. 그런 끔찍한 모습을 말하는 것은 아니다. 인격에서 나오는 아름다움을 말하는 것이다.

좋은 인상을 주는 사람들이 있다. 나는 그러한 것이 아름다운 것이라고 생각한다.

어떤 이들은 첫 인상은 아름답고 외모도 뛰어나지만 조금만 같이 있다 보면 이기적이고 교만하며 남을 배려하지 않는 모습이 금방 드러난다. 사람들은 이러한 이들에게서 곧 싫증을 느끼게 되며 나중에는 그의 뛰어난 외모가 오히려 뺀질뺀질한 모습으로 느껴지게 된다.

어떤 이들은 외모는 그리 화려하지 않지만 삶의 자세가 아름답다. 그래서 그들의 주위에는 많은 이들이 가까이 하기를 원하게 된다. 나는 이것이 신정한 아름다움이라고 생각한다.

아름다움은 어디에서 오는가. 우리는 어떻게 하면 좀 더 아름다운 사람이 될 수 있을까. 나는 거기에 몇 가지의 요소가 있다고 생각한다. 그것을 나누어보고 싶다.

첫째, 아름다움의 근원은 기쁨이다.

마음이 즐거울 때 아름다움이 온다. 아름다움은 우리의 영혼에 들어오고 의식 속에 들어와서 우리의 몸과 마음과 인상과 모든 것을 바꾸어놓으며 영향을 준다.

사진을 찍을 때 왜 사람들은 웃는가? 왜 입으로 '김치'를 찾고 '치즈'를 찾는가? 그것은 웃는 모습이 우울한 모습보다 아름답기 때문이다. 웃는 모습은 아름다움을 가져다준다. 그러므로 날마다 항상 웃는 것이 신선한 아름다움을 얻는 비결이 된다.

우울하고 어두운 모습은 아름다움을 파괴하는 대표적인 영이다. 우울해하고 슬퍼할 때 어둠의 영들이 그에게 역사하게 되며 그가 가지고 있는 아름다움을 파괴하게 된다.

우울한 마음은 어둠의 영들을 끌어당기기 때문에 삶에 여러 가지 저주와 재앙들을 불러들이는 요인이 되는 것이다.

사람들은 본능적으로 어둡고 우울한 분위기를 가지고 있는 이들에게 불쾌감을 느끼며 피하게 된다. 그러니 그들에게 좋은 일이 생길 수 없는 것이다.

그리스도인들은 특히 기뻐해야 한다. 즐거워해야 하며 웃어야 한다. 주님을 찬양하며 웃어야 한다. 그것이 재앙을 깨뜨리는 힘이며 권능이다. 그것은 삶을 신선하게 만들며 우리의 인생을 도와주는 천사로 가득 둘러싸이게 한다. 그것은 복음 전파에도 도움이 된다.

나는 아이들을 키우면서 공부 성적보다는 유머를 즐기는 사람이 될 것을 더 강조하는 편이다. 아들인 주원이가 싱거운 이야기를 하면 껄껄 웃으며 격려해준다. 유머 감각이 있으면 인생에서 성공할 수 있을 것이라고 가르친다.

딸인 예원이에게는 자신이 유머를 하는 것도 좋지만 유머를 하는 사람의 이야기를 듣고 신나게, 깔깔 웃으며 반응하라고 가르친다. 대체로 남자는 웃기는 말이나 행동을 하고 여자는 그것을 보고 신나게 웃는 것이 좋다.

아내의 첫째가는 매력도 그런 것이다. 내가 무슨 웃기는 이야기를 하면 아내는 미친 듯이 웃는다. 재미있어서 어쩔 줄을 모른다. 나를 때리며 웃고 아이들을 때리며 웃는다. 요즘에는 나뿐 아니라 아이들의 이야기를 들으며 미친 듯이 웃을 때가 많다.

내가 방에서 글을 쓰고 있으면 식탁에서 아이들과 무슨 이야기를 하다가 갑자기 '꺅! 꺅! 우하하하!' 하면서 데굴데굴 구르며 때리고 웃고 난리치는 소리가 들린다. 아이들이 무슨 웃기는 이야기를 하는 모양인데 그 웃기는 것을 참지 못하는 것이다.

아들 주원이도 요즘 부쩍 싱거워졌다. 한 예를 들어보자.

얼마 전에 식탁에서 같이 식사를 하는 중에 내가 성도의 아름다운 죽음에 대해서 이야기를 한 적이 있다. 성도가 이 세상을 떠나는 마지막의 죽음은 참 아름다워야 한다면서 이런 이야기를 했었다.

내가 어렸을 때 우리 집에서 집사님들이 구역 예배를 마치고 식사를 하려고 하는데 어떤 분이 식사기도를 하다가 조용해져서 나중에 이상해서 눈을 떠보니 그렇게 기도하는 자세로 아름다운 미소를 지은 채 하늘나라로 갔다고.. 이 이야기를 하는 데 주원이가 심각하게 말하는 것이었다.

"에이.. 그냥 가시냐. 그래도 음식을 한 숟가락만 먹고 가시지.."

그 순간 진지하고 영적인 분위기는 순식간에 날아가 버리고 우리는 다들 뒤집어졌다. 이놈이 이렇게 웃기는 놈이다. 나는 이 이야기를 여러 번 여러 사람들 앞에서 했었지만 한 숟갈도 안 드시고 가셨다고 애석해하는 사람은 본 적이 없다.

웃음과 기쁨은 우리에게 아름다움을 가져다준다. 그래서 우리는 기쁨을 훈련해야 한다. 사소한 것에 기뻐하려고 노력해야 한다. 웃고 재미있게 살려고 애를 써야 한다. 그러면 추함은 사라지고 아름다움이 우리 앞에 가까이 오게 된다.

사랑을 많이 받고 격려를 많이 받고 자란 사람들은 얼굴이 밝다. 그것은 사랑과 격려가 그들에게 기쁨과 즐거움이 되기 때문이다.

부모가 아이들을 자꾸 사랑스럽게 어루만지며 애정을 표현할 때 아이들에게 아름다움의 기운이 들어가게 된다.

하지만 꾸지람을 많이 받고 비난을 받고 자란 이들은 얼굴이 어둡다. 자연히 아름다움과는 거리가 멀게 된다. 아이들의 얼굴은 어두워지고 일그러진다.

하지만 그렇게 자란 이들도 지난날을 탓하지 말고 지금이라도 스스로 기쁨을 훈련해야 한다. 그것이 자신의 아름다움을 가꾸는 길이다.

아름다움의 두 번째 비결은 사랑이다.

사랑을 하면 예뻐진다는 말이 있다. 경험자들은 다 그 말이 사실인 것을 알게 된다. 거꾸로 말하자면 아름다움을 파괴하는 두 번째의 비결은 분노와 미움이다.

분노와 미움은 인상을 사납게 하며 추하고 보기 싫은 모습을 창조하게 된다.

분노의 기운을 가지고 있는 사람들이 있다. 이들은 사소한 일에 열을 받고 폭발한다. 남들의 잘못을 견디지 못한다. 이들은 포용과 인내가 부족하다. 이러한 이들은 아름다움과 거리가 멀다. 여성들 중에서 배우자를 찾는 것이 가장 어려운 이들이 바로 이러한 사람들이다. 이러한 이들은 공격성을 가지고 있기 때문이다.

남성들은 여성의 앞에서 편안함을 느끼고 싶어 한다. 남성들은 사납고 공격적인 여성들을 가장 싫어하고 무서워한다.

남성들은 웃지 않고 날카로우며 톡톡 쏘아붙이는 찬바람이 부는 여성들과 같이 있는 것보다는 광야에서 혼자 사는 것이 좋다고 생각한다.

그렇기 때문에 사납고 공격적인 여성들의 주위에는 별로 남성들이 없다. 남성들은 본능적으로 이러한 여성들에게서 멀리 도망치게 된다.

이런 여성들에게 끌리는 사람들도 있다. 그것은 유약하며 온순한 남성들이다. 기질이 약하며 여성을 의지하며 눈치를 보는 남성들이다. 이들은 리더십이 부족하기 때문에 여성에게 기대려고 한다.

하지만 이렇게 유약한 남성들은 창조섭리에 맞지 않는다. 그것은 회복되어야 할 하나의 증상이며 묶임이며 눌림이다. 이러한 남성들이 아닌 보통의 남성들은 사나운 여성에게 끌리지 않는다.

화를 잘 내고 공격적인 이들은 눈이 무섭다. 그래서 그들의 눈을 보게 되면 두려움이 생기게 되고 뭔가 마음이 불편해지기 때문에 사람들은 이들을 멀리하게 된다.

그러나 남의 단점을 너그럽게 보아주며 용서하고 모든 것을 좋게 보아주는 이들은 눈이 선하고 아름답다. 그래서 그 눈을 보면서 사람들은 사랑에 빠지게 된다. 그들의 눈을 보면 편안하고 즐겁다.

그 이유는 무엇일까? 눈은 영혼의 상태가 전달되는 통로이며 눈을 통해서 사람들은 영과 영적 에너지를 느끼기 때문이다. 그렇기 때문에 어떤 이의 눈앞에서는 그가 아무 말을 하지 않아도 공격당하는 느낌을 갖게 되며 어떤 이의 눈앞에서는 충전되고 용납되어지는 느낌을 받게 된다. 그러한 느낌에서 인상이 좋다, 나쁘다는 이야기가 나오게 되는 것이다.

이렇게 생각하는 이들도 있을 것이다. 눈도 외모도 아름답지만 공격적이고 날카로운 사람도 있다고.. 하지만 그것은 타고난 아름다움이지 살면서 만들어진 아름다움이 아니다. 그러한 아름다움은 오래 가지 않는다.

분명히 기억하라. 사나움은 아름다움을 파괴한다. 그것은 악한 영이다. 그 사람이 지금은 아름다울지 모르지만 그는 점점 더 아름답지 않은 용모로 변화되어 갈 것이다.

처음에는 별로 좋은 용모를 가지고 있지 않지만 시간이 흐를수록 점점 더 인상이 나아 보이는 사람도 있다. 그것은 그들의 마음과 의식이 발전해가고 있기 때문이다.

한 가지만 더 이야기하기로 하자.

아름다움의 세 번째 비결은 감사하는 마음이다. 그것은 아름다움을 부른다. 반대로 원망은 아름다움을 파괴하며 추한 기운을 가져오게 된다.

범사에 감사하는 이들은 항상 주위에 천사들이 진을 치고 있다. 반면에 불평하고 원망하는 이들은 악한 영들이 그들을 둘러싸고 있다. 자연히 외모도 거칠고 사납고 추한 모습으로 서서히 변화가 진행되는 것이다.

남성이긴 하지만 나도 아름다움에 대해서 많은 관심을 가지고 있다.

그것은 내가 용모로 인하여 불이익을 많이 겪었기 때문이다. 나는 항상 인상이 나쁘다고 비난을 많이 받았었다.

어디에 가서나 나쁜 인상을 주었고 사람들에게 찍혔다. 그래서 매를 맞고 욕을 먹고 비난을 당했다. 남들은 그냥 넘어갈 문제도 내가 걸리면 항상 혹독한 시련을 겪어야 했다.

군대에서도 나의 인상 때문에 더 많이 맞고 어려움을 겪었다. 나를 보면 재수 없다고 무조건 공격하는 이들도 많았고 사진에는 끼어주지 않았다. 사진을 버린다는 이유였다.

그런 이야기를 하면 사람들은 믿지 않았다. 지금의 목사님은 미남이신데 그런 이야기는 믿을 수 없다고 말하곤 했다. 아마 내가 과장을 하는 것이라고 생각하는 것 같았다.

하지만 그 모든 일들은 다 사실이다. 그리고 예전의 내가 좋지 않은 인상을 가지고 있었던 것도 사실이다. 나는 사진을 거의 찍지 않았는데 그것은 이미지가 너무 나빴기 때문이다. 내가 보기에도 나의 사진은 참 보고 싶지 않은 것이었다.

지금은 이전과 아마 조금 다른 모양이다. 지금은 인상이 나쁘다는 이야기는 그리 듣지 않는다. 어디서나 쉽게 사람들과 친구가 되며 좋은 인상을 받는 이들도 많은 것 같다.

지금 나는 그 시절을 생각해본다. 나의 인상과 외모는 왜 전에 그렇게 나빴을까? 하고 말이다. 지금 생각해보면 그 때의 의식과 지금의 의식은 조금 차이가 나는 것 같다.

첫째, 나는 그 때에 삶을 고뇌라고 생각했었다. 나는 항상 심각했고 어둡고 우울했었다. 나는 주로 검은 옷을 입고 검은 뿔테의 안경을 썼다.

둘째, 나는 마음속에 분노로 꽉 차 있었다. 나는 모든 것들이 미웠다.

나는 사람들이 싫었고 항상 혼자 있었다.

셋째, 나는 원망과 한탄으로 가득 차 있었다.

하지만 지금의 나는 주님을 추구하고 경험하게 되면서 의식이 많이 바뀌게 되었다.

나는 이제 밝은 옷을 좋아한다. 그리고 잘 웃는다. 나는 어떠한 상황에서도 삶을 즐기는 법을 배우게 되었다.

나는 이제 사람들을 참 좋아하게 되었다. 나는 사람들을 그리워한다. 체력이 약해서 사람들을 잘 만나지 못하지만 어쩌다 사람들을 보면 마음이 참 기쁘고 행복하다. 카페회원들의 글을 읽기만 해도, 생각만 해도 그리움과 보고 싶은 마음으로 가득 차게 된다.

나는 지금 하루 종일 감사로 가득하다. 아침에 눈을 뜨면 얼마나 감사한지 모른다. 나 같은 죄인을 사랑하고 용서하신 주님이 얼마나 고맙고 감사한지 모른다. 그리고 잠자리에 들게 되면 또 감사하고 기쁘다.

가끔 인상이 좋다는 이야기를 듣고 메일을 받기도 하면서 나는 그러한 이야기들이 참으로 놀랍다. 나의 지난 과거와 너무 다르기 때문이다. 하지만 그래도 그러한 이야기들이 즐겁다.

나는 내가 좀 더 아름답고 사랑스러운 사람이 되었으면 하는 마음이 가득하다.

천국을 향해서 나아가는 삶은 사랑에 있어서, 지혜에 있어서 발전하는 삶이며 또한 아름다움에 있어서도 발전하는 삶이라고 생각한다. 그래서 나는 좀 더 아름답고 보기에 좋은 사람이 되고 싶다.

아름다움은 사람들에게 기쁨을 준다. 그렇기 때문에 우리는 많은 이들에게 기쁨을 줄 수 있도록 더욱 더 아름다운 사람이 되는 것이 좋을 것이다. 외모, 타고난 용모가 아닌 중심의 인격과 삶에서 참으로 아름답고 사랑스러운 사람이 되는 것이 좋을 것이다.

10대와 20대에 아름다운 것은 그리 대단한 일이 아니다. 그 때는 강하고 건강하고 아름다운 때이다. 그것은 타고난 아름다움이며 육체의 아름다움이다.

하지만 나는 주님을 추구하며 천국을 사모하며 영성의 발전을 위하여 꾸준히 나아가는 이들은 나이가 들어갈수록, 40대, 50대, 60대에 이를수록 더 많이 사랑스럽고 아름다워질 수 있다고 생각한다. 그것은 영혼의 아름다움이며 천상의 아름다움이다. 그리고 그 아름다움은 영원히 사라지지 않을 것이다.

나는 영성의 숲 사무실에서 여러 빈 카페의 가족들을 만나면서 그들이 참 아름답다고 느꼈다.

10대에서 50대까지 다양한 연령대가 모였지만 그들은 참으로 아름다웠다. 그들은 다 같이 어린아이 같고 소녀 같았다.

우리들은 다 같이 서로 얼굴을 보고 반가워하고 즐거워했으며 사소한 말에도 웃고 기뻐하며 난리를 꾸몄다.

서로 사랑하고 감사하며 기뻐하는 얼굴들.. 그것은 정말 아름다운 천사의 얼굴들이다. 나는 그들이 몹시 사랑스럽고 자랑스러웠다.

나는 좀 더 아름다운 사람이 되고 싶다. 이것도 내 삶의 중요한 목표이다. 우리 모두, 주를 사랑하는 사람들은 아름다움을 향하여 발전해 나아갔으면 좋겠다.

주를 사랑하며 사모하는 사람들이 보기에도 찬란하고 황홀한 천상의 아름다움을 가지고 있으므로 그 얼굴들이 환하게 빛이 난다면 얼마나 좋을까! 그러한 아름다움은 바로 천국을 증거하게 되는 것이다.

감사하고 기뻐함으로써, 인생과 사람들을 향한 따뜻한 시선을 가짐으로써 우리는 좀 더 사랑스러움과 아름다움으로 더욱 더 나아갈 수 있을 것이다.

천국은 아름다운 곳이다.
우리는 모두 이 땅에서 아름다움을 훈련하고 발전시켜서
그 아름다운 곳에 이르러야 한다.
그리하여 그 아름다운 하나님의 집에서
진정 황홀한 아름다움으로
주를 사랑하고 높이며
영원히 찬양하고
영원히 사랑하며 살아가게 될 것이다.
할렐루야.

2004. 7. 12

18. 헌금의 영적 의미에 대하여

몇 주 전에 기도모임의 헌금 내역을 보았더니 조금 걱정이 되었다. 매주 모이는 기도모임은 참석자들의 헌금으로 운영을 하고 있었다. 이 헌금으로 식사를 시켜서 먹기도 하고 여러 유지 비용으로 사용한다.

그러나 모임 숫자에 비해서 액수가 너무 적었다. 수고하는 이들에게 감사를 표현하기 위해서도, 장소를 빌리는 데에도 비용이 필요하다. 그러나 모여진 액수로는 식사를 하기도 빠듯했다. 그래서 간신히 조금씩 모아왔던 적립금을 빼먹고 있었다.

나는 인도자 자매를 불렀다. 그래서 헌금 관리를 어떻게 하는지 물었다. 헌금 시간을 어떻게 하느냐고.. 그러자 헌금 시간을 따로 가지지 않고 뒤에 헌금함을 놓아두며 거기에 모인 것을 식사 비용 등으로 사용한다는 것이다.

나는 자매에게 헌금을 그렇게 관리해서는 안 된다고 이야기하고 헌금의 정신에 대해서 몇 가지 이야기했다. 그리고 다음 시간에 전달하라고 몇 가지 이야기를 해주었다.

자매는 바로 그 다음날인 직장인모임과 그 다음 주의 기도모임에서 헌금에 대한 이야기를 조금 나누었는데 참석자들은 말하기를 이 시간이 너무나 감동적이고 은혜로운 시간이었다고 하였다.

그들은 기쁨으로 헌금을 드렸으며 그 이후 헌금이 모자라서 쩔쩔매는 상황은 없어지게 되었다.

나는 신앙생활을 오래 하던 사람들도 물질의 사용이라든가, 대인 관계나 직장에서의 삶 등, 구체적인 삶의 문제들에 대해서는 영성적인 시각에서의 관점이나 지식이 별로 없는 것을 알게 되었다. 집회에서 찬양을 드리고 기뻐하며 은혜를 받고 감동을 받지만 구체적인 삶의 원리와 살아가는 방식에 대해서는 지식이 부족한 것을 알게 되었다.

나는 여기서 헌금의 정신에 대해서 인도자 자매에게 이야기한 것을 조금 설명해보려고 한다. 영적 의미에 대해서 바르게 이해할 때 행위의 가치가 증가되기 때문이다.

나는 순수하게 사역하는 분들, 제자훈련 사역을 하시는 분들이나 인격적인 면을 강조하는 사역을 하시는 분들은 헌금에 대해서 거리껴하며 잘 다루지 못하는 것을 많이 보게 되었다. 예배 시간에 헌금 시간을 따로 가지지 않으며 예배당 구석의 한 모퉁이에 헌금함을 놓아두고 자발적으로 헌금을 하도록 하는 것이 깨끗하고 영적인 것으로 생각하는 사역자들도 많은 것 같았다.

그것은 그다지 찬성하기 어렵다. 그것은 마치 헌금을 드리는 것이 어색하고 부끄러운 모습처럼 느껴지게 한다. 헌금을 하는 것은 부끄러운 행위가 아니다. 그것은 우리 자신을 드리는 것이며 주님을 향한 예배의 한 부분이다.

그렇게 헌금을 드리는 것이나 이에 대하여 가르치는 것을 부끄러워하고 거리껴 하는 이들은 물질적인 면에서 많은 악한 영들의 공격을 받게 될 것이다. 사역자에게도, 신자에게도 가난의 영들이 떠나지 않을 것이다. 헌금에 대한 거리끼는 의식은 무지에서 나오는 것이다.

나는 무지막지한 방법으로 헌금을 강탈하다시피 하는 부흥사 스타일의 사역자들을 많이 보았다. 물론 그것도 화를 자초하는 것이다. 그것도 악한 영들을 불러들인다. 그러한 이들이 나중에 흔히 이성문제의 스캔들이나 질병이나 각종 어려움을 겪는 것도 주님께로부터 오지 않은 바르지 않은 사역에는 반드시 재앙이 오기 때문이다.

예배시간에 헌금은 중요한 위치를 차지하고 있어야 한다. 평생 헌금에 대해서 이야기하지 않고 이것에 대해서 자랑스럽게 생각하는 사역자들도 있지만 그것은 바르지 않은 것이다. 그래서는 결코 성도들이 가난의 영에게서 벗어날 수 없다.

사실 나의 경우에도 헌금에 대해서 가르치거나 설명한 기억은 별로 없다. 그것보다는 본질적인 부분, 주님을 사랑하는 부분이 더 중요하며 마음 중심을 주님께 드리면 다른 행위는 저절로 따라온다고 여겼기 때문이다. 그러나 헌금의 의미에 대해서 바르게 이해하고 가르치는 것은 중요하고 의미 있는 것이다.

마음이 여린 사역자들은 혹시나 헌금에 대한 이야기 때문에 믿음이 여린 자들이 상처를 받지 않을까 걱정한다. 그러한 배려는 나쁘지 않은 것이다.

주님을 전혀 모르는 초신자가 많이 있는 상황에서 헌신을 강조하는 것은 그리 바람직한 일이 아니다. 주님의 은혜와 사랑을 깨닫고 자신을 주님께 드리는 것이 가장 행복하고 아름다운 일이라는 것을 충분히 알지 못하는 이들에게는 헌금에 대한 가르침이 의미가 없다.

상대방의 영적 수준이나 상태와 관계없이 교회가 영리를 추구하는 세상의 단체와 같은 이미지를 주어서는 안 된다. 초신자들은 헌금에 대한 것보다 몸과 마음이 치유되고 회복되며 주님 안에서의 삶이 얼마나 행복하고 놀라운 것인가를 먼저 배우고 경험해야 한다.

사역자는 그러한 배려가 있는 것이 기본적으로 당연한 것이다. 하지만 그러한 기본은 필요하지만 또한 사역자가 신자들에게 상처를 주지 않으려고 너무 조심하는 것은 좋지 않다고 생각한다. 아무리 조심을 하고 또 조심을 해도 상처를 받는 사람들은 언제나 있다. 그것은 그들의 선택이다.

그러므로 사역자는 가르치는 것에 대해서 주의를 해야 하지만 눈치를 보느라고 마땅히 가르쳐야 할 것을 전하지 못해서는 안 된다. 중요한 것은 바른 가르침을 전하는 것이다.

어떤 이들은 툭하면 시험에 든다. 어떤 이들은 자신이 시험에 들었다고 자랑스럽게 이야기한다. 자신이 우울하고 낙담하고 넘어져 있다고 당당하게 이야기하면서 다른 이들이 이러한 자신을 돌보아 주지 않는다고 분노하는 이들도 있다.

하지만 기억하자. 그러한 이들을 한번 두 번 일으켜 주다보면 나중에는 혼자서는 일어날 생각을 하지 않고 있을 것이다.

상처를 선택하는 것은 자신이다. 그것을 구태여 말리려고 할 필요는 없다.

어떤 이들은 항상 부모 타령을 하고 자신의 지나온 환경을 탓한다. 그런 이들은 계속 흑암 속에서 살도록 내버려두는 것이 좋다. 천국과 지옥은 스스로 선택하는 것이다.

이 시대의 교회는 순결한 면이 너무 부족하다. 신자들의 영이 보편적으로 혼미하고 세상적이다. 신자들은 죄를 두려워하지 않고 주님을 두려워하지 않고 무시하며 자기중심적인 경향이 많다. 그런 상태이므로 자신이 상처받는 것을 싫어하며 귀에 듣기 좋은 이야기를 원한다.

그러나 주님을 가르치지 않고 사모함을 가르치지 않고 신자들이 듣기 좋아하는 이야기만 한다면 교회에는 갓난아이들만이 가득해지게 될 것이다. 사역자가 성도들에게 상처를 주지 않으려고 지나치게 노력하면 오히려 교회에는 상처받는 이들이 점점 더 넘쳐나게 될 것이다.

사역자는 헌금에 대해서 가르쳐야 한다. 헌금은 결코 맨 뒤에 있는 헌금함에 슬쩍 넘어가듯이, 부끄러운 듯이 드려져서는 안 된다. 헌금함을 뒷자리에 놓는 것이 잘못되었다는 것은 아니다. 초신자 중심의 예배를 드릴 때 그렇게 할 수도 있다. 중요한 것은 헌금의 정신을 말하는 것이다.

헌금은 예배를 드리는 중에 예배의 한 부분으로 중심에서 찬양과 감사와 눈물과 기쁨의 고백 속에서 주를 사랑하는 마음으로 드려져야 한다. 헌금 기도는 형식적으로 드려져서는 안 된다. 그것은 한 주일 전에 써놓은 원고를 읽듯이 드려져서는 안 된다. 거기에는 사랑과 애절함과 아름다운 고백들이 포함되어야 한다.

예배란 자신을 주께 드리는 것이다. 자신의 목숨을 주께 드리는 것이다. 우리를 산 제물로 드리는 것이 예배의 핵심이다. 설교를 듣는 것이 예배가 아니다. 예배는 나를 주님께 제물로 드리는 것이다.

그런데 어떻게 자신을 드리는가?

우리는 주님께 말한다.

'오, 주님. 나 자신을 드립니다. 몸을 드립니다.'

우리는 얼마든지 많은 것을 드릴 수 있다.

'오, 주님. 내 가정을 드립니다. 이웃을 드립니다. 온 우주를 드립니다.'

그것은 좋다. 좋은 말이다. 그런데 주님은 어떻게 말씀하실까?

'얘, 좋다. 그런데 네 지갑은 어떠냐?'

우리는 고백한다.

'오, 주님.. 그것은 넘어갑시다. 당신은 나의 왕이십니다. 그리고 세계의 주인이십니다..'

주님은 물으신다.

'그래, 알았다. 그런데 네 지갑은?'

우리는 대답한다.

'오, 주님. 그런 육적인 데는 신경 쓰지 마세요. 주님은 하늘의 주인이시며 땅의.. 오, 영광의 주님..'

이것은 말뿐인 것이다. 실제가 아니다.

어떤 남성이 여성에게 사랑을 고백한다.

'내가 당신을 얼마나 사랑하는지요.. 나는 당신을 위해서 죽을 수도 있습니다. 당신은 나의 심장이고 나의 생명이고..'

여성은 말한다.

'저를 위해 죽으실 필요는 없고. 그러면 결혼을 하고 나면 설거지는 해 줄 건가요?'

남성은 대답한다.

'설거지는 싫소. 하지만 당신은 나의 태양이며..'

이것은 공상이다. 삶이 아니다.

우리에게 기독교는 공상인가? 실제인가? 우리에게 주님은 공상인가? 실제인가? 우리가 실제적인 주님을 경험하고 싶다면 우리는 실제적으로 믿어야 한다. 우리가 주님을 공상처럼 대한다면 주님도 우리에게 공상처럼 나타나실 것이다.

물질을 드리는 것은 우리의 마음을 표현하는 것이다.

스펄전 목사는 이렇게 말했다. '나는 당신의 호주머니가 회개할 때까지 당신의 회개를 믿지 않을 것입니다.'

나는 이와 같은 경험을 많이 한 바 있다.

내가 중학생이던 오래 전의 시절, 나는 어느 책방에 자주 놀러갔고 그 주인아저씨와 아주 친했다. 같이 바둑을 좋아해서 바둑을 참 많이 두었다. 그 아저씨는 아주 친절했다. 우리는 참 많은 대화를 나누었고 아저씨는 아주 친절하게 모든 이야기를 해주었다.

그러나 그 아저씨의 친절은 돈 이야기가 나오기 전 뿐이었다. 책을 사기 위해서 좀 깎아달라는 이야기가 나오면 그 아저씨의 얼굴은 완전히 돌변했다. 차갑고 살벌하고 아주 다른 사람이 되었다. 물론 흥정이 끝나면 그는 다시 아주 친절한 사람으로 돌변했다. 그러한 것은 그의 삶에 있어서의 우선 순위, 가치관을 보여주는 것이다.

10여 년 전의 어느 날 별것도 아닌 일로 아래층에 사는 아줌마가 온갖 마귀와 같은 인상으로 악다구니를 쓴 적이 있었다. 그녀는 마치 마귀가 한 500마리는 붙어있는 것처럼 보였다.

우리에게 책임이 있었기 때문에 나는 그녀에게 보상을 해주겠다고, 만 원을 주겠다고 했다. 그러자 갑자기 모든 것이 바뀌었다. 그녀는 순식간에 아름다운 여인으로 변신했다. 그녀는 얼마나 친절하고 따뜻한 이웃으로 돌변해버렸는지!

그녀는 이웃에 사는 사람끼리 이렇게 돈으로 해결해야 될지 모르겠다고 온갖 사랑스러운 미소를 지었다. 그녀의 얼굴에는 갑자기 천사가 1000명은 붙어있는 것 같았다.

아, 놀랍다. 만원의 힘이여. 마귀 500명이 졸지에 천사 1000명이 되었다!

나는 어떤 사람들에게는 위로와 사랑의 언어가 필요하지만 어떤 종류의 사람들에게는 오직 돈이 필요함을 알게 되었다.

영성에 대해서 이야기하면 아주 썰렁한 분위기가 되지만 돈이나 현실적인 이득이 되는 것을 주면 아주 친절해지는 사람들에 대해서 알게 되었다. 그것은 그들의 가치관을 보여주는 것이다.

어떤 이들은 돈이나 물질보다 마음을 더 중요시한다. 또한 어떤 이들은 마음이나 정신에는 아무 관심이 없고 돈이나 현실적인 부분에 대해서만 관심을 가지고 마음을 둔다. 우리는 전도를 하거나 사역을 하거나 사람과 관계할 때 이들이 어느 쪽에 속한 사람인지 이해할 필요가 있다.

나의 경우는 돈보다 관계가 중요하다. 나는 돈으로 인하여 마음의 평화를 잃지는 않는 편이다.

나는 오래 전 일이 꼬이는 바람에 그 자리에서 300만원을 잃어버린 적도 있고 상대방의 일방적인 잘못으로 3000만원을 손해 본 적도 있다. 당시에 버스 값을 아끼기 위해서 몇 정류장을 걸어 다닐 때였기 때문에 그 돈은 우리에게 엄청난 돈이었다. 하지만 나는 웃고 농담을 한 후에 주님께 감사를 드리고 나서 더 이상 신경 쓰지 않았다.

우리에게는 돈보다 마음의 평화가 중요했으며 상대방을 미워함으로 그 평화를 잃어버리고 싶지 않았다. 우리는 마음의 평화가 몇 천억보다 중요하다는 것을 잘 알고 있었다. 이와 같이 일상의 삶에서 사람의 가치관은 나타나는 것이다. 그것은 예배를 드리고 있을 때 나타나는 것이 아니다.

우리의 믿음은 입술의 고백을 통해서 확정되는 것이 아니다. 구체적인 삶의 태도와 방식에 의해서 결정되는 것이다. 그런 의미에서 우리의 모든 삶은 신앙고백이다.

신앙고백은 교회에서 예배당에서만 하는 것이 아니다. 분위기에 휩쓸리면 누구나 울면서 감동적으로 신앙고백을 하고 헌신의 고백을 한다. 그 모습을 보면 모두가 다 순교도 할 수 있을 것 같다.

그러한 고백은 아름다운 것이다. 하지만 그 고백이 실제인가 아닌가 하는 것은 현실적인 삶에서 나타나는 것이다. 우리는 기도하면서 예배를 드리면서도 신앙고백을 해야 하지만 또한 삶의 현실에서도 신앙고백을 해야 한다. 혼자 있을 때에 아무도 보지 않을 때, 또한 가족들과 같이 있을 때에 신앙의 모습을 나타내야 한다.

직장에서, 시장에서, 쇼핑할 때에 우리의 모든 순간의 생각과 말과 행동과 움직임이 우리의 신앙을 드러내는 고백이 된다. 이러한 우리의 구체적인 삶의 고백을 통해서 우리의 영혼이 천국을 향하게 되는 것이지 교회에서 많은 시간을 보내는 그 자체가 성화시키는 것이 아니다.

물질의 사용은 우리가 어떠한 사람이며 우리의 삶의 우선권이 무엇인지를 분명하게 보여준다. 우리는 물질을 어디에 가장 우선적으로 사용하는가? 그리고 어떤 것에 쓸 때 가장 행복감을 느끼는가? 그리고 무엇에 사용할 때 가장 아까워하는가?

한 예를 들어보자. 어떤 사람이 있다. 그는 자신을 위하여 무엇을 사는 것을 싫어한다. 그러나 남을 대접하는 것은 아주 좋아하며 아끼지 않는다. 그는 어떤 사람인가? 그는 대접을 통하여 기쁨을 얻는 사람이다. 그는 천국의 은혜 가운데 거하는 사람이다.

어떤 사람이 어쩔 수 없이 대접을 해야 하는 입장에 있지만 돈이 아깝고 고통을 느낀다면 그는 반대되는 영을 가지고 있는 것이다. 그러한 이들은 어두운 영에게 둘러싸여 있는 것이다. 입으로만 예수를 믿는 것은 천국과 멀리 있는 것이다.

어떤 사람이 있다. 그는 돈의 우선순위가 자녀교육이다. 그는 어떤 사람인가?

어떤 사람은 자신의 즐거움이나 기호를 위해서는 아무 것도 아끼지 않는다. 그는 어떤 사람인가?

돈의 사용은 그 사람의 본질을 보여주는 것이다.

어떤 이가 자신의 즐거움이나 향락을 위해서 돈을 쓰는 것을 아까워하지 않지만 헌금에 대해서 몹시 아까워한다. 그것은 그의 가치관을 보여주는 것이다.

어떤 이가 자기 개발에 대해서는 많은 시간과 돈을 투자하지만 기도와 말씀공부에 대해서는 투자하지 않는다. 그것은 그의 가치관을 보여주는 것이다.

어떤 이가 먹는 것이나 좋아하는 물건을 사는 것에는 돈을 아끼지 않는데, 자녀의 교육에 대해서 지출하는 것에 대해서 아주 아까워한다고 하자. 그것은 그의 가치관과 우선순위를 보여주는 것이다. 그는 자녀보다 자신의 즐거움을 더 높은 곳에 두는 것이다. 물론 실제로 이런 사람은 없을 것이다.

어떤 이가 돈을 손해 보았다고 크게 화를 낸다고 하자. 예를 들어 아내가 실수를 해서 돈을 많이 손해 보았는데 그로 인해서 남편이 아내에게 분노를 폭발시킨다. 이것은 아내의 기분보다 돈을 더 높은 곳에 둔 것이다.

어떤 이가 돈을 아끼기 위해서, 물건 값을 깎기 위해서 거짓말을 하고는 그것을 대수롭지 않게 여긴다고 하자. 이것은 그가 영혼의 정결함보다 돈의 가치를 크게 여기는 것을 보여준다.

이와 같이 일상의 사소한 행동들도 그의 가치관과 중요도의 우선순위를 보여주는 것이다. 그것은 모든 삶에서 나타나는 것이다.

돈을 사용하는 것은 그 사람의 가치관과 우선순위를 분명하게 보여주는 것이다. 그가 어디에 속해 있는지, 그의 영혼이 어떤 상태에 있는 지를 분명히 보여주는 것이다.

물질을 드리는 것, 헌금은 믿음의 고백이며 행위이다. 거기에는 순서가 있다. 믿음이 행위에 이르기까지는 항상 몇 가지의 단계를 거치게 된다.

첫째 어떤 진리나 가르침에 대한 이해의 단계가 있다.

둘째 그 진리나 가르침을 통한 감동의 단계가 있다.

셋째 그 감동을 이제 행동으로 옮기는 단계가 있다.

이것이 행위에 이르는 순서이다. 우리는 무엇을 행동에 옮기기 전에 먼저 깨달아야 한다. 그리고 다음에 감동과 기쁨과 누림을 가지고 있어야 한다. 그리고 나면 행동으로 옮기는 것이 쉽다.

그런데 어떤 이가 전혀 깨달음이 없다. 그저 남이 하니까 따라서 한다. 이것은 의미가 없는 것이다.

또, 어떤 이는 깨달음은 있지만 아직 감동이 없다. 기쁨이 없다. 그래도 억지로 그 행동을 한다면? 이것은 그리 바람직하지 않다. 이 행위에는 그다지 유익이 없는 것이다.

아까워하면서 드린 헌금이나 헌신은 영적으로 실제가 되지 않는다. 거기에는 유익이 없다.

바른 감동 속에서 한 행위는 영적인 실재이며 그로 인하여 많은 영적인 풍성함을 누리게 된다. 그러나 아무런 감동도 없는데 의무감이나 남들의 시선이나 주위 상황 때문에 한 행위에는 축복의 영들이 오지 않으며 그의 영혼 자체에도 변화가 없기 때문에 그의 영혼이나 운명이나 미래에 별다른 변화나 유익이 없는 것이다.

그렇기 때문에 항상 먼저 깨닫고 이해해야 한다. 그리고 다음에는 감동과 영을 누리고 체험해야 한다.

오늘날 신앙 안에서의 많은 교육이나 훈련이 첫 번째의 단계에 머물러 있다. 즉 이해와 설명에 그친다는 것이다. 거기에는 자유함이 없으며 그것은 완성된 것이 아니다. 거기에는 영의 흐름이 없다.

그것은 의무감으로 움직이게 만든다. 그것이 바로 율법이고 부담을 주고 영을 누르는 것이다.

감동이 없는 행동은 좋지 않다. 그것은 빠른 것이다. 우리는 무엇을 깨달았으면 그 영이 와서 감동을 주고 기쁨을 줄 때까지 기다리고 엎드려야 한다. 이것이 실제이다. 막상 그 기쁨과 감동의 영이 오게 되면 그 행위를 하지 않으면 정말 답답하게 된다. 너무나 하고 싶은 것이다.

사역자들이 이해의 수준에서 머물러 있으면 사람들도 그 단계에서 더 나아가지 못한다. 순종을 하고 행위를 하더라도 마지못해서 죽지 못해서 하게 된다.

그러므로 사역자들이 감동을 체험하고 영을 체험해야 하는 것이다. 그렇게 되면 모두가 다 감동을 받고 세 번째 단계까지 나아가려고 하게 된다.

사람들은 첫 번째의 단계에서 복음을 이해하고 지적으로 설득당하고 시인하면 모든 것이 끝난 줄 안다. 그러나 그것은 오해다. 복음과 영에 의해서 감동을 받아야 하며 그리고 구체적으로 삶을 통해서 표현되어야 한다. 행함이 없는 믿음은 껍데기이며 죽은 것이다. 그리한 죽은 믿음은 자신을 구원에까지 이르게 하지 못한다.

이것은 행위 구원인가? 아니다. 믿음으로 구원을 얻는 것이 맞다. 그러나 믿음의 이해는 믿음의 완성이 아니고 시작일 뿐이며 그것은 감동과 실천을 통해서 완성되는 것이다.

이 순서의 원리를 분명하게 기억할 필요가 있다.

이해, 감동, 행동.. 항상 이 순서로 가는 것이다.

그것은 머리, 가슴, 배의 순서와 같다.

머리는 이해의 기관이다. 머리가 명석한 사람은 이해가 뛰어나다.

가슴은 감동의 기관이다. 가슴이 발달한 사람은 감동을 잘 받는다.

배는 행동에 속한 것이다. 추진력이 강한 사람을 배짱이 좋다고 말한다.

이것은 눈, 코, 입의 순서와 같다.

눈은 이해의 기관이며 머리의 대표이다.

눈이 빛나는 사람은 이해가 뛰어나다.

코는 가슴의 대표이며 영과 느낌의 기관이다.

코로 영을 마시고 내뱉는 것이다.

입은 행동의 기관이다. 입이 약하고 입 기운이 약한 이들은 행동력이 부족하다. 언어에 우물쭈물하는 사람을 보라. 그들은 아무 것도 실천하지 못한다. 많이 결심하지만 그들은 언제까지나 결심만 한다.

하나님께서 눈, 코, 입의 순서로 위에서 아래로 지으신 것을 기억하라. 무엇이든 그렇게 내려오는 것이다. 비는 위에서 아래로 오는 것이지 아래에서 위로 올라가는 것이 아니다.

그것이 바른 순서이다. 사람은 처음에 보고 그 다음에 느끼며 그 다음으로 행동하게 되어있다.

보기 전에 가라고 하고 느끼기 전에 움직이라고 하면 사람은 고통을 느끼게 되어 있는 것이다.

그러므로 이해, 감동, 행동.. 이것이 영적인 것, 개념적인 것, 하늘에 속한 것을 이 땅 물질세계에 보이고 나타나도록, 실제화 시키는 것이다.

이해하고 감동을 느끼고 행동에 옮기면 우리의 영혼, 영체가 바뀌게 된다. 그것이 우리의 소속과 영원을 결정하고 움직이는 방식인 것이다.

어떤 이들은 감동이 없어도 순종하고 행하라고 가르치기도 한다. 그러면 나중에 감동이 따라온다고 한다.

물론 그런 경우가 있을 때도 있다. 하지만 항상 그런 식으로 행한다면 그것은 자연스러운 삶이 아니다. 그것은 억지스럽고 피곤한 삶이다. 먼저 결혼을 하고 나중에 사랑을 느끼고, 먼저 음식을 먹은 후에 나중에 맛을 느끼고.. 지금은 음식이 맛이 없지만 언젠가는 맛을 느끼게 될 것이라고 믿고.. 그러한 삶의 방식은 자연스러운 것이 아니다.

이야기가 조금 길어지고 복잡해졌다. 다만 한 가지만 더 이야기하고 싶다.

헌금의 중요한 영적 의미는 무엇인가? 그것은 자신이 속한 영계의 위치와 소속을 결정하는 것이다.

자, 어떤 남자가 이상한 곳에 가서 돈을 주고 서비스를 받았다. 그는 아깝게 돈을 낭비해버렸다. 그것으로 끝인가? 아니다.

그는 음란한 영계와 연결이 된 것이다. 그의 영혼은 부분적으로 음란한 영계와 하나의 끈을 가지게 된다. 그는 그 소속이 된 것이다. 그러한 곳과 관련된 악한 영들은 언제든지 나중에 그들이 원할 때 그를 사로잡으며 유혹과 충동을 일으킬 것이다. 그 영들은 이 사람에게 하나의 권리를 가지고 있다.

이 부분을 이해하기 바란다. 이것은 아주 중요하다. 이것은 우리가 돈을 사용하는 중요한 원리를 보여줄 것이다.

일종의 투기적인 욕망을 심어줌으로써 헌금을 강조하는 가르침도 많이 있다. 그들은 헌금을 심는다고 가르친다. 그것은 그리 순수하지 않다. 헌금의 정신은 사랑과 헌신에 의한 것이어야 하며 몇 배로 불리기 위해서 한다면 주식이나 펀드에 투자하는 것이 나을 것이다. 불리려는 의식으로 헌금한다면 그것은 자기 영혼의 헌신과 사랑의 고백과는 거리가 있는 것이다.

중요한 것은 몇 배로 거두느냐가 아니다. 그 헌금은 자신의 영혼이 어디에 속하느냐를 보여주고 결정한다.

우리의 사소한 한 행위가 영계에 얼마나 서로 깊숙이 연결이 되어 있으며 차후 그 사람의 미래에 영향을 끼치는지 사람들이 알게 되면 아주 놀랄 것이다. 분명한 것은 하나의 행위가 그것으로 끝나는 일은 없다는 것이다. 모든 하나의 일은 끝이 아니고 시작이다.

물질의 사용이 영계와의 연결이라는 주제를 좀 더 다루어보자.

나는 어렸을 때부터 바둑을 배웠다. 그래서 바둑을 취미로 가지고 있다. 지금도 글을 쓰다가 피곤해지면 가끔 바둑 사이트에 들어가 사람들이 바둑을 두는 것이나 이야기하는 것을 구경하고 사람들이 쓰는 글을 읽곤 한다.

그런데 처음에는 무료 사이트들이 많았으나 나중에는 점점 거의 다 회원제가 되었고 유료회원으로 가입을 요구하게 되었다. 유료회원 가입을 하지 않으면 여러 면에서 불편함이 있다.

하지만 나는 한 군데도 유료회원으로 등록하지 않았다. 앞으로도 하지 않을 것이다. 한 달의 회비가 5천 원 정도이기 때문에 그다지 부담이 되는 것은 아니다. 하지만 내가 하지 않는 이유가 있다. 그것은 내 영혼이 거기에 물질을 공급함으로써 그 영계와 연결이 되고 싶은 마음은 없기 때문이다. 잠시 들러보는 것과 정식으로 회원이 되어서 연결이 되는 것은 다르다.

그러한 영계의 연결은 이 땅에서만이 아니라 영원한 곳에서까지 이어지게 된다. 그러니 나는 가끔 부담 없이 들를 수는 있지만 영혼까지 관련을 맺고 싶은 마음은 없기 때문에 회원가입을 하지 않는 것이다.

영적인 세계는 행위보다 소속이며 연결이 중요하다는 것을 이해하시기를 바란다. 우리는 착한 행위로 천국에 가는 것이 아니라 주님께 소속되므로 천계에 가는 것이다.

인간은 태어날 때부터 조상의 타락으로 인하여 지옥의 영계와 연결되어 있다. 그래서 지옥의 영들의 영향을 받아서 악행을 하게 된다. 그러므로 그 영계와 단절되어 주님께 속하고 연결되는 것이 구원의 시작이다.

사람들은 악해서 지옥에 가는 것이 아니라 주님과 연결되지 않고 자기 중심으로 살고 자기 스스로 움직이기 때문에 천계의 빛에서 떨어져 자연히 지옥과 연결이 되는 것이다. 지옥이라는 영계와 연결이 되기 때문에 점점 더 악해지는 것이다.

천국과 연결이 되며 그 영으로 교통하는 이들은 주의 임재와 천국의 임재 가운데 거하기 때문에 점점 더 선해지고 천국의 아름다움과 풍성함을 누리게 되는 것이다.

우리의 언어, 행위, 헌금, 생각.. 들은 우리의 영적 위치를 결정하는 것이다. 그것은 우리를 계속 어디엔가로 연결시킨다. 그 연결은 약해지기도 하고 강해지기도 한다. 그것은 계속적으로 변화되어 가는 것이다.

동일한 죄를 끊지 못하는 것, 예를 들어 똑같은 열등감으로 계속 고생하는 이들은 아직 열등감의 영계와의 연결이 완전하게 끊어지지 않은 것이다. 우리의 어떤 행위는 구체적으로 이러한 영적 연결고리를 끊기도 하고 더 굳건하게 만들기도 한다.

과거에 남에게 잘못을 저지르거나 말로 상처를 주고도 그냥 시간이 지나면 그것이 다 소멸되는 줄로 아는 이들이 있다. 그것은 영계의 법칙을 모르는 것이다.

악한 행동은 우리를 어두움의 영계와 연결시키는 것이며 어두움의 영들에게 권리를 주는 것이다. 우리는 우리가 행한 악행만큼 어두움의 영들에게 고통을 겪게 된다. 그 때가 언제 올지는 모르지만 말이다.

구체적인 반성과 고백과 회개 없이는 호리라도 남김없이 갚아야 하는 곳이 영계이다. 우리는 반성해야 하고 회개해야 하며 예수의 이름과 보혈로써 사함을 받아야 하고 우리가 피해를 입힌 이들에게 용서를 구해야 한다. 그래야 어두움의 세계와 끊어질 수 있다.

그러한 잘못된 연결을 끊지 않으면 그의 영혼은 어둡고 무거워져서 빛의 영계로 올라가지 못하고 아래로 떨어지게 된다. 그러므로 우리의 모든 고백과 언어와 행위가 영계의 위치와 소속에 영향을 준다는 것을 이해해야 한다.

한 예를 들자면 이 카페에도 많은 회원들이 있다. 어떤 이들은 공개적으로 활동하고 어떤 이들은 숨어있다. 적극적으로 참여를 하는 이들도 있고 단순한 정보로 만족하는 이들도 있다. 이러한 사소한 것들도 영계의 연결과 위치에 영향을 끼치는 것이다.

몸이 연결된 것과 영이 연결된 것은 다르다. 영계는 물리적 공간이 아니고 마음과 심령의 상태에 의해서 이루어진다.

사람들은 눈에 보이는 것만을 인식하지만 보이는 모든 것들은 보이지 않는 영적 세계와 연결된 끈을 가지고 있다. 다른 카페와 마찬가지로 이 카페에도 관련된 영계가 있다.

어떤 이들은 그 영계와 좀 더 깊은 연결이 되어 있으며 다양한 영의 흐름을 느끼고 받으며 나눈다. 어떤 이들은 몸으로는 오래 있지만 별로 연결이나 흐름이 없다.

그것은 마음의 중심 동기나 영의 수준, 의식의 발전 수준이나 가치관 등에 의해서 그 영이 비슷한 이들도 있고 그렇지 않은 이들도 있기 때문이다. 이러한 것들이 모든 눈에 보이는 세계와 영계와의 연결 원리임을 이해하면 좋을 것이다.

물질의 사용은 우리가 어떤 영계에 속하도록 영향을 행사한다. 그러므로 우리는 헌금이나 물질의 사소한 사용에 대해서도 조심을 해야 한다.

우리가 즐거운 마음으로 기쁨으로 헌금을 하거나 남을 돕는 데에 물질을 사용을 했다면 그것은 무조건 좋은 것일까? 아니다. 사실 원리적으로 이야기하자면 그것은 조금 복잡하다.

우리는 우리가 돈을 사용한 곳의 영적 분위기의 영향을 받게 된다.

지하철에서 구걸을 하는 걸인들이 있다. 나는 지하철에서 오래 동안 물건을 팔았던 형제에게서 이런 이야기를 들었다.

그들은 대부분 조직 폭력배와 연결이 되어 있으며 그들이 받는 상당부분을 그들에게 상납을 해야 한다고 한다. 그렇다면 그들에게 준 돈 중에서 많은 부분이 악한 사람들에게 가게 되고 그 돈으로 인하여 악한 일들이 벌어지게 된다면 그 돈을 준 사람은 책임이 없는가?

이 땅에서는, 법적으로는 없을 것이다. 그러나 영계에서는 다르다. 그와 관련된 나쁜 영들과 돈을 기부한 사람이 부분적이지만 연결될 수 있는 것이다. 그래서 헌금이나 자선에도 책임이 따르는 것이다. 자신은 좋은 뜻으로 했지만 자신의 행위가 악한 영들의 역사를 도와준다면 이는 얼마나 어처구니가 없는 일인가.

  나도 지하철이나 거리에서 부딪치는 대부분의 걸인들을 잘 지나치지는 못하는 편이다. 다만 원리적으로 이런 것을 알고 있기에 주님께 도와달라고 기도하며 보호의 영을 구한다.

  돈은 힘이다. 돈은 그것을 가진 자에게 속한 것을 확산시킨다.

  음란한 영을 많이 가지고 있는 이들이 돈을 많이 가지고 있으면 어떻게 될까? 당연히 음란한 영들이 온 세상에 가득하게 될 것이다.

  더러움과 사악한 영을 많이 가지고 있는 이들이 돈이 많다면? 역시 더럽고 사악한 영들이 온 세상에 확산될 것이다.

  그러므로 영성에 속한 이들, 주님을 사모하는 이들은 돈을 무시하거나 가난을 좋아해서는 안 된다. 그들은 영성과 아름다움과 천국을 확산시키기 위해서 애써야 한다. 악한 자들에게 돈이 가지 않고 선과 사랑과 주님 사모함이 있는 자들에게 돈이 흘러가도록 기도하고 힘써야 한다. 그것이 세상에서 악을 없애고 주님과 선이 가득하게 하는 길이다.

  오늘날의 기독교는 얼마나 세력이 약한가! 언론의 매체는 모두 악한 영들이 장악하고 있다.

  음란과 사악한 영들은 얼마나 세련되고 멋지게 자신들을 드러내고 있는가! 그러나 기독교, 주님께 속한 이들은 가난하고 약하고 초라하게 표현된다.

  그것은 세상에 속한 사람들이 언론의 매체를 정복하는 동안 그리스도에게 속한 사람들은 초라한 곳에 머물러 나는 주님 한 분으로 만족한다고 계속 고백하고 있었기 때문이다.

  물질은 악하지 않다. 어떤 이가 거룩하다면 그가 사용하는 돈은 거룩

할 것이다. 어떤 이가 간절하게 주님을 사랑한다면 그가 사용하는 돈은 주를 간절하게 사모하도록 전달하는 통로가 될 것이다. 우리는 그렇게 돈을 사용해야 한다.

세상 사람들은 돈을 자신을 위해서 사용한다. 그래서 땅을 사고 집을 지으며 온갖 화려한 가구를 사고 비싼 음식을 먹으며 만족을 느낀다.

그러나 주님께 속한 사람들은 이 땅에 주의 영이 나타나기를 소원한다. 그들은 주님이 임할 수 있는 공간을 얻으려 할 것이다. 주님의 임재가 나타나고 주의 영광이 나타날 수 있는 공간을 얻으며 주님께 속한 지식이 확산되도록 물질을 사용할 것이다. 주님께 속한 사람들이 좀 더 일어날 수 있도록 물질을 사용할 것이다. 물질은 이렇게 주님의 아름다운 통로가 될 수 있다.

우리는 바른 자세와 마음으로 헌금을 주님께 드려야 한다.

우리의 드리는 물질과 헌신이 이 땅에 주님의 임재와 풍성한 생명이 드러나는 데 사용될 수 있도록 기도하며 드려야 한다.

우리는 주님의 감동을 따라 헌물을 드려야 한다. 무조건 많이 바친다고 주님이 받으시는 것이 아니다. 우리는 감동을 받아야 한다. 분에 넘치게 무조건 많이 바쳐야 복을 받는다고 생각한다면 그것은 아직 깨닫지 못하고 있는 것이다.

또한 억지로 하고 싶지 않은데 할 필요는 없다. 그러한 것은 천국에 상달되지 않는다. 기쁨으로 하지 않은 모든 것들에는 상급이 없으며 빛의 영들이 오지 않는다. 주님은 부자의 헌금보다 간절함으로 드리는 가난한 과부의 적은 헌금을 칭찬하셨다.

충분한 깨달음이 있다면, 그리고 감동이 있다면 당신은 감사하는 마음으로 헌금을 드릴 수 있을 것이다. 그리고 헌금을 드릴 때 주님께서 마음속에 적절한 금액을 떠오르게 하실 것이다. 그리고 순종할 때 당신은 놀라운 평화를 맛보게 될 것이다.

많은 경우에 성도들의 지나친 가난은 악한 영들의 장난에 의한 것이다. 그러나 이러한 감동과 기쁨 속의 헌물과 함께 그 영들을 결박하고 부수는 기도를 드리게 되면 당신의 재정은 풀리기 시작하게 된다. 먼저 마음에 기쁨과 행복감이 오게 되며 얼마의 시간이 지나면 천사들의 공급과 도움이 시작되는 것이다.

하지만 부디 얼마를 심어서 얼마를 거두고.. 이런 식의 계산은 하지 않기를 바란다. 그것은 순수한 마음의 자세가 아니다.

다만 물질을 주님께 드리는 것은 순결하고 아름다운 사랑의 행위인 것을 기억하기 바란다.

당신의 물질을 기도하는 가운데 아름답게 사용하라. 그리고 모든 말과 행위, 생각, 그 모든 것들이 주님을 향한 예배와 신앙고백이며 그것이 당신의 소속을 결정짓는다는 것을 기억하라.

물질과 말과 사소한 모든 고백들을 통해서 우리는 날마다 좀 더 주님 앞으로 빛의 세계로 가까이 나아가야 한다. 그것이 오늘 하루의 가장 아름답고 중요한 과제가 되는 것이다.

오늘 내가 살아있는 동안 조금 더 성장한다는 것, 조금 더 나아간다는 것, 조금 더 발전하고 아름다워진다는 것.. 정말 그것보다 더 중요한 일이 또 있겠는가?

2004. 7. 14

19. 우울함을 대적하고 기쁨을 구하라

바로 어제, 너무 더워서 장난삼아 소낙비나 와장창 쏟아지라고 했더니 정말 소낙비가 쏟아진다. 아예 천둥까지 친다.

실제로 비슷한 일을 많이 겪는다. 어떤 말을 하거나 생각을 하기만 해도 그대로 이루어지는 일들이 많다. 예를 들어 '저 사람 이렇게 될 거야..' 하고 말하면 그대로 이루어지는 것을 많이 본다. 그러니 말과 생각을 조심해야겠다는 마음이 든다.

아내도 비슷하다. 마음속에 뭔가가 먹고 싶다. 이런 생각을 잠시 하면 바로 그게 생긴다. 아내는 운이 좋다고 깔깔거리지만 사실은 그게 운이 좋은 게 아니고 주위에 있는 천사들이 듣고 있다가 다른 사람들에게 그 생각을 전해주기 때문이다.

그것은 믿음의 문제이기도 하지만, 의식의 밝고 어두운 것과도 관련된 것이다. 생각과 의식이 밝은 사람들은 주위에 천사들이 많다. 그래서 마음속에 생각하거나 원하는 것들이 그대로 이루어지는 경우가 많다.

그러나 마음과 의식이 어두운 이들은 그 반대이다. 우울하고 비관적인 사람들의 주위에는 악한 영들이 가까이 있다.

천사들은 어두운 파장을 싫어하기 때문에 그 사람의 주위에서 다 도망가고 어두운 것을 좋아하는 악한 영들만 근처에 어정거리게 된다.

그래서 그런 사람은 '이게 되면 어떡하지..' 하는 생각을 하면 그 안 좋은 일들이 그대로 이루어지는 경우가 많다. 악한 영들이 그렇게 움직이기 때문이다. 그래서 모든 일들이 항상 나쁜 쪽으로 이루어지게 된다.

이런 원리에 대해서 바르게 이해하면 항상 하소연하며 신세한탄을 하고 푸념하지 말고 즐겁고 기쁘고 감사하면서 사는 것이 얼마나 좋은 일인지를 알게 된다.

어제 밤늦게 아내와 아이들과 바람을 쐬려고 시원한 옥상으로 올라갔다. 우리 집은 5층 빌라의 4층이다. 그래서 한층만 올라가면 옥상이다. 밤에 옥상에 올라가면 야경의 불빛이 반짝거리는 전망도 좋고 바람도 시원해서 참 기분이 좋다.

예원이와 주원이는 같이 장난을 치며 춤을 추고 있고 나와 아내는 한쪽 의자에 앉아서 대화를 나눈다.

아내가 묻는다.

"집회를 하면서 너무 울다가 영적으로 눌릴 수도 있어요?"

"그럼.. 아주 흔한 일이죠. 주님으로부터 오는 눈물이 있고 어두움으로부터 오는 눈물이 있는데 사람들은 그것을 잘 분별하지 못하거든요. 그렇기 때문에 집회에서 은혜 받는다고 그런 어두움에 속한 눈물을 흘리면 영이 아주 엉망이 되지요."

"주님으로부터 오는 눈물인지 어두움에서 오는 눈물인지 어떻게 알아요?"

"그거 간단하죠. 주님으로부터 오는 눈물은 가볍고 맑고 좋아요. 흘릴수록 영혼이 행복하고 자유롭게 되지요. 하지만 악한 영으로부터 오는 눈물은 어둠침침하고 비참하게 만들지요. 우는 사람이나 옆에 있는 사람이나 다 어둠으로 충만하게 만들어요."

"집회를 할 때 아주 심하게 비명을 지르다시피 우는 것은 무엇인가요?"

"악한 영들이 발작하는 거죠. 초기에 악한 영들이 나갈 때는 그럴 수 있어요. 하지만 자주 그렇게 하는 것은 마귀에게 속는 거예요. 그것은 자신의 영혼도 어두워지고 주변에도 귀신의 영향력을 심어주는 거죠."

"우는 것을 조심해야겠네요?"

"물론이죠. 눈물도 표현해야 할 것이 있고 대적해야 할 것이 있어요. 모든 슬픔이나 감정도 마찬가지죠. 어떤 것은 표현할수록 자유롭고 어떤 것은 표현할수록 묶이게 되어 그러한 감정이나 느낌을 대적하고 쫓아내야 해요.

무조건 감정을 표출하는 것이 은혜 받은 것이라는 인식도 있는데.. 반드시 그렇지는 않아요.

초기에 은혜가 임할 때 귀신이 쫓겨나가는 과정에서 발작적인 형태가 나타나기는 하죠. 하지만 점차 그러한 현상은 부드럽게 사라지게 돼요.

점차로 눈물도 아름다워지고.. 나중에는 눈물보다는 점점 기쁨과 웃음이 많이 임하게 되지요.

근본적으로 눈물이란 지옥에 속한 거예요. 그래서 울수록 지옥에 가까워지고 웃을수록 천국에 가까워지지요. 그래서 천국에 속한 황홀하고 거룩한 기쁨이 넘치는 집회를 사모해야 해요.

눈물은 치유의 과정에서 오는 것이기 때문에 행복한 웃음을 웃기 위한 과정으로 필요한 것이지 그 자체는 그리 좋은 게 아니에요. 천국에는 애통하는 것이나 슬퍼하는 눈물이 없어요."

"성경에는 애통하는 자는 복이 있다고 했는데?"

"그건 간절하게 주님을 사모하라는 것이지 징징거리라는 것이 아니에요."

"징징거리면 나쁜가요?"

"온갖 귀신들이 다 몰려와서 우울하고 눌리게 되는데 그럼 좋아요?"

"이용도 목사님의 책은 어떤가요?"

"아이고.. 내가 어떤 것을 좋아한다거나 누구 책이 좋다거나.. 이런 이야기를 하면 사람들은 거기에 지나치게 빠져요. 그래서 함부로 이야기하는 것이 무서워요. 하지만 이 세상에 완전한 사람은 없어요. 어떤 누구도 빛과 어두움을 가지고 있어요.

그래서 그 사람 전체가 좋다 나쁘다 이런 관점을 가져서는 안 돼요.

전체 영계에서 이 사람의 위치나 역할이 무엇인가, 주님께서 이 사람을 어떤 방면으로 사용하셨는가.. 이 사람은 어떤 면에서 강하고 어떤 면에서 약한가.. 이런 면을 종합적으로 보아야 해요. 지금 기도 모임 사람들이 이용도목사님의 흉내를 내는 것은 그리 바람직하지 않을 것 같아요."

"그건 왜 그렇지요?"

"그는 순결한 열정을 가지고 있어요. 주님을 사랑하는 마음이 아주 뜨거워요. 하지만 그는 우울한 요소를 많이 가지고 있어요. 그는 기쁨의 사람이 아니에요. 우리 기도 모임 사람들은 대체로 선하지만 활기가 부족한 면이 있어서 이 목사님의 스타일은 당분간 피할 필요가 있어요.

또한 그의 문제는 너무 일찍 죽었다는 거죠. 33살에 죽었어요. 자기가 그렇게 빨리 죽고 싶다는 말도 많이 했고.. 그건 좋지 않아요. 영성의 발전이란 10년, 20년에 되는 게 아니에요. 그래서 시간이 필요해요.

영성의 초기 단계에는 강력함, 은사, 뜨거움, 능력, 열정.. 등이 임하죠. 하지만 점차 다른 차원의 세계로 가게 되요.

그는 재능이 많고 가능성이 많은 사람이었지만 너무 젊을 때 죽었어요. 그래서 초기에서 그리 많이 발전하지 못했어요.

그는 그리스도의 고난을 많이 강조했죠. 그래서 집회 때마다 울음바다가 되었어요. 요즘처럼 영이 혼탁한 상태에서는 그것이 많이 필요하겠지요. 하지만 곧 그 단계를 넘어가야 해요. 기쁨, 웃음, 행복감, 천국의 영광이 가득한 집회로 가야 해요.

그는 아직 젊었기 때문에 많은 실수를 했어요. 지나치게 과격한 이야기를 하기도 하고.. 그래서 공격도 많이 받았지요. 또 자신의 육신을 잘 관리하지 못한 것도 별로 좋은 게 아니에요. 빨리 죽는 것은 좋지 않아요. 그는 미완의 대기였지만 그 상태로 끝났어요. 깊이 자라지 못했지요.

아무튼 어떤 사람을 모델로 하고 따라하는 것은 좋지 않아요. 내가 항상 이야기하지만 모델은 오직 주님이에요.

주님은 그의 말씀, 그의 모습, 그의 행동.. 물을 마시는 모습, 걸으시는 모습.. 주무시는 모습까지 모든 것이 우리에게 완전한 모델이고 생명이에요.

그러나 사람은 그렇지 않아요. 주님이 그 사람에게 맡기신 한 부분에 대해서 그것을 받아야 해요. 다 따라하려고 하면 안 돼요.

그러면 넘어지게 돼요.

바울도 베드로도.. 우리의 모델이 아니에요. 그들의 삶에도 성질부리고 잘못하고.. 그런 것 많았어요. 사람은 모세든 다윗이든 우리의 모델이 아니에요. 그들을 모델 삼으면 반드시 넘어지게 돼요. 오직 예수를 언제나 하루 종일 바라보아야 해요.

나를 모델 삼아서 무조건 따라하는 이들이 많이 있어요. 개인적으로 지도해주고 애정을 주었으면 하는 이들이 많지요. 하지만 그런 건 별로 도움이 안 돼요.

그래서 내가 사람들을 가급적이면 멀리 하는 거예요. 내가 전하고 있는 메시지나 원리들을 적용하고 발견하고 자기 것이 되도록 해야 하는데 그냥 인간적으로 나와 가까워지기를 원하니까.. 그건 별로 유익이 없어요.

사람은 모델이 아니죠. 오직 주님의 생명을 취해야 해요. 그러니 집회에서 이용도 목사님의 스타일을 추구하면 그것도 영이 눌릴 수 있어요.

할 수 있는 한 집회는 밝아야 해요. 천국의 기쁨이 넘치는 것이 되어야 해요. 밝음.. 빛, 기쁨, 영광.. 그런 것이 좋아요. 그게 천국에 가깝고 천사들이 많이 와요.

그러니 눈물 집회보다는 웃음의 집회 쪽으로 가는 것이 좋은 거예요.

더 밝고 아름다운 빛 쪽으로 가까이 가야해요.

빛이 많을수록 많은 것들이 보이고 분별할 수 있어요.

그러나 징징거리고 어두움 속에 있는 이들은 아무리 많이 기도한다 해도 항상 속게 돼요. 어둠 속에서는 아무 것도 보이지 않으니까.."

"마음이 우울하고 침체된 상태에서 가만히 있는 것도 안 좋겠네요? 그런 사람은 기도해줘야 하나요?"

"기도를 해주는 것보다는 가르쳐서 의지적으로 자기 스타일을 바꾸고 싸우도록 격려해야 해요. 그러한 상태는 마귀와 같이 동업하고 있는 것이니까.. 그 우울한 느낌과 외로운 느낌, 허무한 느낌.. 그거 다 악한 영들의 장난인데 그걸 그대로 가지고 있는 것은 자기 책임이에요.

그러니 그럴 때는 악한 영을 부수도록 해야 해요. 절대로 어두운 생각을 받아들이지 말고 의지적으로 밝게 생각을 하고 밝은 마음을 품도록 권해야 해요."

이때쯤에는 예원이와 주원이도 옆에 와서 이야기를 듣고 있다가 대화에 끼어들었다. 주원이가 말했다.

"아빠.. 저는 생각이 참 밝은 편이잖아요. 그러니까 좋은 거죠?"

"그래. 좋다. 너희들이 생각이 항상 밝고 긍정적이어서 아빠는 기쁘다. 그런 사람은 반드시 인생의 방향이 행복하고 즐겁게 흘러가게 되어 있다.

하지만 주원아. 너도 그리 많이 밝은 것은 아니다. 너는 좀 더 온전한 밝음 속으로 들어가야 한단다."

"온전한 밝음? 그게 뭐에요?"

"온전하게 밝으신 분은 주님 밖에 없다. 사람은 아무리 밝아도 어두움을 가지고 있고 그 어두움이 재앙을 가져오는 것이다. 그렇기 때문에 우리는 더욱 더 찬란한 밝음 가운데 나아가야 한다는 뜻이다.

너도 전체적으로 밝지만 순간적으로 어두운 생각에 빠질 때가 많이 있다. 네가 얼마 전에 컴퓨터 시험에 두 번 떨어졌잖아. 그 때 네가 낙심했지. 물론 조금 있다가 회복되기는 했지만.. 그런 것이 좋지 않은 것이다.

이렇게 생각해야 한다. 아.. 이것은 내게 좋은 것이다. 삼 세 번이라는 말도 있지 않은가.. 더 겸손해지라는 메시지일 것이다. 나는 이 시련을 통해서 더 밝게 성장할 것이다.. 이런 식으로 생각해야 한단다.

그러니까 진정한 밝음은 환경이 좋을 때에만 밝은 것이 아니라 힘들고 고통스러울 때도 밝은 것이다.

기억하거라. 무슨 일을 겪든지 어떤 안 좋게 보이는 일이 생기든지 항상 무조건 가장 좋은 것이라고 생각하거라. 나에게 필요한 훈련이라고 생각하거라. 그게 빛의 생각이다. 조금이라도 나쁘게 해석하지 말아라. 그것은 악한 영을 부르는 것이다.

하나님은 나와 항상 같이 계신다.

나를 사랑하신다.

그분이 나에게 복을 주신다.

나는 잘 될 것이다.

나는 행복하다.

나는 더 밝아질 것이다.

빛에 속한 사람이 될 것이다.

이렇게 계속 생각하고 말하고 해야 한다.

그 때 우리는 점점 더 천국에 가까운 사람이 되는 것이란다."

주원이는 이야기를 들으면서 몹시 기뻐했다.

"와, 아빠.. 아빠 이야기를 들으니까 힘이 막 생겨요."

"그래, 그게 빛의 힘이다. 그러니까 네 안에 아주 조그마한 어두움도 남기지 말고 빛의 생각으로 다 바꾸어버리도록 노력하거라."

"예, 아빠.."

우리는 모두 즐거운 마음으로 옥상에서 내려왔다.

한여름 밤의 쾌적한 옥상의 바람.. 쾌적한 대화들..

우리는 몸도 마음도 시원해져서 집에 들어와 곧 잠이 들었다.

이 땅의 모든 그리스도인들이 어두움에 거하지 말고 빛과 기쁨과 영광 속에 거하면서 아름답고 행복한 미래를 창조하게 되면 얼마나 좋을까.. 세상의 모든 사람들이 그리스도인들은 바로 기쁨의 사람이며 빛의 사람임을 알게 된다면.. 얼마나 좋을까.. 그러한 생각을 하고 있다가 어느 순간에 행복한 잠에 빠져들었다.

2004. 7. 25

20. 행복의 근원은 무엇인가

 나의 가정은 아주 행복하다. 항상 기쁨의 소리와 웃음소리가 끊이지 않는다. 아내는 나를 사랑한다. 나도 아내를 사랑한다. 아이들도 우리를 사랑한다. 우리는 함께 있는 시간이 몹시 즐겁다.
 아주 가끔 갈등의 시간이 잠시 있을 때도 있지만 그것은 대부분 결과적으로 우리의 사랑과 결속력과 깨달음을 더해준다.
 이와 같은 가정행복의 비결은 무엇일까.
 첫째, 나는 그것이 내가 주를 간절하게 사모하고 구하기 때문일 것이라고 생각한다.
 나는 가정의 행복에 대해서 구하고 기도해본 적이 없다. 다만 주를 간절하게 구했을 뿐이다. 사실 그 뿐 아니라 나는 많은 시간을 기도로 보냈지만 주를 구하는 이외의 기도는 별로 한 적이 없다. 물질이나 문제의 해결이나.. 그런 것에 대해서는 거의 기도하지 않았다.
 기도가 나오지도 않았고 별로 재미가 없었다. 그것은 나의 관심이 아니었다. 나는 다만 주를 알고 싶었을 뿐이다.
 가정의 행복함은 주님이 내게 덤으로 주신 것이라고 생각한다.

 내가 가정의 행복을 누리는 둘째 이유가 있다면 그것은 내가 행복하지 않은 가정에서 살았기 때문이라고 생각한다.

나의 아버지는 술을 많이 드셨다. 아버지가 술에 취해서 싸우는 모습을 많이 보고 나는 절대로 술을 마시지 않겠다고 어렸을 때부터 결심했다.

나는 아버지가 어머니를 때리는 것을 많이 보았다. 그래서 나는 평생 동안 어떤 일이 있어도 아내에게 폭력을 행사하지 않을 것을 결심했다.

어머니는 항상 입에 근심과 원망과 푸념을 달고 사셨다. 그래서 나는 만약 결혼을 한다면 밝은 여성을 만나야겠다고 마음먹었다. 아무리 힘들고 어려운 일이 있어도 불평하지 않고 그냥 감사하고 웃고 넘어가는 그런 사람을 만나야겠다고 마음먹었다. 그래서 정말 밝고 인생을 즐겁게 사는 자매를 만나서 결혼하게 되었다.

어머니는 많은 시간을 기도하는 사람이었지만 다른 이들을 비난하고 비판하는 경우가 많았고 자녀들에게도 잔소리와 비난이 많은 편이었다. 그래서 나는 어른이 되면 절대로 비난도, 잔소리도 하지 않겠다고 마음을 먹었다.

부모님으로부터 한 번도 사랑한다는 말을 들은 적이 없어서 나는 아이들에게 수시로 사랑한다는 말을 해야겠다고 마음먹었다.

항상 가난해서 필요한 것을 가질 수 없었기 때문에 나는 소망의 포기와 인내에 대해서 알게 되었고 절약과 검소한 삶이 습관이 될 수 있었다.

항상 어디서나 야단맞고 무시당하고 나쁜 대우를 받았기 때문에 나는 겸손하고 조심스럽게 처신을 하는 것이 좋다는 것을 알게 되었다.

나는 별로 행복한 환경에서 자라지 않았지만 바로 그것이 행복의 비결인 것을 알게 되었다.

행복에 익숙해져 있다면 더 나은 삶을 얻기가 어려울 것이다. 하지만 나는 어두움 속에서 익숙해지고 불행이 어디에서 오는지를 느낄 수 있어서 그런 것들을 본받지 말고 나은 삶을 살려는 마음을 가지게 되었다.

그러므로 행복한 환경에서 자란 사람은 불행해질 수 있지만 불행하게 자라온 사람은 행복해질 수 있다.

물론 다른 견해도 있다. 부모를 닮지 않겠다고 마음먹으면서도 닮는 경우가 많이 있다고 한다. 예를 들어서 폭력적인 가정에서 자란 사람은 자기도 그것을 싫어하지만 어느새 자신도 폭력적인 사람이 된다고 한다.

사실 그렇다. 나도 폭력적인 가정에서 자랐다. 그래서 나도 폭력적이다. 다만 나는 폭력을 마귀에게 사용할 뿐이다. 마귀들이 가까이 와서 알짱거릴 때 나는 그들을 영적인 망치로 부숴 버린다. 그렇게 박살을 내 버린다.

나는 폭력적이다. 만약 주님을 구하지 않았다면 아마 나도 엉망의 사람이 되었을 것이다. 내게는 어릴 때부터 항상 두려움이 있었고 염세적인 성향.. 우울함, 어두움.. 분노, 폭발적인 증오.. 탐닉.. 갖은 나쁜 증상이 있었다. 하지만 주님을 간절하게 구할 때 그러한 것들은 거의 다 사라져버렸다.

세상에 가장 위대한 약은 오직 주님 자신이다. 행복의 근원은 오직 한 가지, 그것은 오직 주님이라고 나는 믿는다.

행복은 환경에 있지 않다. 그것은 오직 주님과의 거리에 있다.

결혼은 새장과 같아서 바깥에 있는 새는 안으로 들어가려고 하고 안에 있는 새는 바깥으로 나가려고 한다. 그 어느 쪽도 만족이 없으며 다른 사람들을 부럽다고 여긴다. 결혼을 하기 전에는 외롭다고 고통스러워하며 결혼을 한 후에는 언제 저 웬수가 죽어서 자유의 몸이 될 것인가 생각한다.

부모의 경우도 그렇다. 나는 부모가 있었으니까 항상 고아들을 부러워하면서 어린 시절을 보냈다. 하지만 고아들은 부모를 그리워할 것이다.

누구나 남을 부러워하는 것은 당연한 이치이다. 하지만 그 어느 쪽이든 주를 알지 못하는 이들은 행복하지 않다. 환경이 바뀌고 주위 사람이 바뀌고 상황이 바뀌어도 그 영혼이 주님과 멀리 떨어져 있는 사람은 결코 행복하지 않다.

행복을 위하여 치유 사역이 있고 가정사역이 있고 여러 가지 사역들이 있다. 하지만 아무리 해도 행복은 오지 않을 것이다. 가정 십계명, 남편 십계명.. 그런 거 백날 외워도 행복은 오지 않을 것이다.

행복은 오직 영혼이 깨어나서 주님을 알아갈 때 오는 것이다.

이 세상의 모든 고통은 다 주님과 멀리 있어서 오는 것이다.

주님 중심의 의식이 없어서 오는 것이다.

하루 종일 기도하고 평생을 교회에 다니지만 완악하고 변화되지 않는 이들을 나는 수도 없이 보았다. 그것은 그들의 의식에 주가 없기 때문이다.

많이 기도하지만 자기의 욕망을 위해서 구할 뿐이지 천하보다 귀한 보화 되신 주님이 옆에 계셔도 그분을 알아보지 못한다.

그러니 그들은 생명수를 가까이 두고도 어둡고 메마른 곳에서 한 모금의 물을 구한다. 그것은 진정 구할 것을 구하지 않는 것이다.
　홀로 사는 싱글도 있고 버림받은 사람도 있고 학대당하는 사람도 있고 굶주리는 이들도 있고 많은 어려움을 겪는 이들이 있지만 그것은 문제가 아니다. 문제는 주님과 먼 것이다.

　혹자는 말한다.
　하지만 주님은 사람이 아니시잖아요.
　육체로 만질 수 없잖아요.
　저는 외롭고
　살이 있고 피가 있는 사람이 필요하다구요..
　나는 말한다.
　주님은 살과 피가 있는 사람보다 더 가깝다.
　주님은 더 선명하신 분이다.
　당신의 영혼의 감각이 죽어있어서 그분이 멀게 느껴지는 것이 문제이지, 주님은 피상적인 분이 아니다. 당신의 마비된 영성이 문제이지 주님은 피상적인 분이 아니다. 주님은 놀랍고 선명하며 실제적인 분이시다. 다만 주를 깊이 갈망하고 사랑하지 않는 이에게 그분은 자신을 드러내지 않으실 뿐이다.
　지금 당신의 문제는 외로움이 아니며
　싱글이기 때문이 아니며
　질병이 아니며
　오직 주가 먼 것이다.
　이것을 깨닫기 전까지

세상에 행복과 천국이란 없다.
우리의 필요는 돈이 아니다.
사람이 아니다.
오직 주님이다.
주님의 실제이다.
그것만이 모든 것이다.
지혜가 필요한 사람
사랑이 그리운 사람
마음이 상한 사람
그 모든 이들에게
오직 주님이 필요하다.
다른 것은 아무 것도 필요치 않다.
주님은 모든 것을 채우신다.
사람은 사람의 안에
더 깊은 갈증을 일으킬 뿐이지만
주님은 진정한 만족, 진정한 충만함으로 우리를 채우신다.

나는 한 때 교사를 하고 싶은 마음을 가지고 있었다.
아이들을 좋아했다.
가르치는 것을 좋아했다.
하지만 진로를 결정함에 있어서
분명한 사실이 있었다.
나는 주님을 은밀하게 가르치고 싶지 않다는 것이다.

교사가 된다면

나는 은근하게 살며시 복음을 전해야 할 것이다.

간접적으로 살짝 주님을 전해야 할 것이다.

나는 그렇게 하기가 싫었다.

나는 주님을 간접적으로 말하기가 싫었다.

나는 주님이 근본이며

근원이며 생명이며

목숨이고 모든 것이며

목표이며 의미이며

우리는 목숨이 수천 개 있어도

다 주님께 드려야 한다고 말하고 싶었다.

온 몸이 주를 위해 찢기고 찢겨도

그것을 행복으로 알아야 한다고 외치고 싶었다.

주를 위해 아주 미쳐버리자고 말하고 싶었다.

나는 제 정신이고 싶지 않았다.

그래서 나는 사역자의 길이 나에게 맞는 것을 알게 되었다.

나는 집회를 좋아한다.

책을 쓰는 것 때문에 못하고 있지만

그래도 집회를 좋아한다.

왜냐하면 집회에서는

미칠 수 있기 때문이다.

온 힘을 다해서 전심을 다해서

온 몸의 진액을 짜내어 주님의 이름을 부르고
그 이름을 높이고 미칠 수 있기 때문이다.
울고 찬송을 드리며
나는 그렇게 죽었으면 했다.
그렇게 주님을 외치면
행복해서 너무나 행복해서
정말 미칠 것만 같았다.
가슴이 벅차오르고
심령 가득하게 차오르는 거룩한 기쁨과 행복감..
정말 미칠 것만 같았다.
그래서 나는 집회를 좋아한다.

나는 점잖게 믿는 것이 싫다.
부드럽게 기도하고 찬양하는 것도 좋지만
나는 내 목숨을 그렇게 쏟아 붓고 싶다.
그렇게 주를 높일 때
그 곳은 천국을 잠시 이 땅에 옮겨놓은 것 같다.
주님의 영광..
그 놀라우신 이름을 높인다.
넘쳐흐르는 눈물로 주님께 사랑을 고백한다.
주님이 우리에게
얼마나 놀라운 분인지 고백한다.
그리고 감사하고 감사하고 또 감사한다..

백만 번이라도 감사한다..
그리고..
그것은 천국이다.
나는 그 공간에
가득하게 임하신 주님과 천사들을 느낀다.

주님은 근원이다.
행복하지 않은 사람은 주를 구하지 않는 것이다.
대부분의 사람들은 주님이 아닌 다른 것을 구하지만
그것이 고통의 근원임을 모르고 있다.
그들의 소원이 이루어지면
더 비참해질 것을 모르고 있다.
나에게 많은 문의와 도움 요청이 온다.
애인의 마음이 떠나지 않게 도와주세요..
결혼을 해야 하는데..
가족들이.. 엉엉..
누가 너무 아픈데요..
어린 시절의 상처가..

만약 그들이 주를 구하기 시작한다면
그러한 것들은 문제가 아님을 알게 될 것이다.
오직 살든지 죽든지
그리스도가 내 안에서 존귀하게 됨이 중요함을 알게 될 것이다.

내가 사는 것이 그리스도니

그리스도로 살고 그리스도로 숨 쉬고 그리스도로 움직이니

죽는 것도 유익함을 알게 될 것이다.

비밀은 이것이니 곧 우리 안에 계신 그리스도시며

이것이 곧 영광의 소망임을 알게 될 것이다.

그 외에는 누가 죽든 살든 신경 쓸 것이 없다.

항상 가난한 자들은 이 땅에 있으며

항상 사람은 나고 죽는다.

항상 아픈 사람은 있고 치유되기도 하며

욕망은 시작되고 불타오르다가 소멸되기도 한다.

그러한 것들은 바닷가에 항상 있는 밀물과 썰물 같은 것이다.

주님은 근원이시다.

근원을 붙들지 않는 이들은 목마르며 외로우며 허전하며 고통스럽다.

우리는 근원을 붙잡아야 한다.

그것이 진리의 삶이며 깊은 삶이다.

우리는 아침이든 밤이든 낮이든

언제나 주를 구해야 한다.

예수 충만을 구해야 한다.

그것이 모든 것이다.

온 우주를 얻는 것이다.

천국을 얻는 것이다.

많은 이들이 주를 붙들지 않고
욕망의 찌꺼기.. 쓰레기를 우상처럼 붙들고 있어서
그 심령의 지옥에서 벗어나지 못한다.
오직 예수를 구하자.
목숨보다 간절하게
주를 추구하자.
그렇게 할 때
우리의 삶, 우리의 심령 속에
놀라운 일이 일어나며
영광의 세계가 시작될 것이다.
그리고 우리는 우리에게 임한
이 땅에 감추어진 그 천국의 영광과 환희를
결코 아무에게도 빼앗기지 않을 것이다.
할렐루야.
아멘.

2004. 8. 28

21. 아가들의 영성 관리

요즘 며칠 간 아이들을 자주 안아주었다. 참 행복하다.

아내와 같이 분식집에 들러서 국수를 먹는 데에도 아기가 있었고 다른 데서도 아기를 안고 있는 엄마들을 보았다. 나는 그럴 때마다 주저 하지 않고 다가가서 아이를 한번만 안아볼 수 있겠느냐고 부탁한다. 그것을 거절하는 엄마는 아직 보지 못했다.

어떤 엄마는 내가 다가가서 '아가 좀 잠시 빌려 주세요.' 했더니 깔깔 웃으면서 '한 번 빌리는 데 만 원이에요..' 한다.

재미있는 엄마다. 재미있는 엄마를 둔 아가는 인생이 잘 풀릴 것이다. 그것은 복이다. 그런 아가들은 여유와 누림 속에서 인생을 배워가게 될 것이다.

어린 아가를 가만히 지켜보고 있는 것은 왜 행복감을 줄까? 그 조그맣게 볼록 튀어나온 뺨을 왜 콕 하고 찔러보고 싶을까? 그 자그마한 손가락을 왜 자꾸 만져보고 싶을까?

어떤 꼬맹이 아가는 아주 쪼끄마한 손가락으로 엘리베이터 문 앞에서 문의 가운데 금이 있는 곳을 손가락으로 꼭꼭 찌르고 있었다. 그 아이는 왜 자꾸 거기를 찔러보는 것일까?

아이들을 지켜보고 있는 것은 행복하다. 하지만 그 아이들은 지금같이 계속 아름답고 천진난만하지 않을 것이다.

아가들은 어른들이 잘 관리하지 않는 한 급속하게 영이 악해지고 혼탁해진다. 아이들이 돌 정도가 되면 찡찡거리는 꼬마 악령들이 아이에게 들어오기 시작한다.

악령들은 항상 인간의 주위에 알짱거리고 있는데 아가들에게는 작은 영들이 찾아온다. 그래서 아가들은 찡찡거리고 고집부리고 반항하고 성질을 내게 된다.

나는 돌이 된 아가가 화가 잔뜩 나서 전화기를 들어서 던져 부숴 버리는 것을 본 적이 있다. 그게 아이의 성질 같지만 사실은 장난꾸러기, 심통장이 작은 악령이 하는 짓이다.

하지만 그 영들을 분별해서 쫓아버리는 엄마는 찾기 어렵다. 대부분 영의 정체를 알지 못하고 아기와 영을 분리시킬 줄 모른다. 그래서 그 작은 악령들은 아기들 속에 집을 짓고 자리를 잡아버리게 된다. 그래서 아이의 악한 성품이 형성된다.

그러니 아가와 나쁜 영을 분리하는 것은 쓰레기를 분리수거하는 것보다 훨씬 더 중요한 것이다.

예원이와 주원이가 어릴 적에 나는 목회를 하고 있었고 집회에 주님의 임재와 영의 충만함이 많이 있었기 때문에 이 아이들은 영안이 열려 있었다. 어른들은 기도를 해도 별 변화가 없지만 아이들은 기도를 해주면 영안이 열리는 경우가 많았다.

그래서 이들은 천사를 보고 귀신을 보고 천국과 지옥을 수시로 보곤 하였다. 천사 몇 명이 와 있고 어디에 귀신이 몇 명 서 있고.. 천국에 누구 집은 어떻게 생겼고 지옥은 어떤 형태, 어떤 모습을 가지고 있었고..
이런 이야기를 많이 했다.

  당시에 이 아이들은 아직 어려서 말을 잘 못했기 때문에 주로 그림을 그려서 설명하곤 했다.

  아이들이 찡찡거릴 때는 내가 악한 영들을 쫓아냈다. 그러면 아이들은 귀신이 어디에 몇 마리 있고 이제 몇 마리 남았고, 이런 이야기를 하곤 했다.

  내가 예원이에게 기도를 해주고 있는 데 예원이가 이런 말을 한 적이 있다.

  "아빠.. 조그만 귀신들이요, 나보고 자꾸 찡찡거리라고 이야기해요.."

  정말 아가들에게는 찡찡이 영들이 많이 찾아온다. 그래서 아이들에게 찡찡거리라고 충동질한다. 그래서 내가 그 조무래기 귀신들을 쫓아내고 나면 아이들이 찡찡거리지 않고 맑고 사랑스러운 모습으로 되었다.
말투도 눈빛도 아름답게 달라졌다.

  그 영들은 한 번에 완전히 사라지는 것이 아니다. 나중에 또 찾아온다. 그래서 수시로 기도하고 찬양하고 아이들의 눈빛이나 말투를 보고 영의 상태를 분별하고 관리해야 하며 영적인 분위기에서 사는 것이 중요하다. 이러한 축귀는 난리가 나는 살벌한 작업이 아니다. 그저 단순하게 축복기도 해주고 주의 이름으로 명령하면 끝나는 것이다.

  아이들은 영안이 열려 있어서 어디에 귀신이 있는지를 잘 보았고 집안에 영적인 찬양을 틀어놓으면 구석에 있던 귀신들이 얼굴을 찡그리고 싫어하다가 나가버린다는 이야기를 자주 했다. 이것은 악한 영들의 활동이 사람들이 느끼지 못할 뿐 아주 보편적이라는 것을 보여주는 것이다.

아이들은 영이 맑고 민감하다. 그래서 아이들에게는 천사도 자주 가까이 오지만 악령들도 쉽게 가까이 온다.

아이들에게는 귀신들이 동화나 게임이나 상상의 이야기를 통해서 잘 들어온다. 아이들은 혼자서 상상의 대화를 자주 하기도 하며 동화 속의 주인공과 자주 대화를 나누는데 사실 그것은 작은 악령들이다.

이 작은 악령들은 주로 친구와 같이 친근한 모습으로 아이들에게 접근해 오는데 그들과 이야기와 교제를 나눌수록 불순종과 정서 불안 등의 상태가 나타나며 차츰 이상한 성품으로 바뀌어가게 된다.

아가들이 좀 자라면 그들을 따라 다니는 악령의 종류도 바뀐다. 청소년기에 맞는 악령들이 가까이 다가온다.

청소년들이 컴퓨터 게임에 빠지면 게임을 끊을 수가 없고 그 게임 속의 영상이나 주인공의 모습이 자꾸 떠오르는데 이것은 이미 악령들이 그들의 안에 자리를 잡은 것이다. 일단 들어온 악령들은 먹을 것을 달라고 그들의 속에서 자꾸 채근하기 때문에 아무리 아이들을 두들겨 팬다고 하더라도 게임이나 오락을 끊기가 어려운 것이다.

아이들이 컴퓨터나 전자 게임을 하는 것은 단순한 오락이 아니다. 그것은 악한 영들과 접촉을 하는 것이다. 그렇게 게임을 통해서 들어온 영은 그 아이의 자유를 앗아가고 이상하게 변질되게 만든다. 성실하고 순종적인 아이가 이상하게 비뚤어지고 공격적이 되고 반항적으로 되게 만든다. 그것은 배후에 악령들이 장난을 치고 있기 때문이다.

어른이 되면 그 영들이 다시 성인에게 들어가는 악령을 끌어당기게 된다. 결국 아가 때에 들어온 작은 악령들이 평생의 악령들이 들어오는 통로가 되는 것이다.

살아있는 동안 그 영들을 처리하고 정화시키지 않으면 나중에 영원한 곳에서 그 비슷한 영들과 같이 살게 될 것이다. 물론 그곳은 지옥이다.

사람들은 몸이 교회에 가고 예배를 드리면 천국에 자동으로 가는 줄로 생각하지만 그것은 오해이다. 신자들은 거듭나야 하며 예수를 실제적으로 알고 예수의 영으로 살아야 한다. 그것이 천국의 영이다.

예수의 영으로 살지 않는 이들은 세상의 영, 악한 영의 힘으로 살게 되는데 그들은 지옥의 영계와 연결되어 있는 것이다. 피상적인 믿음, 실제가 아닌 믿음은 형식적으로는 주를 알지만 실제로는 지옥의 영으로 사는데 그것과 천국이 교통할 리가 없다. 마음속에 세상이 가득하고 죄와 욕망이 가득한 상태가 천국과 교통할 수는 없는 것이다.

아가들을 사랑한다면 부모들은 그들의 영을 분별하고 정화시켜야 한다. 아가들이 고집부리고 찡얼거리는 것을 귀엽다고 내버려두는 것은 아가들과 악령들을 연합시켜서 아가들을 지옥의 자식으로 만드는 것이다. 지금 연결되어 있는 그 영들은 계속 나이가 들면서 새로운 영들을 받아들이기 때문이다.

하지만 그러한 가르침이 무슨 소용이 있으랴. 똑같이 주의 영이 아닌 세상의 영으로 살고 있는 부모들이 오늘날 너무 많은 것이다.

주의 영은 천국의 영이며 그 영은 기쁨의 영이며 감사의 영이며 믿음과 신뢰의 영이며 지혜와 담대함의 영이다. 그러나 부모들이 지옥의 영들, 근심과 두려움의 영, 짜증과 불안과 미움과 무기력의 영, 세상 사랑의 영에 잡혀 있다면 어찌 자녀들의 영을 분별하고 아름답고 풍성한 천국의 영을 공급하는 통로가 될 수 있을 것인가..

예수를 믿는 다는 것은 예수의 영으로 사는 것이다. 그것이 곧 천국의 실제이다. 하지만 그 영을 실제로 누리고 경험하는 이들은 드물다.

많은 이들이 복음과 성경의 말씀과 교리를 머리로 이해하고 있을 뿐이다. 그렇기 때문에 오래 믿으면서도 별로 변화가 되지 않는 것이다.

영의 분별과 관리는 참으로 중요하고 필요하다. 영의 세계를 이해하지 못하면 자신이 자유롭게 사는 것 같지만 사실은 배후의 영들에 의해서 많은 묶임 속에 있으며 조종되고 있는 것이다. 눈을 뜰 때 비로소 그러한 사실을 깨닫게 되는 것이다.

영적 세계의 실상을 바르게 이해하고 분별하고 관리할 수 있을 때 아가들도 사랑스럽게 계속 인도하고 키울 수 있으며 우리의 영혼도 계속 맑고 신선하고 아름답고 주를 향하여 천국을 향하여 나아갈 수 있을 것이다.

부디 주님께서 우리의 영적 시각을 열어 주시기를.. 할렐루야.

2004. 9. 2

22. 영계의 닫힌 문을 열자

명절이 끝났다. 명절에는 영적 전쟁이 많은데 기도로 무장해서 별 어려움이 없이 보냈다. 감사하고 기쁘다.

최근 몇 년 간 나는 사람들을 거의 만나지 않고 은둔적인 삶을 살았다. 사람을 만나고 영이 섞이게 되면 글쓰기가 어렵기 때문이다. 나는 당분간 어느 정도의 문서사역이 끝나기 까지는 외적인 사역과 교제를 제한하기로 하고 있다.

그래서 사람을 거의 접하지 않으며 어쩌다 만나게 되면 오직 주를 사모하고 추구하는 이들을 만나는 편이다.

주를 사모하고 천국을 추구하는 이들은 순수하고 천진난만하며 나이와 상관없이 어린 아이 같다.

그래서 이들과 같이 있을 때 행복하고 천국을 느끼게 된다. 사모하는 이들은 그 영혼이 천국에 속해 있으며 항상 주의 임재와 천사들이 함께 있으므로 언제 어디서나 삶이 행복하다.

주를 추구하지 않는 이들은 세상과 자기중심과 어두움으로 가득 차 있다. 그러므로 행복하지 않으며 삶이 복잡하고 힘들고 지친다. 이들은 온갖 지옥의 영들에게 고통을 겪으므로 환경과 상관없이 고뇌와 고통이 끊이지 않는다.

그들은 항상 현실의 문제점과 어려운 점을 이야기하며 이것은 이래서 좋지 않고 저것은 저래서 나쁘다고 이야기한다. 이런 저런 것들이 힘들고 괴롭다고 이야기한다. 어떤 사람이 자기를 괴롭게 한다고 푸념한다. 하지만 오직 문제는 그들의 영혼이라는 것을 알지 못한다.

사모하지 않는 이들은 영혼의 깨어남을 경험할 수 없다. 그래서 진리를 들어도 들리지 않고 빛을 보아도 보이지 않는다.

사모하지 않는 이들과 시간을 보내는 것은 시간이 많이 아까운 일이다. 나는 시간을 잃어버리고 싶지 않다. 모든 사람에게는 각자 부르심이 있지만 내게는 주께 굶주린 이들을 조금 도와주는, 그러한 부르심이 있다고 느끼기 때문이다.

갈망하지 않는 이들에게 억지로 생명을 공급하는 것은 불가능하다. 그것은 영계의 법칙에 어긋난다. 준비되지 않은 영혼을 억지로 주님의 감동과 인도하심도 없는데 스스로 도우려고 애쓰는 것은 좋은 일이 아니다. 그러니 시간이 있다면 할 수 있는 한 빛을 받을 수 있고 생명을 얻을 수 있는 이들을 만나고 돕는 것이 좋은 것이다.

명절은 여기서 예외가 되는 날이다. 그들은 몸이 속해있는 가족이므로 영적인 갈급함과 상관없이 만나게 된다. 만남의 원칙에 있어서 예외가 되는 것이다.

그렇다고 준비되지 않은 이들에게 주님과 진리의 도를 증거할 수는 없는 것이다. 주님의 일은 때가 있다.

그래서 명절동안 나는 잠시 전쟁을 치른다. 육신은 즐겁다. 육신은 즐겁게 혈육의 사랑과 정을 나눈다. 하지만 영으로는 고통을 겪는다. 육체를 가지고 있는 한 그것은 어쩔 수 없는 일이다. 감당해야 한다. 다만 조심하고 깨어있어야 한다.

일반적으로 명절에는 영의 섞임이 있다. 그러므로 여러 가지 문제들이 발생한다. 형제간의 싸움도 있고 상처도 생긴다. 명절로 인하여 가정불화를 겪는 이들도 많다. 음식 준비나 처리 등에 대한 문제도 생기고 제사 등의 문제로 다툼이 생기기도 한다. 그것은 물리적인 문제들이 아니고 배후의 영들로 인하여 생기는 일이다. 그러므로 그리스도인들은 명절 때에 특히 기도하고 깨어있어야 한다.

그리스도인들은 특별한 문제가 있는 것이 아니라면 가족들의 모임을 피해서는 안 될 것이다. 다만 기도하고 깨어서 자기의 영이 손상되지 않도록 힘쓰고 가족들을 섬기고 가족들에게 선한 영향을 줄 수 있도록 힘써야 한다.

몸을 가지고 있을 때는 아직 이 세상에 속해 있으므로 세상의 질서와 의무와 예도에서 벗어날 수 없다. 살아있는 동안에는 몸의 의무와 질서에서 벗어나지 않고 사랑함으로 감사함으로 그 짐을 지는 것이 좋다.

사후에는 세상의 법과 질서에서 벗어나 오직 영혼의 수준과 성향에 따라서 갈라진다. 주와 천국에 대한 사모함과 갈망의 정도에 따라 나뉜다. 그러나 이 세상에 살아있는 동안에는 영혼의 상태와 성향과 상관없이 같이 섞여 있다. 그래서 세상에 전쟁이 있고 갈등이 있는 것이다.

세상은 진흙과 같은 상태이다. 물과 흙이 섞여 있다. 그러나 영계는 물은 물로, 흙은 흙으로 나뉜다. 그래서 같은 성향의 영혼끼리 모이게 된다. 주를 사랑하는 이들은 천국으로, 세상을 사랑하고 자기를 사랑하는 이들은 어두움으로 떨어질 것이다.

나는 사후에 같이 영원을 보내는 가족은 그리 많지 않을 것으로 생각한다. 그것은 영혼의 상태가 다 각자 다르기 때문이다.

목회를 할 때 우리 교회에 나오던 가정들 중에 자매는 몹시 주를 사랑하지만 형제는 그다지 관심을 가지지 않는 어떤 가정이 있었다. 형제는 사람됨은 아주 선하고 성실한 사람이었다.

형제는 주님께는 별 관심이 없었지만 아내는 끔찍하게 사랑했다. 그에게 아내가 없는 삶은 죽음과 같은 것이었다.

나는 어느 날 형제에게 말했다.

"형제.. 아내를 많이 사랑하지? 하지만 형제가 마음 중심으로 주를 사모하지 않으면 이 땅에서 몇 십 년 동안만 자매와 같이 살고 영원한 곳에서는 만나기 어려울 거야. 그 곳에서는 혈연으로 모이는 곳이 아니라 주님을 사랑하는 만큼 가까워지고 모이게 되는 곳이니까.."

형제는 그 말에 몹시 충격을 받고 한동안 고민을 했다. 그는 아내와 헤어지는 것이 너무 싫었던 것이다.

물론 그 충격이 그리 오래 가지는 않았다. 아마 형제에게는 시간이 필요할 것이다.

주를 구하는 것은 인간에게 주어진 가장 놀라운 영광이고 보화이며 그 은총은 누구나 쉽게 받는 것은 아니다.

세상에서 가장 복 받은 이들이 주를 사모하여 간절함으로 병이 나는 사람들이다. 이것은 가장 놀라운 은총이다. 그들은 생명의 보화를 누리게 된다.

주를 사모하지 않는 이들은 영적인 어두움과 비참함 속에서 산다. 바퀴벌레와 쥐가 어두운 곳에 숨듯이 그 영혼이 흑암의 영역에 있다.

그들은 말을 할 때 자신의 견해를 말하며 자신을 드러낸다. 자신의 입장을 말하며 자신의 기분을 말한다. 그러므로 주님이 임하실 수 없고 하늘의 빛이 차단되며 거기에 지옥의 영들이 오고 지옥이 임한다. 그들에게는 항상 머리 위에 지옥의 영들이 따라다닌다. 그들은 세상에서는 잘 살고 성공할 수도 있으며 좋은 평판을 얻을 수도 있지만 그 영혼은 하늘을 맛볼 수 없으며 평화를 누리지 못한다.

주를 사모하는 이들은 언제 어디서나 오직 주를 드러내기 원한다. 말을 하나 웃으나 먹고 마시나 그 마음속에 주님께 대한 간절함이 있으며 주를 의식한다. 그래서 그 공간에 천사들이 가득히 오게 된다. 모든 순간이 바로 예배가 되며 임마누엘의 은총을 경험하게 된다. 그것이 곧 천국이다.

나는 사람들이 서로 판단하고 미워하는 관계를 가진 채로 예배에 참여하는 것을 보았다. 거기에는 주의 임재가 없다. 그것은 진정한 예배가 아니다. 그런 예배는 평생을 드려도 그 영혼은 하늘의 영광을 맛볼 수 없다.

주를 사모하는 자들은 아름다운 자들이다. 거기에 겸손함이 있고 사랑스러움이 있고 지혜로움이 있으며 서로에 대한 친절함과 배려와 아름다움이 있고 격려가 있다. 웃음이 있고 감사가 있고 기쁨이 있다. 그래서 그들이 있는 곳은 천국이 된다.

주를 사모하지 않는 자들이 있는 곳에는 요란함이 있고 피곤함이 있으며 거칠음이 있고 강퍅함과 불안, 혼란이 있다. 자기 의가 있고 자기 드러냄이 있으며 남에 대한 비난이 있고 판단과 정죄가 있다. 그래서 그 공간은 곧 지옥의 영들이 몰려오게 되고 지옥이 된다.

사람들의 문제는 그들의 영적 소속에 달려 있다. 그들의 영혼 상태와 영혼이 사는 곳에 달려 있다. 육체는 동일하게 이 세상에 살지만 영혼은 각자 다른 영계에 살고 있다.

어떤 이들의 영혼은 빛이 거의 들어오지 않는 습지에 살고 있다. 이러한 이들은 항상 우울하며 슬픔 속에 산다.

이러한 이들은 영혼이 열려야 하며 빛을 받아야 한다. 그래서 양지바른 언덕으로 이사를 가야 한다.

이것은 관념이 아닌 실제이다. 하지만 어리석은 이들은 자신의 비참한 영적 상태를 보지 못한다. 그러므로 오직 환경이 문제이며 환경이 바뀌어야 된다고 생각한다. 이들은 깨닫기 전까지 자기의 어두움에서 벗어날 수 없다.

어떤 이들은 광야에서 산다. 이들은 언제나 외롭다. 어떤 이들은 끈적거리고 빠져 들어가는 습지에서 산다. 이들은 음란한 마음에 사로잡혀 살게 된다. 그 모든 것들이 자기 영혼의 위치에 있는 것이다.

어떤 이들은 영혼의 집이 아주 허술하며 거의 무너지기 직전이다. 사방에 바람이 들어오며 공격이 있지만 자신을 보호하지 못한다. 이러한 이들은 항상 안정이 없고 불안하고 피곤하다.

사람은 평생 주님의 말씀을 먹고 순종함으로 자기 영혼의 집을 짓는다. 그리고 나중에 영원히 그 집에서 살게 될 것이다. 그러나 이 집이 제대로 지어진 이들은 별로 없다. 그래서 영혼이 항상 불안하며 지치고 피곤한 것이다.

오늘날 사람들은 외적인 지위나 경제에는 마음을 많이 쓰지만 자신의 마음에 천국이 임해야 한다는 것은 잘 모르며 별로 마음에 두지 않는다. 그래서 지옥 같은 마음을 그대로 유지하고 있는 것이다.

오래 전 사역을 하고 있을 때 어떤 자매가 기도회 중에 잠시 천국을 보고 나서 펑펑 운 적이 있었다. 그녀는 천국에 있는 자기 집을 보았는데 그 집이 너무나 허름하고 낡아서 몹시 슬펐던 것이다.

이 자매가 본 것이 정말 천국인지, 천국에 있는 자기 집인지 그것은 단정할 수 없다. 어쩌면 주님께서 참조하라고 작은 경고를 보여주셨을 지도 모른다. 아무튼 자신의 상태에 대해서 경고를 받는 자들은 복이 있다. 아직 아름다운 집을 지을 시간이 있기 때문이다.

오늘날 많은 영혼들은 영혼의 집도 허술하고 벌거벗은 채로 어두운 곳에서 살면서 그 사실조차 모른다. 영이 마비되고 어둡기 때문이다.

오래 동안 신앙생활을 하면서도 실제적으로 자신의 영혼을 정화시키고 발전시키고 영혼의 집을 지어야 하며 영혼의 거처를 옮겨야 함을 이해하는 이들이 드물다. 그것은 몹시 안타까운 일이다.

평생을 신앙생활하면서도 오직 주를 붙들고 주를 사모해야 하며 주님께 사로잡혀야 한다는 것 자체를 모르는 이들이 많다. 많은 이들이 자기중심으로 살고 자기의 의견으로 살며 자기를 높이고 자랑하고 자기를 건드리는 자에게 분노한다. 그리고 그렇게 사는 것이 당연한 것으로 여긴다.

그들의 영혼은 영적인 어둠 가운데 있다. 그들의 영혼은 벌레처럼 땅속에 파묻혀 있어서 빛을 받지 못한다. 그래서 마음이 항상 어둡고 침침하며 외롭고 괴롭고 고통스러운 것이다.

빛이 올 때에 비로소 인간은 벌레에서 벗어나고 짐승의 형상에서 벗어나 육체와 본능을 벗게 되며 하나님의 형상인 참 사람의 모습이 되고 천사와 같은 상태가 된다. 그것이 사람의 나아가는 길인 것이다. 사람은 주님을 향해서, 천국을 향해서 나아가도록 지어졌기 때문이다.

기도의 문이 열려야 한다. 천국의 문이 열려야 한다.

천국은 죽어서 가는 곳이 아니다. 우리는 살아있는 동안 그 천국의 영광을 체험하고 맛보아야 한다. 그래야만 영이 자라며 아름답고 풍성한 열매들을 맺을 수 있다. 천국은 빛으로 충만한 공간이며 영혼은 그 빛을 먹고 자라게 된다.

오직 주를 사모하고 주님께 굶주리는 것으로만 천국의 문은 열린다.

교회에 다니는 것과 주님을 사모하는 것은 같은 것이 아니다.

사역에 애쓰는 것과 주님을 사모하는 것은 같은 것이 아니다. 비록 사역자라고 해도 자신이 빛과 천국을 맛보지 않고는 그것을 나누어 줄 수 없다. 먼저 충만한 빛과 은총을 누리고 경험한 후에 그는 비로소 그것을 공급할 수 있는 것이다.

가족 방문을 마치고 아내와 나는 집으로 왔다. 가족들을 만나는 것은 아름답고 즐거운 일이지만, 그 동안 기도를 하지 못해서 몹시 답답한 상태로 집에 왔다. 집에 들어오는 순간 다시 주님의 평안과 기쁨과 임재가 몰려왔다.

나는 젖을 구하는 아이처럼 내 방에 들어와 허겁지겁 무릎을 꿇었다. 잠시 막혀버린 하늘 문을 다시 열어야 했다.

마음을 열고 심령을 열고 나의 심령이 하늘을 향하게 했다.

엎드려서 한 동안 씨름을 하자 다시 하늘 문이 열렸다. 심령 속으로 다시 강력한 빛과 감동이 흘러 들어오는 것을 느꼈다.

섬광과도 같은 강렬한 빛이 흘러 들어와 온 몸과 영혼이 관통되는 것 같이 느껴졌다. 온 몸에 전율이 오고 영혼이 희열감으로 점점 더 가득 채워진다. 아, 천국은 정말 좋은 것이다.

기도란 정말 좋은 것이다. 주를 사모하고 구하는 것은 정말 좋은 것이다. 이 우주 안에서 그 보다 더 귀한 것은 없다.

하늘의 영광, 주님의 영광을 잠시라도 맛본 이들은 평생 동안 주님 외에 다른 것을 구할 수 없게 될 것이다. 그것은 실재하는 천국이며 말로 형용할 수 없는 행복감이다.

나는 기도의 즐거움에 취해서 거기서 벗어나고 싶지 않았다. 그러다가 나는 행복한 잠 속으로 빠져 들어갔다.

주님을 누리는 것은 정말로 너무 좋은 것이다.

그것은 곧 천국이며 천국의 향취와 기쁨이 가득한 것이다.

살아있는 동안 우리는 주님을 맛보며 또한 주님을 나누어야 한다.

그렇게 함으로써 우리는 이 땅에서도 천국처럼 살아갈 수 있는 것이다. 할렐루야.

2004. 9. 29

23. 오직 낮은 마음으로 앞으로 나아가자

말을 하거나 글을 쓰는 것이 참 조심스럽다. 독자들 중에는 나의 말이나 글을 너무 전폭적으로 의지하는 이들이 더러 있는 것 같다.

내가 어떤 책을 좋다고 이야기하면 어떤 이들은 그 책을 바이블처럼 생각한다. 내가 어떤 사람을 존경한다고 말하면 그 사람은 아주 성자와 같이 생각하고 따른다. 정원 목사님이 추천하고 인정하는 사람이라고 말한다. 어떤 교회가 좋다고 이야기하면 그 곳이 아주 특별하게 좋은 곳이라고 생각하는 것 같다.

하지만 세상에 완전한 데, 완전한 사람이 어디 있겠는가. 나도 마찬가지고 그 누구도 마찬가지다. 완전한 책이 성경 외에 어디 있으며 완전한 사람이 세상에 어디 있으며 온전한 교회가 세상에 어디 존재하겠는가. 우리는 다 부족하고 불완전한 어린아이지만 조금씩 한 걸음씩 나아가고 있는 중이다.

어떤 이들은 이것은 다 좋고, 저것은 다 나쁘고 하는 식의 흑백논리를 가지고 있는 것 같다. 물론 그러한 관점은 어린아이같이 순진한 관점이다.

얼마 전에 지난날의 경험을 이야기하면서 어떤 교회의 이야기를 한 적이 있다. 나는 내가 과거에 다녔었던 그 교회에 대해서 좋은 추억을 가지고 있었다. 그런데 이야기 중에 그 교회의 이름을 무심코 썼었는데 그것을 보고 어떤 목사님이 인터넷을 뒤져서 그 교회의 사이트를 소개했다. 그 목사님의 설교를 올리고 자료를 올렸다. 그것을 보고 여러 사람들이 그 곳을 방문하고 약간 우려가 되는 부작용을 경험하는 이도 있는 것 같다. 나는 나중에 그것을 알고 참 난감한 마음이 들었다.

그 곳에 좋은 점만 있는가. 물론 아니다. 문제점도 있다. 하지만 나는 어느 곳에 대해서든 좋은 면을 이야기하고 싶어 한다.

나는 모든 교회나 단체나 사람들이 다 장점과 약점을 가지고 있으며 각자의 사명과 기질에 따라 강점과 약점이 있다고 생각한다. 그 아무도 온전한 사람은 없다. 그러므로 좋은 것만 본받으면 되는 것이다. 좋지 않다고 느껴지는 것이 있으면 적용하지 않으면 된다.

이 교회는 주님을 사랑하고 추구하는 것에 대해서 많이 이야기한다. 그것만으로도 놀랍고 훌륭한 교회라고 나는 생각한다. 이것은 십 여 년 전의 이야기고 그 후에 어떤 변화가 있는지는 모르지만 당시에는 분위기가 그러했다.

내가 느끼는 그 곳의 약점은 발성이 거의 없다는 것이다. 소리를 내어서 기도하는 경우도 없고 찬송도 시작과 끝에 한 곡 정도 부른다. 그 외에는 거의 다가 말씀을 듣는 시간이다.

메시지는 참 좋다. 주님을 간절히 사모하고 붙들자는 메시지가 대부분이다. 하지만 은사나 능력의 나타남에 대해서는 좋지 않게 보는 경향이 있고 발성이 부족하므로 영의 흐름이 적으며, 성도들은 중심이 아름답고 선한 반면에 영이 무기력하고 눌려 있는 측면이 있다.

주님을 순수하게 사랑하지만 영이 약하며 그러므로 세상에서 적극적인 역할을 하지 못한다. 그래서 은둔적인 삶을 사는 경향이 많다.

신자들이 발성기도, 부르짖는 기도가 없이 묵상만 하면 어떻게 되는가. 영이 약해지고 소극적이 된다.

발성이 없으면 영의 활동이 부족함으로 분별이 어렵다. 이것을 기억해야 한다. 기독교의 중심은 말씀이다. 말하는 것이다. 기도도 소리이고 찬양도 소리를 내는 것이다. 성경읽기도 소리를 내서 읽는 것이 좋다. 그것이 영을 활성화하고 충만하게 한다.

소리와 발성이 부족하면 영이 막혀서 어두워지고 생각은 많아지지만 몸과 영혼은 무기력해진다. 그래서 눌림 속에서 힘들게 살게 된다.

하지만 문제가 있다. 나는 그런 이야기를 할 수 없다는 것이다.

나는 어디에 어떤 문제가 있다는 이야기를 하고 싶지 않다. 가급적이면 나는 어느 곳이든 좋은 면만을 이야기하고 싶어 한다.

어디는 무엇이 좋고 어디는 무엇에 균형을 잃었다. 이런 이야기를 계속 한다고 하자. 그러면 사람들은 나를 어떻게 생각하겠는가. 아마 어떤 어리석은 이들은 나를 최고라고 생각할 것이다. 그리고 다른 이들은 나를 교만하다고 생각할 것이다.

나는 내가 신앙이 좋다고 생각해본 적이 없다. 어떤 이들이 내가 가르친 말을 통해서 도움을 받았다고 하자. 나는 내 자신이 그보다 나은 위치에 있다고 꿈에도 생각하지 않는다. 나는 주님께 버림을 받고 싶지 않기 때문이다.

나는 청년 시절 아내와 함께 어떤 유명하신 분이 인도하는 집회에 갔는데 그분이 영적 지식이 부족해서 잘못된 것을 가르치고 있는 것을 보았다. 그래서 저 분은 모르고 있다고, 눈이 닫혀 있다고 아내에게 말했다. 그러자 아내가 나에게 당신은 교만하다고 말했다. 나중에 세월이 흐르자 아내가 나에게 당신 말이 맞았던 것 같다고 말했다.

나는 그들의 영의 상태를 볼 수 있었기 때문에 그들이 어떤 면에서 부분적으로 옳지 않다고, 잘못이라고 말했지만 손톱만큼도 내가 그들보다 높다고 생각해본 적이 없다.

나는 부분적으로 주님께서 어떤 것을 보여주셨기 때문에 알게 된 것이다. 어떤 한 작은 부분에 대해서 말이다. 그러므로 나는 저 분은 이런 쪽이 옳지 않다고 말하면서도 그들을 좋아하고 존경했다.

지식과 깨달음은 주님이 주시는 것이다. 그것은 조금도 잘난 척 할 이유가 되지 못한다. 그것은 거저 받은 것이기 때문에 자신을 드러내거나 높이 생각하면 주님께 버림을 받게 될 것이다.

사람들은 주님의 은총을 많이 입은 유명한 영성인이 있으면 그들의 행위와 사상과 삶은 다 옳다고 생각한다. 그래서 모든 것을 다 받아들이려고 한다. 그러나 그것이 옳은가? 옳지 않다.

한 예를 들자. 죠지 뮬러를 사람들은 아주 좋아하고 존경한다. 나도 그렇다. 하지만 그의 신앙 스타일을 모델삼아 모든 것을 다 따라하는 것은 바람직하지 않을 것이다.

그는 기도응답의 경험으로 유명하다. 극한적인 상황에서 물질의 응답이 오는 것을 많이 경험했다. 먹을 것이 떨어졌을 때 주님께서 기적을 베푸셔서 극적인 도움이 오는 것을 많이 경험했다.

물론 이것은 놀라운 경험이다. 어떤 그리스도인이 하나의 경험, 하나의 은총의 틀을 경험할 때 그것은 하늘 문을 여는 것이다. 영계를 여는 것이다.

그러므로 그를 사랑하고 존경하여 그와 연결된 이들은 비슷하게 동일한 영계가 열리며 동일한 경험을 할 수 있게 된다. 영계는 소속이며 그가 가장 사랑하고 존경하는 이들과는 영계의 위치가 가깝게 되기 때문이다.

극적인 상황에서의 그러한 경험은 참으로 감동적인 경험이다. 하지만 나는 항상 그렇게 살고 싶지는 않다. 아마 여러분도 그럴 것이다.

내일이 월세 날이라고 하자. 그런데 지금까지 돈이 한 푼도 없다. 그래서 거리에 쫓겨나기 직전이다. 그런데 갑자기 주인을 만나기 1분전에 누가 전화가 왔다. 그리고 월세가 생겼다. 좋은가? 물론 할렐루야이다. 그런데 계속 그렇게 살고 싶은가?

내일은 등록금 내는 날이다. 그런데 돈이 없다. 마음이 타 들어가는데.. 마감 1분전에 기적이 일어났다.

자, 이사를 가기로 계약을 했다. 그런데 돈이 없는데, 마감 날이 되었다. 그런데 갑자기..

자, 계속 그렇게 살고 싶은가? 맨날 그래서야 마음이 졸여서 어떻게 살겠는가?

누구나 그런 경험이 있을 것이다. 어느 정도 기도를 하고 어느 정도 은혜를 입은 이들은 적어도 몇 번씩은 이와 비슷한 경험이 있을 것이다. 그런 것을 경험했다고 하나님이 나와 함께 하시며 나를 특별하게 사랑하시고.. 하면서 자신을 대단하게 여기지 말라. 그것은 하나의 과정이다. 영성발전에 있어서 통과해야 하는 하나의 과정인 것이다.

체험 자체로 기뻐하는 것도 좋지만, 그러한 경험이 영성의 발전 과정의 어느 과정과 영역에 속한 것이며 그것이 나의 영혼에 어떤 영향을 미치며 그 다음에 어떤 과정으로 가는가.. 이것을 이해하는 것이 더 중요하고 의미 있는 것이다.

간단하게 언급하자면 그것은 물질적인 영역에서 광야의 경험을 통과하는 것이다.

광야는 간신히 생명을 유지 보존시켜주는 영적 위치이며 과정이다. 그곳은 풍성한 삶을 사는 곳이 아니다. 아슬아슬하게 목숨만 부지하는 곳이다. 신자들이 현실의 삶에서도 그런 식으로 간신히 위기를 넘기면서 살아가고 있는 것은 아직 광야를 통과하지 못했기 때문이다. 그것은 아직 통과하지 못한 부분이 있기 때문이다.

지적인 신자들, 헌신적이지만 부르짖는 기도나 권능의 경험이 부족한 이들은 물질적인 어려움 들을 많이 겪으며 이 광야의 공급 체험을 많이 하는데 그것은 실제적인 권능의 영성이 부족하기 때문이다. 부르짖고 실제적인 영성을 경험하면 물질이나 모든 면에서 많은 변화가 생긴다.

오늘날 영적으로 가나안의 위치와 상태에 있는 이들은 많지 않다. 많은 사람들이 아직 애굽의 영역에서 바로에게 시달리고 있으며 광야의 훈련을 통과하지 못하고 고통 속에 있다. 그러므로 사람들은 가나안의 풍성함을 모르며 천국의 실상이 무엇인지 모르는 것이다.

이 부분에 대해서는 언젠가 애굽과 광야와 가나안에서 영적으로 어떤 일이 일어나는지 자세하게 책으로 써보고 싶은 마음이 있다. 이 과정을 알게 되면 다음에 자신에게 어떤 체험이 일어나는지, 인간관계에서 어떤 일이 일어나게 되는지 대강 알 수 있기 때문이다.

조지 뮬러는 내가 존경하고 사랑하는 주님의 종이다. 나는 그의 저서를 통하여 많은 도움과 은혜를 입었다. 다만 그는 이러한 과정을 보여주는 역할을 맡은 것이다. 그러나 그 영역이 아닌 다른 영역도 있다. 가나안의 풍성한 삶도 있는 것이다.

뮬러의 기도 응답은 광야의 수준에 있는 것으로 모든 성도가 지향할 방향은 아니다. 더 성장하여 물질을 통해서도 풍성함을 경험하며 물질의 사용을 통한 생명의 발전을 경험하고 나아가야 한다.

영이 어린 사람에게 물질이 임하면 그것이 화가 된다. 물질 때문에 어두운 곳으로 떨어진다. 그러나 영이 자란 사람에게 물질이 임하면 그것이 생명의 통로가 된다. 그러므로 돈을 많이 버는 것 보다 중요한 것은 영의 성장과 영의 위치이다.

나는 워치만 니 귀용의 책을 읽고 혼돈과 눌림에 빠진 이들을 많이 보았다. 그들은 주님의 신실한 종이며 많은 부분에서 탁월한 데가 있다. 하지만 어떤 부분에서 심한 눌림과 어두움을 주기도 한다. 기질적으로 어두운 사람들이 그들의 영향을 받고 아무 때나 십자가의 도를 추구하다가 눌리는 것을 나는 많이 보았다.

어떤 이들에게 그러한 사상은 아주 유익하며 귀한 것이다. 그러나 어떤 이들에게 십자가와 자기 부인은 해로울 수도 있다.

어떤 이들은 심하게 눌려 있어서 권능을 받고 마귀를 부숴야 한다. 그런데 그런 상태에 있는 이들이 계속 자기 부인을 하고 회개를 하면서 악한 영들에게 눌려 있는 것을 나는 많이 보았다. 이것은 이론이 아니다. 실제로 적용하면 즉시로 해방과 자유가 오는 것이다. 그러므로 중요한 것은 무엇이 옳고 그르냐가 아니라 지금 자기 수준에서 적용해야 할 진리가 무엇인가, 지금 자기에게 필요한 경험이 무엇인가 하는 것이다. 그것을 이해하고 분별하고 경험해야 한다.

어떤 책이 절대적으로 좋고 어떤 책이 절대적으로 나쁘고.. 이런 말이 아니다. 모든 책이 어떤 위치를 가지고 있다. 그렇기 때문에 어떤 사람에게는 좋고 어떤 사람에게는 좋지 않을 수 있는 것이다. 지금은 별로 도움이 되지 않지만 조금 시간이 지나면 좋을 수도 있다. 또 그 반대도 있다. 성경 외의 모든 책에는 다 강점과 약점이 있다.

그것은 사람도 마찬가지다.

어떤 사람이 하나님의 사람이면 그것은 무조건 100% 다 옳다고 생각하는 것, 그것은 맞는 것이 아니다.

열정적으로 믿지만 근본적으로 사람의 소원 성취나 문제 해결에 중심을 두는 신앙의 패턴이 있다. 이러한 패턴의 신앙에 사람들은 가장 많이 몰려간다.

이러한 신앙은 기본적인 면에서 하나님의 은사와 기적적인 응답을 경험하지만 아직 어리고 육신적이기 때문에 사람의 냄새가 많이 나며 영적으로 낮은 영역에 있다.

하지만 그것이 나쁘다고 할 수 있겠는가? 그것은 하나의 과정이다.

그러한 신앙의 형태가 필요한 사람이 있을 것이다. 어린 아기들은 아무 것도 모르고 이것저것 땅에 떨어진 것을 집어먹는다. 하지만 아이는 그렇게 자라 가는 것이다.

조금 자라면 전에 자기가 좋다고 생각하던 것이 싫증나고 의식이 바뀌게 된다. 그것은 배반인가? 아니다. 성장이다.

자녀들이 시집가는 것은 배반이 아니다. 유치원을 떠나서 초등학교에 가는 것은 배반이 아니다. 성장이다. 자기 아이가 유치원을 떠나 초등학교에 간 것을 보고 부모가 슬퍼하겠는가? 아니다. 자녀의 성장을 기뻐할 것이다.

신앙이란 과정이다. 우리는 누구나 다 자라가고 있다.

오늘날 교회 안에는 어린아이들로 충만하다. 어린 사역자도 있고 어린 성도들도 있다. 모든 고통과 아픔이 있는 것은 어리기 때문이다. 영을 분별하지 못하고 열심히 주를 위한다고 애를 쓰는 것이 오히려 주를 방해하는 것도 어리고 분별하지 못하기 때문이다.

시기, 질투, 두려움, 염려, 열등의식, 사람을 소유하려 하는 것, 그 모든 악성들이 다 어리기 때문에 오는 것이다. 어리기 때문에 그것이 자기에게 재앙과 고통이 되는 것을 모르는 것이다. 장성할수록 즐겁게 자신을 버리며 즐거운 마음으로 다른 이들을 섬기며 천국의 기쁨과 영광 속에서 살게 된다.

그러므로 많은 신앙의 형태들이 있지만 어느 것도 온전하지 않고 모두 온전함을 향해서 가는 중이다. 그런 의미에서 나는 모든 교회가 아름답다고 생각한다. 모든 신앙의 패턴은 귀한 것이며 모든 과정은 다 아름다운 것이다. 장성하여 어른이 되면 소꿉친구와 싸웠던 추억도 사랑스럽게 느껴질 것이다.

아무리 훌륭한 사역자도 사람은 완전하지 않다. 모든 신앙의 패턴이 완전하지 않으며 다 모든 것이 과정이라고 이야기를 했다. 그러므로 자신이 속한 교회나 단체에 소속하며 감사하고 사랑하며 봉사하고 순종하는 것이 좋은 것이다.

다만 정말 조심해야할 것이 있다.

만일 우리가 최고다, 우리 교회가 최고다, 우리 단체가 최고다.. 어디서 이런 진리의 말씀을 들을 수 있으랴.. 하는 분위기가 있다면 그곳은 어두움의 장소라는 것이다. 나는 그러한 단체나 교회는 정말 피해야 한다고 생각한다.

J교수님은 **파에서 나오는 데에 정말 큰 어려움을 겪었다고 한다.

교주의 잘못된 행각을 보고 여태껏 자신이 속아왔음을 알게 된 후에도 그는 한동안 그 곳을 나올 수가 없었다. 왜냐하면 워낙 오래 세뇌가 되었기 때문에 '이곳에만 구원이 있다, 그러므로 여기를 나가면 나는 끝장이다.' 이런 마음이 속에서 사라지지 않았기 때문이다. 그것은 정말 무서운 세뇌이다.

자신이 속한 교회나 단체에 대해서 감사하며 긍지를 느끼는 것은 좋은 일이다. 하지만 자신이 속한 교회나 신앙 외에도 이 세상에 많은 아름다운 사역이 있고 아름다운 교회가 있고 훌륭한 사역자가 있고 하나님의 종이 있음을 기억해야 한다.

주의 이름을 고백하는 모든 교회, 모든 단체가 다 주님의 것이며 좋은 것이다. 어리기도 하고 부족하기도 하지만 주님께 속한 곳이다.

그러나 나는 우리가 최고라고 생각하는 곳은 주님께 속한 곳이 아니라고 생각한다. 그러니 자기가 어느 곳이 좋으면 좋은 것이지 여기가 너무 좋다고 다른 곳은 우습다고 그렇게 여기지를 말기를 바란다. 그것은 주님을 드러내지 않고 개인이나 단체를 드러내기 때문에 악한 것이다.

나는 나의 글이나 책을 다른 이들에게 열심히 소개하는 이들에게 항상 간절히 부탁을 드린다. 기도와 주님의 인도하심과 감동이 없이 함부로 소개하지 말며 광고하지 말라는 것이다. 그것은 부작용을 가져오게 된다. 소개하고 싶은 이들은 오직 기도하는 중에 주님의 감동 속에서만 그렇게 하기를 바란다. 그래야 같은 영과 같은 소원을 가진 이들을 만날 수 있다.

자신이 좋다고 남들도 같이 좋은 것이 아니다. 각 사람의 소원과 취향과 수준과 상태와 방향과 목표는 다 다르다. 모든 사람이 자기에게 맞는 신앙의 패턴이 있는 것이다.

나는 좀 더 근원적인 부분을 터치하는 사명을 받았다고 생각한다. 하지만 이 길에 그리 많은 사람들이 부름을 받았다고 생각하지는 않는다. 다만 그 길에 공감을 느끼는 이들은 같은 부름이 있는 것일 것이다.

나는 교만을 두려워한다. 모든 넘어짐이 있을 수 있으나 교만은 두렵다. 주님을 무시하고 자신을 높이게 되는 일이 있을까봐 나는 두렵다.

나는 아직까지 우리 카페가 순수하다고 생각한다. 순수하고 주님을 사모하는 사람들이 모여 있다고 생각한다.

너무 좋다.. 라고 생각하지는 않는다. 다만 우리와 비슷한 영을 가진 이들이 모여 있기 때문에 서로 보고 싶고 같은 것을 나누며 행복하다고 생각한다. 다른 이들은 그들 나름대로 좋을 것이고 우리는 우리 나름대로 좋다고 생각한다.

아직 이 카페가 순수한 것은 내가 교만을 두려워하기 때문이라고 생각한다. 나는 사역자들이 직접 자기 입으로 말하지는 않지만 은근하게 자기 교회가 최고라고 암시하는 것을 많이 보았다. 그리고 그러한 교회에는 온갖 혼란스러운 거짓과 망상과 속이는 영들이 역사하여 서로 누가 높다, 낮다, 깊다.. 하는 식으로 판단하는 것을 많이 보았다. 그것은 속고 있는 것이다.

만약 내가 나를 높인다면 이 카페에도 온갖 혼란스러운 영들이 들어올 것이다. 그래서 많은 이들이 서로 미혹되어 자신을 드러내기 원하며 서로 판단하며 분열될 것이다.

우리는 우리를 많이 선전하고 알려지게 하고 싶은 의사가 전혀 없다. 다만 같은 것을 사모하고 추구하는 이들이 있다면 그것을 즐거이 나눌 뿐이다.

이 땅에는 완전한 것이 없다. 완전한 사람이 없다. 그러니 누구든지 자기 수준에서 도움이 되는 책을 읽고 도움이 되는 패턴의 신앙을 추구하며 더 열심히 사모하고 발전해가자.

완전한 사역이 없고 완전한 사람이 없으니 어떤 대상이나 사역을 우상시해서는 안 된다. 지금 나에게는 이것이 맞고, 좋다.. 이런 정도면 충분하다. 자기와 다른 패턴의 사람이나 신앙을 판단해서도 안 된다.

무엇보다 중요한 것은 결코 높은 마음을 가지지 말아야 한다는 것이다. 1초라도 그러한 마음이 들어오지 않도록 깨어있어야 한다.

우리는 모두 다 지금 자라가고 있는 중이다. 지금 알지 못하는 것을 언젠가는 알게 될 것이다. 지금 할 수 없는 것도 언젠가는 할 수 있게 될 것이다.

감사하며 사모함으로 계속 이 길을 걸어가자.

사모하며 간절함으로 주를 구하는 자들에게 주님은 풍성한 은총을 베푸실 것이며, 언젠가는 젖과 꿀이 흐르는 가나안의 아름다운 영역으로 우리를 인도해주실 것이다. 할렐루야.

2004. 9. 5

24. 사람을 만나고 대화를 나누며 영혼을 돕는 즐거움에 대하여

얼마 전 왼쪽 어깨의 통증이 심해서 병원에 가서 물리치료를 며칠 받고 왔다. 아파서 죽을 정도가 아니면 병원에 가는 것을 싫어하는 나로서는 정말 억울한 일이다.

나는 병원에 가는 것을 워낙 싫어한다. 웬만한 것은 기절할 만큼 아프지 않으면 참고 사는 편이다. 의료보험료는 꼬박꼬박 내지만 몇 년 간 병원에 한 번도 간 적이 없어서 의료보험공단으로부터 선물로 문화 상품권을 받은 적도 있다. 그런 내가 병원에 가니 얼마나 귀찮고 억울하겠는가.

아내로부터 제발 좀 병원에 가자고 몇 달 동안 계속 위협과 회유를 받아오기도 했지만, 통증이 심해서 밤에 자는 것도 힘들고 살짝만 움직여도 팔이 아프니 생활 자체가 힘들어서 할 수 없이 가게 되었다.

하루 종일 컴퓨터에 앉아서 글을 쓰다 보니 어깨에 무리가 가기도 했거니와 영성의 숲 사무실에는 수 천 권의 책이 있는데 이것을 수시로 몇 백, 몇 천 권씩 움직이고 나르고 해야 한다.

조금 힘든 상황에서 무리하게 노가다를 하다 보니 통증이 점점 더 심해지고 나중에는 왼쪽은 손가락하나 움직일 수 없게 되어 버렸다. 이쯤 되니 병원에 안 갈 도리가 없는 것이다.

엑스레이를 찍고 물리치료를 받았는데 착하고 예쁘게 생긴 젊은 아줌마가 정성껏 치료를 해주었다. 적은 돈을 내고 (한 시간이 넘는 물리치료비가 3천원이었다) 한 시간 넘게 서비스를 받으니 너무 미안하고 죄송해서 어쩔 줄을 몰랐다.

나는 다른 이들의 섬김을 받게 되면 미안하고 어색해서 정말 힘들다. 수고하는 이들이 힘들까봐 몹시 안쓰럽고 미안하다. 물리치료사는 손으로 봉사하고 나는 미안해서 입으로 봉사를 하게 되었다. 무엇인가 격려하는 이야기를 해주고 싶어서다.

나 : 참 친절하시고 마사지도 잘 하시네요. 아주 시원해요.

물리치료사 : (앞으로 '물' 로 표기) 아, 그러세요? 제가 감사하지요, 뭐. 손님처럼 감사하는 분들은 별로 없어요.

나 : 비용도 얼마 안 되는데, 이렇게 서비스를 받으니 너무 죄송해요.

물 : 별 말씀을요. 보험에 다 포함되어 있는 것이니까 괜찮아요. 병원이 어떤 곳인데 그냥 해주겠어요? 호호호.

나 : 정말 손이 마술을 부리는 것 같네요. 이제는 팔이 올라가네요.

그녀는 아픈 데를 여러 번 마사지하더니 조금 전까지 할 수 없는 동작을 시키곤 했다. 그러면 신기하게도 조금 전 보다 팔이 훨씬 나아지는 것을 느끼게 되었다.

혼자서 옷을 벗을 수가 없어서 그녀에게 창피하지만 부탁을 했는데 그녀는 친절하게 웃으면서 정성스레 도와주었다.

물 : 아무래도 전문가가 다르지 않겠어요? 호호호..

나 : 하루 종일 아픈 사람들과 상대하다보면 많이 힘드실 것 같아요.

물 : 그렇기는 해요. 하지만 아픈 분들이 힘을 얻으면 보람을 느끼게 돼

요. 결혼해서 잠시 물리치료를 그만 두고 옷가게를 한 적이 있었는데 아이고, 못 하겠더라구요. 그래서 다시 이 길로 왔지요.

나 : 옷가게를 하셨다구요? 하하하."

물 : 왜요?

나 : 맞지 않는 일을 하니까 힘들죠. 장사를 아무나 하나요.

물 : 그런 게 느껴지세요? 저는 장사가 안 맞나요?

나 : 예, 안 맞습니다. 손님들과 상대하는 것이 많이 힘드셨지요?

물 : 예, 바로 그거에요. 일 자체보다 그게 너무나 스트레스가 되었어요.

나 : 성심껏 대해주어도 손님들이 오해하고 말을 함부로 할 때는 너무 힘들죠?

물 : 예, 정말이에요. 가격에 대해서 진심으로 바르게 이야기하는데도 손님들이 믿지 않고 많이 남겨먹을 거다, 생각하시니까 너무 힘들어요. 말도 함부로 하시는 분들이 많구요. 그것을 계속 하려면 손님들을 이겨야 하잖아요. 그들이 원하는 대로 해주면 장사를 할 수가 없으니까. 그러니까 못 하겠더라구요.

나 : 여자 분들이 여러 명이 오게 되면 사는 경우가 드물죠?

물 : 예, 맞아요. 이 사람은 이게 좋다, 저 사람은 아니다. 그러다가 떠들다가 그냥 가지요.

나 : 사람들이 말을 할 때 그게 가슴에 비수같이 꽂혀서 잠을 못 주무실 때가 많지요?

그녀는 나의 말이 신기한지 눈을 동그랗게 떴다.

물 : 어떻게 아세요? 정말 그런 적이 많았어요.

나 : 영혼이 얇기 때문이죠. 아니, 옷가게가 치료사님과 맞지 않기 때문에 그래요.

물 : 그런데, 어떻게 제 마음을 그대로 아세요? 혹시 옷 장사를 해보셨어요? 영혼이 얇다는 게 뭐에요?

나 : 마음이 섬세하다는 이야기죠. 사람은 기본적으로 봉사를 위해서 태어난 사람이 있고 전투를 위해 태어난 사람이 있어요.

치료사님은 봉사 쪽의 사명을 가지고 태어났기 때문에 사람들과 씨름하고 싸우고 하는 일은 맞지 않다는 말입니다.

물 : 사명이라구요? 누구나 그런 게 있나요?

나 : 그럼, 당연하죠. 우리가 자신을 만든 것이 아니잖아요. 우리가 태어나고 싶어서 태어난 것도 아니구요. 그러니까 우리를 만드신 분이 우리를 만드신 목적에 맞게 사는 게 당연하죠. 그러니 누구나 자기에게 맡겨진 사명이 있는 것이구요.

물 : 전투적인 사명이 있고 봉사에 대한 사명이 있다고요? 제가 봉사의 사명인지 어떻게 아나요?

나 : 전투적인 사명은 싸우고 이기는 것에 만족을 느낍니다. 다른 사람보다 낫고 제압을 할 때 행복한 사람들이죠. 치유사님은 그런데 소질이 없거든요.

누군가와 싸우려고 마음을 먹기만 해도 가슴이 뛰잖아요. 하지만 다른 이들을 돕고 섬기고 하면 마음이 즐거워지잖아요. 그리고 누군가가 내 마음을 알아주면 너무나 행복해지고.. 마음이 오해를 받으면 온 몸에 힘이 빠지면서 비참해지고.. 그런 체질이기 때문에 전투적인 일보다는 지금처럼 봉사하시는 일이 사명이며 잘 맞는다는 것이지요.

물 : 정말 신기하네요. 저를 다 아시는 것 같아요. 그런데 사명을 어떻게 발견하지요?

나 : 그건 쉬워요. 누구나 자기의 마음에 끌리고 하고 싶은 일이 있으니까요. 그것이 대체로 자기의 사명이고 자기가 가야할 방향입니다.

사명을 발견한 사람은 행복합니다. 자기가 만들어진 목적을 따라 살기 때문에 즐겁고 보람이 있지요.

그러나 자기에게 맡겨지지 않은 일을 하면서 살면 만족이 없고 행복하지 않습니다. 그러니 그것을 발견하는 것은 쉽지요.

그런 식으로 한참 대화를 나누었다. 그녀는 연신 어머.. 어머.. 하면서 듣고 있었다.

나 : 지금 혹시 제가 점쟁이 아닐까 하고 생각하시죠?

물 : 예, 맞아요. 제 마음을 그대로 들여다보는 것 같아서요. 점쟁이인가.. 그러고 있었어요.

나 : 점쟁이는 아니고 목사입니다. 비슷한 직업이죠. 목사는 사람의 영혼을 들여다보는 직업이니까요..

물 : 아, 어쩐지.. 저는 처녀 때에 교회를 나갔는데 결혼 한 이후에는 그만 두었어요.

나 : 하하.. 다시 신앙생활을 하셔야 합니다.

영혼이 예민한 기질이기 때문에 기도하고 하나님을 체험하고 영혼이 눈뜨지 않으면 인생을 아주 피곤하게 살게 되요.

영혼이 맑고 아름답고 순수한 편이기 때문에 영적으로도 빨리 성장하실 수 있을 것입니다.

물 : 어머나, 그래요. 하지만 저, 아주 못된 부분도 많은데요..

나 : 하하.. 자기가 착하다고 생각하는 사람이 정말 못된 사람이죠.. 착한 사람은 다 자기가 못됐다고 생각합니다.

나는 사람을 대하는 것이 그리 힘들지 않다. 전에는 혼자 있는 것이 편하고 사람들과 같이 지내는 것이 어려웠다.

그러나 영성을 추구하고 기도하면서 이제는 혼자 있는 것도 즐겁고 사람들과 같이 있는 것도 편안해지게 되었다. 그러자 사람들도 나를 편하게 느끼는 것 같다.

사람들을 대하면 굳이 상대방을 쳐다보지 않아도 상대방의 마음과 영혼의 상태를 느낄 수 있다.

기질과 성향과 사명과, 살아가야 할 방향이나 조심해야 할 부분.. 그러한 것들이 자동적으로 느껴진다. 그래서 그러한 이야기를 해주면 상대방들은 충격을 받거나 아주 고마워하는 것이 보통이다.

나는 나의 이러한 변화가 아주 감사하다. 예전에는, 어렸을 때나 젊은 시절에는 사람들과 같이 있어야 하는 것이 거의 공포를 느낄 정도로 두려웠기 때문이다.

그러나 지금은 어디서나 쉽게 사람들과 어울리며 대화와 만남을 즐기게 된다.

우리 사무실에는 날마다 택배 아저씨가 온다. 전에는 날마다 책을 신청 받으면 우체국으로 들고 갔는데 이제는 택배로 직접 보내게 되었다. 그래서 날마다 오는 이 사람과도 친해졌다.

나는 우리 집이나 사무실에 오는 모든 사람은 일단 예수님을 대하듯이 하는 것이 좋다고 생각한다.

나는 더운 여름에 땀을 뻘뻘 흘리며 오는 택배 아저씨가 몹시 안쓰럽게 느껴졌다. 그래서 나는 그가 올 때가 되면 시원한 냉수 한 컵과 베지밀과 같은 음료수를 준비해서 준다. 바나나와 같은 과일도 있으면 같이 준다.

집에서 줄 것이 없으면 슈퍼에 가서 사온다. 그는 감사해서 어쩔 줄을 모르며 시원하게 들이킨다.

이상하게도 나를 처음 만나는 사람들은 내가 뭐 하는 사람인지도 모르는데 처음 만났을 때부터 인생 상담을 구하는 경우도 많다. 내 이마에 상담자라고 쓰여 있는 모양이다.

택배 아저씨는 30대 중반인데 사람이 아주 재미있고 자상하다. 그리고 이야기하는 것을 좋아한다.

처음에 잠시 대화를 나누었더니 이제는 날마다 책을 가지러 와서는 온갖 살아가는 이야기들을 쏟아놓는다.

형과 싸운 이야기.. 일본에서 살던 이야기.. 앞으로의 계획, 오늘 있었던 일.. 등 하루에 있었던 일을 마치 고해성사 하듯이 보고를 한다. 묻지도 않았는데 말이다.

그는 부모님이 일찍 돌아가시고 큰 형님이 키우다시피 했다고 한다. 그런데 내가 큰 형님 같다나.. 나이도 큰 형님과 같다고 한다. 처음에는 나를 사장님이라고 부르더니 나중에 목사인 것을 알고 나서는 목사님, 때로는 큰 형님.. 등 여러 가지로 부른다.

그는 배달을 하다가 우리 사무실의 근처에 오기만 해도 마음이 편해진다고 한다. 사무실에 도착하면 하루의 삶을 돌아보게 된다고.. 그러면서 바쁘다고 하면서도 한참 동안 이야기를 듣고 말하고 한다. 여기에서 잠시만 앉았다 가면 하루의 피곤이 다 사라진다고 한다.

그런 식의 대화를 한참 나누다 가곤 하는데.. 아무튼 사람을 알고 삶을 나누는 것은 즐거운 일이다.

언젠가 미용실에 머리를 자르러 간 적이 있었다. 남성 전문 미용실이다. 처음 보는 미용사 아가씨가 내 머리를 맡아서 커트를 하게 되었는데 어찌 이야기를 하다 보니 또 인생 상담이 되고 말았다.

미용사 : 제가 요즘 고민이 있어요.

나 : 뭔데요?

미용사 : 결혼 문제에요. 대상이 있는데 그 사람을 선택해야 할지, 그만둬야 할지 고민이에요.

나 : 그 사람은 어떤 사람인데요?

미용사 : 참 좋은 사람이에요. 놓치기 아깝고.. 그런데 그 어머님이 조금 걸려요..

나 : 무슨 상황인지 알겠군요.

미용사 : 어떻게요?

나 : 그 사람은 아주 따뜻하고 자상한 사람이죠? 기념일도 잘 잊지 않고, 여자를 성심껏 챙겨주는 스타일이고..

미용사 : 예, 맞아요. 정말 좋은 사람이에요.

나 : 그런데 그 어머니가 성질이 보통이 아니죠? 자기 뜻대로 관철이 안 되면 참지 않고 상대방에게 위압적으로 대하는 면이 있죠?

미용사 : 예, 정말 맞아요. 그런데 어떻게 아세요?

나 : 아가씨 얼굴에 쓰여 있으니까요..

미용사 : 예? 제 얼굴에.. 뭐라고..

나 : 아가씨는 성격이 남성적이고 활발한 사람입니다. 생각이 복잡하지 않고 단순하며 솔직하고 뒤가 없는 편이죠. 그렇지 않으면 저와 같이 처음 보는 사람에게 일생이 걸린 결혼 문제를 스스럼없이 이야기하지 않겠지요.

그런데 그런 아가씨가 좋아하는 남성상이라면 기질적으로 반대의 경우가 보통입니다. 활발한 여성은 비슷하게 활발한 남성에게는 끌리지 않죠. 그러니 아가씨가 정말 좋은 사람이라고 여기는 사람은 성품이 여성적이고 아가씨의 급하면서 덜렁거리는 부분을 섬세하게 보완해줄 수 있는 사람이죠.

다만 문제가 되는 것은 그러한 자상하지만 소극적인 남성의 경우는 대부분 어머니가 독재적이고 강압적이라는 것이에요. 그런 어머니 밑에서 남성이 소극적이고 섬세한 부분이 발달되게 되어 있으니까요.

그러니 그 남자는 어머니와도 잘 분위기가 맞고 아가씨와도 잘 분위기가 맞겠지만 그 어머니와 아가씨의 관계는 서로 쉽지 않을 겁니다.
아가씨는 자기가 싫어하는 일을 누가 시킨다고 고분고분 당하면서 하지도 않을 것이고 그것은 어머니도 마찬가지니까요. 그러니 언젠가는 두 사람의 치열한 한판 전쟁이 예상되는 거죠.

미용사 : 바로 그거에요. 제가 고민하는 것도 그거구요.

나 : 어느 쪽으로 선택을 해도 문제가 없는 것은 아니겠지요. 하지만 개인적으로 본다면 나는 아가씨가 그 사람을 놓치지 않는 것이 좋지 않을까 싶습니다.

어머니와 가족 간의 갈등이 쉬운 것은 아니겠지만 내가 보기에는 아가씨는 충분히 지혜로워서 그러한 갈등과 어려움의 상황들을 잘 감당할 수 있지 않을까 싶어요.

힘들기는 하겠지만 인생 자체가 그러한 훈련을 통해서 배우고 성숙해지는 것이니까요.

아가씨는 나의 이야기에 머리를 자르면서 연신 감사하다고 머리를 조아리는 것이었다. 그런 식으로 한참 결혼에 대한 이야기를 꽃 피우다보니 어느새 머리 커트가 끝이 났다.

나는 어디에 가든지 이야기가 이런 식으로 전개될 때가 많다. 그래서 이야기를 계속 하다보면 기독교 신앙에 대해서 한 마디도 하지 않았는데 상대방들이 먼저 관심을 표하고 묻는 경우가 많이 있다.

그래서 나는 도대체 이 시대에 영혼을 건지는 것이 왜들 어렵다고 하는지 이해가 잘 안 간다. 도처에 굶주리고 답을 찾는 영혼들이 아주 많은데 말이다.

물리치료사 이야기를 하다가 이야기가 다른 데로 샜는데, 아무튼 첫날은 그렇게 이야기를 하고 그 다음날에도 갔다.

이번에는 내 책을 몇 권 선물했다. 그녀는 기뻐서 어쩔 줄 모른다.

둘째 날은 내가 좀 더 영혼에 대해서 이야기를 해주었다. 영혼의 실상, 영적 세계에 대해서.. 그녀는 연신 놀라더니 남편에 대한 이야기를 한다.

물 : 목사님이 말씀하신 대로 저는 남을 돕는 것이 참 좋거든요.. 그런데 남편은 정 반대에요. 다른 사람을 도우려고 해도 아주 싫어해요. 친정을 조금 돕고 싶어도 우리가 먼저지, 남을 생각할 여유가 어디 있느

냐고 해요. 그런 말을 들으면 너무나 정이 떨어지고 화가 나서 싸우게 되요.

나 : 치료사님은 영혼이 여리기 때문에 남편과 같이 강퍅한 사람을 만나게 되어 있어요. 어렵고 힘든 상황이 있을 때 치료사님은 어쩔 줄을 몰라 하지만 남편은 끄덕하지 않고 잘 처리를 하지 않나요?

물 : 예, 맞아요.

나 : 서로 싸우게 되면 치료사님이 손해 아닌가요? 상대방은 멀쩡한데 자신은 밥맛도 없고.. 마음도 오래 동안 상하고..

물 : 예, 그래요. 저만 손해 봐요.

나 : 그러니 싸우지 마세요. 사람은 원래 변화되는 게 아니에요. 각 사람이 다 다르죠. 기질과 사명이.. 그러니 상대방을 내가 원하는 대로 변화시키려고 하지 말고 있는 그대로를 받아주고 상대방의 부족한 부분을 내가 메우려고 하세요.

때가 되면 바뀌게 될 테니까 지금은 치료사님이 마음을 넓게 가지고 남편에게 감사하고 남편의 장점에 대해서 고마워해야 해요.

물 : 정말 마음이 편해졌어요.

이 날도 한 시간이 넘게 대화를 나누었다.

치료를 마치고 그녀를 쳐다보는데 그녀가 얼굴을 돌렸다.

물 : 저 쳐다보지 마세요. 무서워요..

나 : 아무 것도 안 보여요. 걱정하지 마세요.

물 : 뭐가 보이시잖아요. 속을 다 보시잖아요. 무서워요..

나 : 안 보인다니까요. 저는 무당이 아니고 목사라니까요..

물 : 하여간 너무 감사해요. 강의를 듣다보니 하루가 금방 가네요..

나는 그녀에게 감사를 표하고 나왔다. 일주일쯤 오라고 했지만 그렇게 이틀을 가고 그만 두었다. 팔이 조금 나아진 것 같았기 때문이다.

이제 기절할 정도로 아프지는 않기 때문에 그냥 집에서 조심하면서 살기로 했다.

사람을 만나는 것은 재미있는 일이다. 게다가 가끔 영혼이 맑은 사람을 만나게 될 때가 있다. 그렇게 되면 그 영혼을 깨우기 위해서 여러 도움이 되는 이야기를 나눌 수 있다. 그것은 더욱 더 행복한 일이다. 위에서 언급한 치료사님의 경우도 영혼이 아주 맑고 아름다워서 발전하기가 쉬운 스타일이다.

영혼이 준비되지 않고 영적인 감각이 없는 이들을 만나면 그냥 웃고 장난치고 논다. 그들은 영적인 이야기에 관심이 없으며 이야기해도 알아듣지 못하니까..

이상하게도 대체로 오래된 신자들이나 목회자, 사역자들은 영혼이나 영적 세계에 관심이 없는 경향이 많다. 오늘날의 교회는 영적이고 내면적인 면보다 보이는 부분, 물질적인 면을 더 추구하는 경향이 있다. 오히려 믿지 않는 이들이 관심이 있는 경우가 많다. 신자들도 주님을 알아가고 영적으로 발전해가는 것보다 현실적인 문제 해결에 더 많은 관심을 보인다.

그러나 영적 세계에 대해서 관심이 없는 이들도 좋아하는 화제가 있다. 그러한 것들을 나누면서 놀면 된다. 그것도 또한 즐거운 일이다.

아무튼 세상은 물 반, 고기 반이다.

사람은 많고 영혼의 깨어남을 위하여 준비된 영혼도 많다.

우리의 영혼이 맑고 준비되어 있다면 우리는 그러한 사람을 분별할 수 있을 것이다. 주님이 기뻐하시는 사람을 분별할 수 있으며 느낄 수 있을 것이다. 하나님 나라에 멀지 않은 사람들을 우리는 분별할 수 있을 것이다.

그러면 우리는 그들과 영혼에 대해서, 하나님에 대해서, 천국에 대해서, 영혼의 성장에 대해서 나눌 수 있다.

우리가 그러한 도구가 된다는 것은 행복한 일이다.

그러나 다른 영혼을 돕기 위해 우리는 우리 자신이 먼저 성장해야 한다. 우리의 영혼이 성장되면 될수록 우리는 우리의 존재 자체로 사람들의 영혼에 빛을 던져줄 수 있을 것이다.

그러나 우리의 영혼이 자라지 않았다면 우리는 굶주린 사람들의 옆에 있어도 그들에게 아무런 도움을 줄 수 없을 것이다.

부디 우리 모두가 그러한 영혼의 도구, 주님의 도구가 될 수 있기를!

그렇게 될 때 우리는 실제적인 천국의 풍성함을 경험하며 그 아름다운 보화들을 나눌 수 있는 천국의 확장자가 될 수 있을 것이다.

05. 8. 20

25. 한 밤의 열변

　몇 주 전의 일이다. 밤에 컴퓨터 앞에 앉아서 글을 쓰고 있는데 아내와 아이들이 안방에서 기도를 하는 소리가 들린다. 아내는 아이들과 함께 밤에 자기 전에 기도훈련을 하곤 한다.
　일어나서 안방으로 가 보았다. 예수 호흡기도를 훈련하고 있는 중이라고 한다.
　나는 같이 앉아서 호흡기도에 대해서, 주님을 사모하는 것에 대해서 이야기를 하게 되었다. 이야기를 하던 중에 나도 몹시 흥분이 되고 아이들은 계속 눈물을 흘렸다. 한동안 아이들은 이 밤의 열변에 대한 충격에서 벗어나지 못하는 것 같았다.
　내가 한 이야기는 대충 다음과 같은 내용이다.

　예수 호흡기도를 하고 있구나. 그것은 참 좋은 일이다. 예수 호흡기도는 아주 좋은 기도이다.
　오늘날 신자들은 자주 기도하면서도 주님이 우리와 얼마나 가까이 계신지는 잘 모르고 있다.
　그리고 기도를 통하여 얼마나 쉽고 간단하게 주님의 은총을 흡수할 수 있는지를 모르고 있다.
　아빠는 생각한다. 오늘날 이 땅의 많은 그리스도인들이 이 예수 호흡기도를 통하여 주님을 먹고 마시는 방법에 대해서 안다면 놀라운 풍성함을 누릴 수 있을 것이라고 생각한다.

이것은 단순한 기도가 아니다. 이것은 실제로 주님을 맛보는 것이며 주님의 영광을 실제로 가까이 경험하는 것이다.

아빠가 쓴 대적기도가 요즘에 많이 팔리고 읽히고 있다. 대적기도는 우리 가까이서 우리를 괴롭히는 악한 영을 부수는 기도이며 우리의 안에 있는 악한 기운을 내보내는 기도이다.

그러나 나쁜 것을 내보내는 것으로는 충분치 않다. 예수 호흡기도는 우리 안에 주님에 속한 것, 선한 것을 받아들이는 기도이다. 그래서 대적기도와 호흡기도가 같이 있어야 온전한 것이다.

예수 호흡은 단순히 주님의 임재를 우리 안에 받아들이는 것이 아니다. 그것은 모든 선함, 모든 아름다운 천국의 풍성함들을 우리 안에 받아들이는 것이다. 어리석은 자는 지혜의 호흡을 받아들일 수 있으며 사랑이 부족한 자는 예수 호흡기도를 통하여 사랑을 흡수할 수 있다.

피곤한 자는 생기의 호흡을 얻을 수 있으며 이것은 천국의 모든 풍성함과 은총을 받아들일 수 있는 기도이다.

그러므로 이 기도에 대해서 충분히 알고 훈련하는 사람은 인생 자체가 바뀌게 될 것이며 주님의 영광과 풍성함을 좀 더 깊이 가까이 알게 된다.

기도란 이렇게 놀라운 것이다. 기도는 인간에게 주어진 가장 아름다운 하나님의 은총이다.

아빠는 너희가 평생을 기도하며 살아가는 사람이 되기를 바란다. 오늘날 사람들은 자기의 소원이 있을 때만 기도하지만 기도가 얼마나 아름답고 놀라운 것인지에 대해서는 잘 모른다.

기도는 천국의 문이다. 기도하는 사람은 이미 성공자이며 모든 것을 가진 사람이다. 기도는 천국의 중심인 주님을 받아들이는 문이다. 기도는 보화 중의 보화이다.

아빠가 아빠의 삶에서 가장 기쁘고 자랑스럽게 생각하는 것이 무엇인지 아니? 그것은 아빠가 기도를 조금 배웠고 주님을 조금 알고 경험했다는 것이다. 그것 외에는 아무 것도 없다. 오직 그것이 아빠의 행복이고 자랑이다.

아빠의 평생 소원은 바로 그것이었다. 오직 주님을 알고 싶은 것.. 오직 그 한 가지를 가지고 몸부림을 치면서 기도했다. 아빠는 많이 가난했고 몸도 건강하시 않았고 공부도 그저 그랬고 집안 환경도 지옥 같았지만, 다른 어떤 것에 대해서도 별로 기도한 적이 없다. 오직 주님을 알고 싶다고 기도했다.

방언을 받고 싶어서 10년을 기도했다. 울고 기도하고 금식하면서 '주님, 제가 방언을 받을 수만 있다면 1년만 살고 죽어도 만족하겠습니다..' 하고 기도했다. 아빠에게는 은혜를 경험하고 주님을 가까이 아는 것이 목숨과 바꿀 수 있을 정도로 귀한 것이었다.

아빠는 많이 맞기도 하고 욕도 먹고 비웃음 받고 한심하게 살았지만 그것에 대해서 상처를 받은 적이 없다. 아빠는 아빠를 그저 쓰레기 같은 인생이라고 생각했다. 다만 아빠는 주님이 멀리 계신 것이 고통스럽고 죽고 싶었다. 그래서 기도하면서 쥐약을 먹기도 했다.

'주님, 제가 죽을 것을 압니다. 그리고 지옥에 갈 것을 압니다. 하지만 지옥에 가기 전에 저에게 왜 나타나지 않으셨는지.. 그것을 물어보고 싶습니다..' 아빠는 그렇게 기도했다.

그것은 잘못된 행동이었지만 주님은 아빠를 불쌍히 여겨주시고 아빠의 삶에 나타나시고 자비를 베풀어주셨다. 아빠의 기도 경험과 주님 경험은 이와 같이 목숨을 담보로 한 것이었다.

나는 주님을 경험하고 아는 것 외에는 아무 것도 소중하게 여긴 적이 없다. 아빠는 죽음 직전에 직면한 적이 많이 있었다. 하지만 별로 대수롭게 여기지 않았다. 살고 죽는 것은 아빠에게 하나도 중요하지 않았다. 나에게 오직 중요한 것은 주님을 아는 것이었다.

나에게 기도와 주님은 목숨 이상으로 중요하다. 그래서 아빠는 기도의 방법과 원리에 대해서 알게 되었다. 자나 깨나 입으나 먹으나 길을 걸으나 항상 한 가지의 생각으로 꽉 차있었기 때문이다.

아빠가 너희들에게 가장 사모하고 원하는 것은 너희에게 같은 간절함이 있는 것이다. 그것만이 아빠의 소원이다.

너희가 공부를 잘 한다고 해도 아빠는 그리 자랑스럽지 않을 것이다. 너희가 유명한 대학에 가고 돈을 많이 버는 사람이 되어도 아빠는 자랑스럽지 않을 것이다.

하지만 너희가 주님을 갈망한다면 아빠는 울 것이다. 너무나 행복해서 주님께 평생을 감사하고 또 감사할 것이다.

아빠의 삶에서 가장 중요하게 여기는 것은 바로 이 간절함이다. 아빠는 주님이 없으면 미칠 것만 같았다. 그래서 청년 시절에 항상 교회에서 무릎을 꿇고 잤다.

울면서 잠이 들었다. 주님을 간절하게 사모해서 미칠 것만 같았다. 그래서 주님을 경험할 수 없으면 죽게 해달라고 항상 기도했다.

아빠는 많은 복을 받고 행복한 삶을 살고 있지만 그러한 것은 구하지 않았는데도 주님이 주신 것이다. 나는 주님 외에는 구한 것이 없다.

주님을 알고 경험하는 데에 가장 중요한 것이 무엇인지 아니?

그것은 바로 간절함이다. 목숨을 버릴 수도 있는 간절함.. 가슴과 마음을 쥐어뜯으면서 주님께 매달리고 울부짖을 수 있는 간절함.. 그 낮고 상한 심령이 있을 때 주님은 오신다.

아빠가 가장 좋아하는 성경구절은 예레미야 29장 12,13절의 이 말씀이다. '너희는 내게 부르짖으며 와서 내게 기도하면 내가 너희를 들을 것이요 너희가 전심으로 나를 찾고 찾으면 나를 만나리라.' 이 말씀이 아빠 인생의 좌우명이다.

전심으로 목숨을 나해서 간절하게 하나님을 찾고, 찾고 또 찾는 것..그러면 하나님이 나타나신다는 약속의 말씀이다.

아빠는 군대에서 이 말씀을 기억하고 기도하면서 어려운 것을 이겼다. 다른 사람들은 훈련 때에 쓰는 철모 안에 여러 야한 달력의 그림을 집어넣고 보곤 했다. 아빠는 철모 안에 이 성구를 쓴 종이를 넣었다. 그리고 이 말씀을 틈만 나면 읽고 보면서 호소했다. '하나님, 전심으로 주님을 찾으면 만나주신다고 하셨습니다. 제가 전심으로, 오직 전심으로 주님을 찾기 원합니다.' 그렇게 기도하면서 울고 또 울었다.

수많은 밤들을 엎드려 그렇게 울면서 그 자세로 잠이 들었다. 그러한 간절함을 가질 때 하나님이 임재하신다. 그리고 주린 심령을 만족케 하신다.

하나님은 대충 구해서 오시는 분이 아니다. 그렇게 값싼 분이 아니다. 오직 목숨을 걸어야 한다. 은혜가 오면 좋고 아니면 할 수 없고.. 그런 식의 마음이라면 기도하지 않는 게 낫다.

오늘날 사람들은 갈망하지 않는다. 교회에 대충 다니고 급하면 주님을 찾고.. 그렇게 살면서 갈망을 잃어버렸다. 주님과 아주 멀리 떨어져 있어도 전혀 고통을 모른다.

그것은 죽은 삶이다. 그것은 시체가 걸어 다니는 것과 같다.

간절함이 없는 것은 영혼이 죽은 것이다.

미칠 것 같은 사모함이 없는 것은 영혼이 병든 것이다.

지금 아빠를 사랑하고 존경하고 부러워하는 이들이 많이 있다. 하지만 아빠는 사람들이 존경하든 욕하든 관심이 없다. 아빠의 관심은 주님을 계속 간절하게 사모하며 간절함을 유지하는 것이다.

그것이 없다면 아빠는 죽은 목숨이다. 간절함이 없는 것은 영혼이 죽은 것이다.

너희들은 아직 세상의 인기 스타나 성공한 사람, 유명한 사람을 보면 멋지게 보일 것이다. 아빠에게는 그들이 죽은 사람으로 보인다. 아무리 세상의 영광이 있어도 간절함이 없는 영혼은 살아있는 것 같으나 죽은 것이다.

아빠가 가장 좋아하는 성경의 위인은 다윗이다. 그는 별로 잘난 사람이 아니다. 성경을 보면 그가 인간적으로 문제가 많은 사람임을 알 수 있다. 살인과 간음 외에도 그의 여자관계나 여러 행동을 보면 참 부족하고 어리석은 요소들이 많이 있다.

하지만 그의 삶의 중심이 무엇인지 아느냐? 그것은 바로 갈망이었다.

나는 다윗처럼 갈망이 많은 사람을 본 적이 없다. 그가 쓴 시편은 하나같이 하나님을 향한 애절한 갈망이 담겨진 글이다. 하나님을 향한 미칠 것과 같은 그의 간절함이 담겨져 있다.

그가 죄를 짓고 나단 선지자의 책망을 받은 후에 침상이 눈물바다가 되도록 울고 회개했다.

그의 회개의 요점이 무엇인지 아니? 그것은 주님의 임재가 나에게 떠나지 말라는 것이었다.

'오, 주님. 어떤 심판도 좋습니다.. 하지만, 제발.. 제발, 저에게서 떠나지 마십시오. 당신의 임재가 사라지지 않기 원합니다.'

그것이 그의 고통이고 회개이며 몸부림이었다.

그는 주님과 같이 있다면 지옥의 지옥이라도 갔을 것이다. 왕위가 사라져도 목숨을 잃어도 좋았을 것이다. 그러나 주님을 놓친다면.. 그는 단 하루도 살 수 없었다.

그래서 성경은 말한다. 다윗을 보고 하나님의 마음에 합한 사람이라고.. 성경에 많은 위인이 나오지만, 요셉이나 다니엘 같은 모범생도 나오지만.. 하나님의 마음과 합한 사람이라는 칭호를 들은 사람은 없다. 왜 그럴까? 그것은 그의 갈망 때문이다. 하나님을 향한 간절함.. 그것이 다윗 삶의 특성이었다.

이것을 기억해라.

인간적인 많은 흠이 있어도, 겁이 많고, 꾸준하지 못하고, 인내가 부족하고, 영리함이 부족하고, 성품이 아름답지 않은 부분이 있고, 외모도 시원치 않고.. 그 어떤 약점이 있다고 해도 주님을 사모하고 간절함을 가지고 있으면 그 모든 약점이 다 커버된다는 것이다. 다 용서받고 회복될 수 있다는 것이다.

그러나 간절함이 없으면 그 어떤 장점을 가지고 있어도 그것은 시체와 같은 것이다.

너희들은 아빠가 주님을 추구하는 사람이라고 안심을 할지 모른다. 그러나 그것은 착각이다. 그것은 너희들에게 불리할 수도 있다.

성경을 보아라. 아빠가 영적으로 주님을 추구하는 사람이었을 때 그의 자녀가 같이 아빠의 영권을 계승한 경우는 거의 없다.

모세의 아들 이름을 아느냐? 모르지? 모세의 아들이 아빠의 영권을 계승했다면 구태여 여호수아에게 영적 바통을 넘기지 않았을 것이다.

여호수아의 아들은? 마찬가지다. 그들도 아빠의 영권을 이어받지 못했다. 사무엘도 다윗도.. 역시 그들의 아빠와 다른 삶을 살았다.

그래서 사람들은 말했다. '당신의 자녀들이 당신의 영성을 따르지 못하니 우리에게 왕을 주소서..'

이것을 기억해라. 아빠가 영적인 세계를 사모한다면 아들이 그럴 가능성은 10%도 안 된다. 90%는 거의 육적인 길로 간다.

그것은 그들이 배고픔을 모르기 때문이다. 사막에서 태어난 사람은 오아시스를 갈망하지만 오아시스에서 태어난 사람은 그 가치를 모른다.

아빠는 방언을 받고 싶어서 10년을 기도했지만 너희는 아기 때부터 방언을 했다. 그런 분위기에서 자랐기 때문이다.

너희는 어릴 때부터 영적인 예배에 참석을 하다 보니 영안이 열려서 어릴 때부터 예수님의 모습을 직접 보고 음성을 직접 들으며 천국과 지옥을 보았다.

지금은 잘 기억이 나지 않겠지만 주원이는 어렸을 때 천국과 지옥의 모습을 보고 나서 그것을 항상 그림을 그리곤 했었다.

사람을 보면 그 사람의 어디에 귀신이 붙어 있고 천사가 붙어있고 하는 것을 그림과 숫자로 표현하곤 했었다. 너희들은 구하지도 않았는데 그냥 공짜로 그런 은혜를 얻게 되었다. 그러므로 은혜의 가치를 모르는 것이다. 그러므로 그것을 유지하기 어렵다.

그렇기 때문에 영적 세계를 사모하는 부모를 둔 자녀들은 어떤 면에서 아주 불리한 것이다.

지금 너희는 아빠를 사랑하지만 너희들은 아직 아빠의 육적인 자녀이다. 육체로만 가깝다는 것이다. 너희가 영의 자녀가 되면 엄마 아빠와 함께 주님을 나누고 간절함을 나눌 수 있을 것이다.

하지만 아직은 육의 자녀이다. 너희는 주님을 위해서 목숨을 걸고 싶다는 갈망이 무엇인지 아직 모른다.

이것을 기억해라. 인생관, 가치관의 중심을 어디에 두어야 하는지를..

아빠의 소원은 이것이다. 너희가 평생을 주님을 알아가고 영혼이 눈을 뜨고 자라 가는 것을 인생의 목표로 여겼으면 좋겠다.

너희가 그것을 삶의 목표로 잡을 수 있다면 너희는 온 세상에서 가장 복 받은 사람이다. 그렇다면 아빠는 정말 더 이상 바랄 게 없을 것이다.

말을 시작하자 이상하게 갑자기 열변이 쏟아져서 이와 같은 이야기들을 한 시간이 넘도록 쏟아 부었다.

내가 이야기를 하면 아이들이 눈물을 흘리는 것은 흔히 있는 일이다. 그러나 이 밤은 이야기를 하는 초기부터 아이들이 울기 시작하더니 한 시간 내내 울음을 멈출 줄을 몰랐다.

아이들은 울면서 주원이는 "아빠.. 저는 10% 안에 들 거예요.." 하고 예원이는 "앙.. 나 아빠의 육의 자녀 안 할 거예요.. 영의 자녀 할거야.." 하면서 울었다.

나는 이야기를 마무리 짓고 감사기도를 드리고 잠이 들었다.

그리고 보름이 지났다.

아이들은 그 날의 충격이 컸나 보다. 아이들은 그 날 이후 영성을 발전을 위한 개인 카페를 만들었다.

예원이는 날마다 영성 일기를 쓰며 하루의 삶을 반성하고 주님을 추구하며 시간이 날 때마다 아빠의 메시지를 정리하며 보낸다. 둘이서 같이 기도하고 울고 회개를 하기도 한다.

툭하면 주원이는 "나.. 10% 할 거예요" 하고 예원이는 "나, 영의 자녀 할 거예요.." 라고 말한다.

그 날 이후에는 기도모임이 더 많이 기다려지고 집회의 감동이 크다고 한다. 어느 정도 충격이 되었나보다. 그 충격이 평생을 가면 좋을 텐데..

며칠이 지난 후에 밤이 되어 아빠의 옆에 누운 예원이가 말했다. 나에게 안겨서 팔을 베고 누운 예원이는 항상 하는 대로 아빠의 배를 만지작거리면서 말한다. 아빠에게 안겨서 아빠의 배를 어루만지는 것은 예원이가 가장 좋아하는 놀이다. 그러고 있으면 모든 근심도 피곤도 사라지고 기분이 좋아진다고 한다.

"아빠.."

"왜?"

"이렇게 아빠에게 안겨서 아빠의 배를 만지작거리는 것은 아빠의 영의 자녀는 할 수 없는 거잖아? 육의 자녀니까 할 수 있는 거잖아?"

"그렇지.. 아무리 아빠를 보고 다른 사람들이 영적인 아빠라고 해도 아빠 배를 만질 수는 없지.. 이것은 너만 할 수 있는 거야."

"히히.. 그럼 육의 자녀도 좋은 거네.. 아빠.. 나 그럼, 아빠의 영의 자녀도 하고 육의 자녀도 할 거야.. 히히, 신난다.."

예원이는 즐거워하면서 아빠의 품에 파고들다가 잠이 들었다.

이 아이가 아빠를 사랑하듯이, 아빠의 품에 안겨 잠이 드는 것을 행복하게 여기듯이.. 항상 언제나 간절하고 또 간절하게 주님을 사모하며 주님의 품에 안겨 살아가게 되기를 간절하게 바란다. 나는 그렇게 기도하다 잠이 들었다.

그렇게 주님께 대한 그리움과 간절함을 잃지 않으며 항상 그 갈망이 심령 속에 타오르는 사람들이 많이 일어났으면 좋겠다. 그것이 바로 모든 행복의 근원, 영광의 근원, 기쁨의 근원이 되는 것이니까.. 오직 그것.. 주님을 향한 간절한 사모함, 그리움만이..

05. 8. 4

도서구입신청

도서 구입을 원하시는 분들을 위한 안내입니다.

1. 도서 목록 확인
페이지를 넘기시면 정원 목사님의 도서 전권이 안내되어있습니다.
도서 목록을 참조하셔서 필요로 하시는 책을 선택하십시오.
각 도서의 자세한 목차와 내용을 원하시면 정원목사 독자 모임 카페의 [저자 및 저서소개] 코너를 참조하십시오. (http://cafe.daum.net/garden500)

2. 책신청
구입하실 도서를 결정하신 후에, 영성의 숲 출판사로 전화를 주세요.
(02-355-7526 / 010-9176-7526. 통화시간: 월~금 오전 9시~저녁 7시)
신청 도서 목록을 알려주시면 입금하실 금액을 안내해 드립니다.
신청하실 때는 책을 받으실 주소와 전화번호를 함께 알려주세요.
책신청은 전화 외에도 영성의 숲 홈페이지의 [책신청] 코너,
출판사 이메일(spiritforest@hanmail.net)을 사용하실 수 있습니다.

3. 송금
안내 받으신 도서 대금을 아래 계좌로 입금해 주세요.
(국민은행: 461901-01-019724, 우체국: 013649-02-049367, 예금주: 이혜경)
신청자 성함과 입금자 성함이 일치하지 않는 경우에는 입금자 성함을
꼭 알려주셔야 확인이 가능합니다.

4. 배송
입금 확인 후에 바로 발송 작업을 하는데, 발송후 도착까지 보통 2-3일 정도가 소요 됩니다. 책을 급하게 필요로 하실 경우에는 일반 서점을 이용해 주세요. 해외 배송을 원하시는 분은 총판을 담당하고 있는 생명의 말씀사로 문의해주시기 바랍니다. (생명의 말씀사 080-022-1211 www.lifebook.co.kr)

<기도 시리즈>

1. 하늘의 권능이 임하는 부르짖는 기도 1
영성의 숲. 373쪽. 13,000원 / 핸디북 10,000원
부르짖는 기도는 모든 기도의 형태 중에서 가장 기본적이고 중요한 기도입니다. 이 기도를 바르게 배우고 적용한다면 하늘의 권능이 임하는 것을 경험하게 되며 모든 면에서 강건한 그리스도인이 될수 있을 것입니다.

2. 하늘의 권능이 임하는 부르짖는 기도 2
영성의 숲. 444쪽. 14,000원 / 핸디북 11,000원
부르짖는 기도 1권은 발성의 의미, 능력과 부르짖는 기도의 전체적인 원리를 다루 었으며 2권은 부르짖는 기도의 실제로서 구체적인 기도의 방법과 적용원리를 다루고 있습니다. 3부에 수록된 다양한 승리의 간증은 독자님들에게 좋은 도전이 될 것입니다.

3. 대적기도의 원리와 능력
영성의 숲. 400쪽. 14,000원 / 핸디북 11,000원
대적기도 시리즈 1편. 대적기도는 주님께 간구하는 기도가 아니며 우리에게 주어진 권세와 능력을 발견하고 사용하여 능력과 승리를 경험하는 기도입니다. 이 기도를 알게 될 때 당신의 삶은 진정 달라지게 될 것입니다.
휴대를 위한 작은 사이즈의 핸디북노 있습니다.

4. 대적기도의 적용 원리
영성의 숲. 424쪽. 14,000원 / 핸디북11,000원
대적기도 시리즈 2편. 대적기도에도 원리와 법칙이 있습니다. 그 원리와 법칙을 잘 익혀서 실제의 삶에 적용한다면 우리는 풍성한 삶을 살 수 있습니다. 이 책에서는 그 원리들을 구체적으로 제시해 주고 있습니다.
휴대를 위한 작은 사이즈의 핸디북도 있습니다.

5. 대적기도를 통한 승리의 삶
영성의 숲. 452쪽. 15,000원 / 핸디북 12,000원
대적기도 시리즈 3편. 대적기도를 인간관계, 가정에서의 삶, 복음 전도와 사역에 구체적으로 적용하는 방법을 제시하였습니다. 여기서 제시된 원리를 잘 읽고 적용한다면 삶과 사역에 있어서 많은 변화와 승리를 경험할 수 있게 될 것입니다.
휴대를 위한 작은 사이즈의 핸디북도 있습니다.

6. 대적기도의 근본적인 승리 비결
영성의 숲. 454쪽. 14,000원 / 핸디북 12,000원
대적기도 시리즈 4편. 완결편. 1부에서는 악한 영들을 근본적으로 완전하게 제압하고 승리할 수 있는 원리와 비결을 제시하고 있습니다. 2부에서는 대적기도를 적용하고 경험한 성도들의 사례가 실려 있는데 이것은 각 사람의 적용과 승리에 좋은 참고가 될 수 있을 것입니다. 휴대를 위한 작은 사이즈의 핸디북도 있습니다.

7. 아름답고 행복한 기도의 세계
영성의 숲. 279쪽. 9,000원
〈기도업데이트〉의 개정판. 자연스럽고 편안하게 기도의 아름다움과 행복에 잠길 수 있도록 돕는 책입니다. 기다리는 기도, 듣는 기도, 안식하는 기도 등 다양하고 풍성한 기도의 원리들을 일상의 예화들을 통하여 쉽게 정리하였습니다.

8. 주님의 마음에 이르는 기도
영성의 숲. 309쪽. 10,000원
기도의 원리와 방법에 대한 200개의 조언을 담았습니다. 주님의 마음을 향하여 가는 것. 그것이 기도의 방향이며 목적임을 보여주는 책입니다.

9. 주님의 임재를 경험하는 길
영성의 숲. 308쪽. 10,000원
〈주님을 경험하는 100가지 방법〉의 개정판. 주님의 살아계심과 임재를 경험하기 위한 100가지의 실제적인 방법을 제시하고 있습니다. 사모하는 마음으로 이 방법들을 시도한다면 누구나 쉽게 그분의 역사를 경험하게 될 것입니다.

10. 예수 호흡기도
영성의 숲. 460쪽. 15,000원 / 핸디북 11,000원
호흡을 통한 기도가 주님의 임재와 영적 실제에 들어가는 중요한 비밀이며 열쇠임을 보여주는 책입니다. 이 책에 제시된 원리와 방법을 충실히 시도해 본다면 누구나 놀라운 변화를 경험하게 될 것입니다.

11. 방언기도의 은혜와 능력 1
영성의 숲. 459쪽. 16,000원 / 핸디북 12,000원
방언기도 시리즈 1편. 방언에 대한 성경적이고 균형잡힌 설명 뿐 아니라, 저자의 개인적인 경험과 간증, 방언을 받는 과정과 통역을 시도하는 과정에 대한 구체적인 설명, 여러 경험자들의 실례가 풍성하게 실려있어, 방언의 은혜에 대해 이해하고 적용하는 데에 실제적인 도움을 주는 책입니다.

12. 방언기도의 은혜와 능력 2
영성의 숲 403쪽. 13,000원 / 핸디북 11,000원
방언기도 2편에서는 방언과 통역이 발전해 나가는 과정과 그 영적인 의미를 깊이있게 다루었습니다. 방언의 가치와 의미를 바르게 이해하고 적용하게 될 때, 오래 동안 방언을 사용하면서도 주님의 은총를 누리지 못하던 이들이 주님의 가까우심과 아름다우심을 풍성히 경험하게 될 것입니다.

13. 방언기도의 은혜와 능력 3
영성의 숲 489쪽. 15,000원 / 핸디북 12,000원
방언 기도 시리즈의 결론적인 부분을 다룬 책입니다. 방언에 대한 부정적인 견해와 원인들, 방언을 통해 어떻게 부흥이 시작되는지, 은사의 바른 방향과 의미, 목적 등을 정리하였고, 전체적인 요약정리와 함께 경험자들의 구체적인 사례들을 첨부하여 실제적인 적용에 도움이 되도록 하였습니다.

<영성 시리즈>

1. 영성의 실제를 경험하는 길
영성의 숲. 357쪽. 12,000원
〈그리스도인의 아름다운 영성〉의 개정판.
많은 은혜의 도구들이 있지만 그것들이 다 주님을 접촉하는 것은 아닙니다. 참다운 영성과 주님을 경험하는 원리를 제시하는 책입니다.

2. 생각의 자유를 경험하는 길
영성의 숲. 228쪽. 8,000원
〈그리스도인의 생각 다스리기〉의 개정판. 우리가 겪는 삶의 대부분의 고통들은 스스로 만들어낸 생각의 감옥에 지나지 않으며 생각을 분별하고 관리함으로써 풍성하고 행복한 삶을 살 수 있다는 메시지를 다양한 예화와 함께 설득력 있게 제시하고 있습니다. 많은 교회에서 훈련 교재로 사용되기도 했습니다.

3. 영성의 중심은 사랑입니다
영성의 숲. 243쪽. 8,000원
하나님의 은혜를 받아들이고 누림으로써 진정한 사랑과 따뜻함의 세계를 경험할 수 있도록 돕는 책. 신앙의 따뜻함과 아름다움을 회복하고, 영혼들을 이해하고 도울 수 있는 관점을 제시하고 있습니다.

4. 영성의 원리
영성의 숲. 319쪽. 11,000원
영성에도 원리가 있습니다. 이 책은 영성의 발전을 위한 다양한 원리들, 영의 흐름, 영의 인식, 영적 승리를 위한 중보 등의 원리를 실제적인 예와 함께 잘 설명해 줍니다. 영적 부흥과 충만함을 사모하는 이들에게 좋은 참고서가 될 수 있을 것입니다.

5. 문제는 주님의 음성입니다
영성의 숲. 227쪽. 9,000원
우리의 삶에 다가오는 여러가지 어려움들, 문제들은 우연이 아닙니다. 거기에는 주님의 배려와 가르치심이 있으며 반드시 우리가 배워야 할 것이 있습니다. 이 책은 그 문제들에서 주님의 뜻과 음성을 발견하는 원리를 가르쳐 주고 있습니다.

6. 영성의 발전은 어떻게 이루어지는가
영성의 숲. 254쪽. 8,000원
〈영성의 상담〉의 증보 개정판. 영성에 대한 여러 질문과 답변을 통해 다양한 영적현상의 의미와 삶 속에서 영적 성장을 이루는 구체적인 방법들을 소개하고 있습니다.

7. 지금 이 공간에 임하시는 주님
영성의 숲. 340쪽. 12,000원
주님은 믿을수 없을만큼 가까이 계시지만 사람들은 흔히 그분을 무시함으로 그의 임재를 소멸시킵니다. 이책은 그분의 가까우심과 구체적인 공간을 통한 임재, 나타나심을 경험할수 있도록 실제적인 지침을 제시하고 있습니다.

8. 심령이 약한 자의 승리하는 삶
영성의 숲. 228쪽. 9,000원
영혼의 힘이 약하고 마음이 여리고 민감하여 고통을 겪고 있는 이들을 위한 책. 영혼의 원리 및 기질과 사명을 이해함으로써 이전에 알지 못했던 자유와 해방과 놀라운 행복감을 누리게 될 것입니다.

9. 천국의 중심원리
영성의 숲. 452쪽. 14,000원
천국은 사후에만 갈 수 있는 장소가 아닙니다. 이 땅에 살면서 천국의 임재, 그 천국의 빛과 영광을 경험할 수 있습니다. 이 책에서는 내면세계의 천국을 경험하기 위한 길과 원리를 제시해 주고 있습니다.

10. 행복한 신앙을 위한 28가지 조언
영성의 숲. 348쪽. 12,000원
〈자유롭고 행복한 그리스도인 1〉의 개정판. 묶여 있고 창백한 의식의 틀을 벗어나, 자유롭고 풍성한 믿음의 삶으로 나아가도록 돕는 책입니다. 28가지 조언속에 행복한 신앙을 위한 영적 원리들을 담고 있습니다.

11. 성숙한 신앙을 위한 30가지 조언
영성의 숲. 340쪽. 12,000원
〈자유롭고 행복한 그리스도인2〉의 개정판. 의식이 바뀔 때 천국의 자유와 기쁨을 누릴 수 있음을 보여주는 책입니다. 묶여있는 사고와 습관, 잘못된 의식에서 해방되는 원리를 제시해 주고 있습니다.

12. 의식의 깨어남을 사모하라
영성의 숲. 239쪽. 9,000원
잠과 꿈과 깨어남의 실체를 보여주며 진정한 깨어있음의 세계로 인도하는 책입니다.
의식과 영혼을 깨우기 위한 방법과 원리들을 제시해 주고 있습니다.

13. 주님의 마음, 주님의 임재 속으로
영성의 숲. 348쪽. 11,000원
오늘날 주님의 마음에 대한 많은 오해가 있어서 주님의 깊으신 임재에 들어가지 못합니다. 이 책은 그 오해를 풀어주며 우리를 향한 주님의 사랑을 보여주고 그 사랑의 임재 속에 들어가는 길을 안내해주고 있습니다.

14. 영성의 발전을 갈망하라
영성의 숲. 292쪽. 10,000원
영성의 진리 시리즈 1편. 영성을 깨우고 발전시킬 수 있는 다양한 이야기, 원리, 법칙들을 묶은 36가지의 메시지가 수록되어 있습니다. 영혼의 각성에 도움이 되는 지식과 도전을 얻게될 것입니다.

15. 집회에서 흐르는 주님의 은혜
영성의 숲. 254쪽. 8,000원
이미 출간되었던 [집회 가운데 임하시는 주님]을 새롭게 개정하였습니다. 회원들의 간증을 줄이고 더 많은 분량을 추가하였습니다. 집회 가운데 나타나는 주님의 생생한 역사와 이에 관련된 여러 영적 원리를 기술하였습니다. 읽을수록 집회 현장에 있는 듯한 감동과 은혜를 얻을 수 있을 것입니다. 은혜를 사모하는 이들, 영성 사역에 관심이 있는 사역자들에게 좋은 참고가 될 것입니다.

16. 삶을 변화시키는 생명의 원리
영성의 숲. 348쪽. 값 12,000원
삶 속에서 열매를 맺을 수 있는 비결과 원리를 시편 1편의 말씀과 요한복음 15장의 말씀을 중심으로 제시하고 있습니다. 포도나무이신 주님과 가지로서 항상 연결되는 삶이 열매를 맺는 원리이며 은총의 비결인 것을 명쾌한 논지로 설명하고 있습니다. 신앙의 기초와 방향을 분명히 밝히는 책으로서 풍성한 삶과 승리하는 삶을 갈망하는 그리스도인들에게 귀한 도전이 될 것입니다.

17. 낮아짐의 은혜1
영성의 숲. 308쪽. 값 11,000원
쉽게 하나님의 임재를 경험하며 그 은혜 가운데 머무르는 사람이 있습니다. 그 은총의 비밀은 무엇일까요? 그것은 바로 낮아짐이며 이를 통하여 주의 무한한 은혜와 천국의 풍성함을 누릴 수 있음을 본서는 증명합니다. 사람을 파괴하는 높아짐의 시작과 타락, 은혜의 회복, 열매의 풍성함 등을 다루고 있으며 누구나 그 은혜의 세계에 쉽게 이르도록 길을 제시하고 있습니다.

18. 낮아짐의 은혜 2
영성의 숲. 388쪽. 값 14,000원
낮아짐은 감추어진 비밀이며 천국의 문을 여는 보화입니다. 마귀는 낮아짐을 빼앗을 때 그 영혼을 사로잡을 수 있으므로 온갖 유혹으로 이 보화를 가로챕니다. 하나님은 천국의 풍성함을 주시기 위하여 낮아짐을 훈련하시며 인도하십니다.
2권은 적용을 주로 다루며 구체적으로 풍성한 은총을 누릴 수 있도록 권면하고 있습니다.

19. 그리스도를 갈망하는 삶
영성의 숲. 268쪽. 값 10,000원
부흥과 영적 깨어남, 영성의 다양한 원리에 대한 이야기. 삶 속의 이야기와 함께 자연스럽게 풀어서 정리하였습니다. 일상의 사소한 삶에서 영적 원리를 발견하고 적용하도록 도우며 그리스도에 대한 갈망이 증가되도록 도전하고 있습니다.

20. 영이 깨어날수록 천국을 누린다
영성의 숲. 236쪽. 값 8,000원
독자들과 일대일로 마주 앉아서 대화를 하듯이 영적 성장과 풍성한 삶을 누리는 원리에 대해서 메시지를 전달하고 있습니다. 사랑하는 삶, 영성의 깨어남에 대한 새로운 통찰력을 제공해주며 기쁨으로 주님을 따르는 길을 제시해줍니다.

<생활 영성 시리즈>

1. 주님과 차 한잔을
영성의 숲. 220쪽. 6,000원
신앙의 귀한 진리들, 주님을 사모하고 가까이 나아가는 데 도움이 되는 원리들을 유머를 통해 밝고 즐겁게 전달해주는 책입니다.
주님과 같이 차를 한잔 마시는 기분으로 부담없이 읽다 보면 자연스럽게 영적 통찰을 얻을 수 있을 것입니다.

2. 일상의 삶에서 주님을 의식하기
영성의 숲. 280쪽. 8,000원
일상의 사소한 삶 속에서 주님을 의식하며 살아가는 이야기. 신앙과 영성은 기도할 때만이 아니라 일상의 모든 삶 속에서 나타나야 한다. 작고 사소한 모든 일에서 주님을 의식하는 것이 진정한 행복의 원리인 것을 이 책은 보여주고 있습니다.

3. 일상에서 경험하는 주님의 사랑
영성의 숲. 277쪽. 8,000원
일상의 묵상 시리즈 2편. 사소한 일상의 삶에서 주님의 임재와 사랑을 느끼고 주님의 메시지를 경험하는 이야기. 항상 모든 것에서 주님의 마음과 시선으로 삶과 사람을 보고 느껴야 하며 이를 통해서 날마다 천국을 경험할 수 있음을 사소한 삶의 이야기를 통하여 부드럽게 전달해주고 있습니다.

4. 삶이 가르치는 지혜
영성의 숲. 212쪽. 6,000원
〈삶이 가르치는 지혜〉의 개정판. 우리의 삶에서 경험하는 많은 즐거운 일, 힘든 일들이 결국 우리 영혼의 성장을 위하여 주어진 일임을 보여줍니다. 가슴을 따뜻하게 하는 소박한 이야기들을 통해서 사랑의 중요성을 다시 한번 깨닫게 합니다.

5. 사랑의 나라로 가는 여행
영성의 숲. 156쪽. 5,000원
〈사랑의 나라〉의 개정판. 어른들을 위한 우화로서 한 청년이 여행을 통하여 삶의 목적과 방향을 깨달아 가는 과정이 흥미진진하게 전개되고 있습니다. 즐겁게 이야기를 읽어나가다보면 영적 성장의 방향과 중심, 영적 세계의 에너지와 원리, 흐름을 이해하는데 도움이 될 것입니다.

6. 하나님의 뜻을 발견해 가는 여행
영성의 숲. 269쪽. 신국판 변형 8,000원
성경에 등장하는 입다, 다윗, 암논의 삶과 사건들을 통하여 하나님의 아버지 마음과 하나님의 의도와 훈련을 이해하고 발견하도록 안내하는 책입니다. 등장인물들의 마음과 정서가 드라마처럼 녹아있어 흥미와 감동을 전달해 줍니다.

7. 일상에서 경험하는 주님의 은혜
영성의 숲. 253쪽. 값 8,000원
일상시리즈 3편입니다.
가족 이야기, 모임 이야기, 일상에서 경험하는 여러 가지 일들을 통해서 영적 원리와 교훈을 정리하였습니다.
일기와 이야기 형식으로 기록되어 있어서 즐겁게 읽는 가운데 주님과 같이 걷는 삶의 흐름 속으로 들어갈 수 있게 될 것입니다.

<묵상 시리즈>

1. 맑고 깊은 영성의 세계를 향하여
영성의 숲. 140쪽. 5,000원.
잠언시리즈 1편. 내 영혼의 잠언1을 판형을 바꾸어 새롭게 만들었습니다. 순결하고 맑은 영혼으로 성장하기 위한 진리의 묵상들이 간결하게 정리되어 있습니다.

2. 주님은 생수의 근원 입니다
영성의 숲. 196쪽. 6,000원
〈내 영혼의 잠언2〉의 개정판. 맑고 투명한 영성의 세계로 안내하는 영성 잠언집. 새벽녘의 신선하고 향긋한 바람처럼 우리 영혼을 달콤하게 채워주는 묵상의 글들을 모아서 정리했습니다.

3. 묻지 않는 자에게 해답을 던지지 말라
영성의 숲. 156쪽. 5,000원
삶과 사랑과 영혼의 진리를 담은 잠언 시집.
인생의 의미와 진리, 영성의 발진과정을 예리하면시도 부드러운 시각으로 표현하고 있습니다. 불신자에 대한 전도용으로도 좋은 책입니다.

4. 영혼을 깨우는 지혜의 샘물
영성의 숲. 180쪽. 6,000원
〈영적 성숙으로 향하는 여행〉의 개정판
인생, 진리, 마음, 영성 등 중요한 8가지의 주제에 대한 짧은 묵상을 담았습니다. 맑은 샘물이 흐르듯이 간결한 지혜의 메시지가 영성을 일깨워주는 책입니다.

그리스도를 갈망하는 삶

1판 1쇄 발행	2009년 5월 25일
1판 4쇄 발행	2016년 2월 15일
지은이	정원
펴낸이	이혜경
펴낸곳	영성의 숲
등록번호	2001. 7. 19 제 8-341 호
전화	02 - 355 - 7526 (영성의숲)
핸드폰	010 - 9176 - 7526 (영성의숲)
E - mail	spiritforest@hanmail.net (영성의숲)
홈페이지	cafe.daum.net/garden500 (정원목사 독자 모임)
	cafe.naver.com/garden500 (정원목사 독자 모임)
국민은행	461901 - 01 - 019724
우체국	013649 - 02 - 049367
예금주	이혜경
총판	생명의 말씀사
전화	02 - 3159 - 8211
팩스	080 - 022 - 8585,6

값 10,000원
ISBN 978 - 89 - 90200 - 70 - 9 03230